目 录

前　言 /1

第一章　朗诵准备 /1

 第一节　为何而诵 /1
  一、朗诵的内涵 /2
  二、朗诵的意义 /2

 第二节　如何取材 /5
  一、作品风格 /6
  二、"我"的特质 /6
  三、拓宽"戏路" /6
  四、作品改编 /7

 第三节　朗诵步骤 /11
  一、明确体裁 /11
  二、理解背景 /11
  三、确定基调 /12
  四、划分层次 /12
  五、吃透字句 /12
  六、上口入心 /13

 第四节　修身养性 /15
  一、读万卷书 /16
  二、行万里路 /16
  三、强健体魄 /16

第二章　现场把握　/19

第一节　状态积极　/19
一、精神饱满，神采奕奕　/20
二、气沉丹田，音声通达　/20
三、积蓄情感，脱口而出　/20
四、身临其境，专注投入　/21

第二节　基调恰当　/22
一、理解背景　/23
二、挖掘内涵　/23
三、理清脉络　/23
四、确立基调　/23

第三节　舞台朗诵　/26
一、表演准备　/26
二、强控制　/27
三、现场感　/28

第四节　录音朗诵　/31
一、录音准备　/31
二、弱控制　/32
三、对象感　/32
四、麦克风的使用　/33
五、录音技术　/33

第三章　朗诵基础　/36

第一节　语音矫正　/36
一、声母：出字　/37
二、韵母：立字　/40
三、声调：字神　/45
四、语流音变：字链　/49

第二节　发声技巧　/55
一、气出丹田　/55
二、"三腔"共鸣　/58

　　　　　三、吐字归音　/61
　　　　　四、声音要素　/66
　　第三节　如何练声　/72
　　　　　一、口部操　/73
　　　　　二、气息训练　/74
　　　　　三、发声训练　/75
　　　　　四、声调训练　/76

第四章　情感调动　/81
　　第一节　情景再现　/81
　　　　　一、理清头绪　/82
　　　　　二、设身处地　/82
　　　　　三、触景生情　/83
　　　　　四、现身说法　/84
　　第二节　语感敏锐　/88
　　　　　一、形象感受　/88
　　　　　二、逻辑感受　/89
　　　　　三、具体感受　/90
　　　　　四、整体感受　/91
　　第三节　情感真挚　/94
　　　　　一、爱、恨、悲、喜　/94
　　　　　二、惊、恐、迟、疑　/95
　　　　　三、冷、热、急、缓　/96
　　　　　四、褒、贬、欲、怒　/96
　　第四节　逻辑鲜明　/100
　　　　　一、并列与重复　/100
　　　　　二、递进与转折　/101
　　　　　三、对比与主次　/101
　　　　　四、条件与因果　/102

第五章　朗诵技巧　/106
　　第一节　停　连　/106

　　　　　一、停连原则　/107
　　　　　二、落停与扬停　/107
　　　　　三、直连与曲连　/108
　　第二节　重　音　/111
　　　　　一、重音原则　/111
　　　　　二、高低强弱法　/113
　　　　　三、快慢停连法　/113
　　　　　四、虚实结合法　/114
　　第三节　语　气　/116
　　　　　一、语气内涵　/116
　　　　　二、感情色彩　/117
　　　　　三、语气分量　/118
　　第四节　语　势　/121
　　　　　一、上山类　/122
　　　　　二、下山类　/122
　　　　　三、波峰类　/123
　　　　　四、波谷类　/123
　　第五节　节　奏　/126
　　　　　一、轻快型　/127
　　　　　二、凝重型　/127
　　　　　三、低沉型　/127
　　　　　四、高亢型　/128
　　　　　五、舒缓型　/128
　　　　　六、紧张型　/129

第六章　古诗词朗诵　/132

　　第一节　古诗词朗诵技巧　/132
　　　　　一、格律语节　/132
　　　　　二、炼字押韵　/133
　　　　　三、抑扬顿挫　/133
　　　　　四、规中求变　/134
　　第二节　经典篇目指导　/138

一、长相思(其一) /138

二、行路难(其一) /139

三、梦游天姥吟留别 /140

四、水调歌头·明月几时有 /142

五、念奴娇·赤壁怀古 /144

六、苏幕遮·怀旧 /145

七、登高 /146

八、赋得古原草送别 /147

九、临江仙·滚滚长江东逝水 /147

十、忆秦娥·娄山关 /148

十一、桃花源记 /149

十二、岳阳楼记 /151

十三、阿房宫赋 /152

十四、春江花月夜 /154

十五、少年中国说(节选) /156

第七章 现代诗朗诵 /158

第一节 现代诗朗诵技巧 /158

一、意象脉络 /159

二、节奏韵律 /159

三、深入心灵 /159

四、纵情真我 /160

第二节 经典篇目指导 /165

一、在那山道旁 /165

二、再别康桥 /166

三、无怨的青春 /168

四、一棵开花的树 /169

五、致橡树 /170

六、我的记忆 /171

七、我用残损的手掌 /173

八、相信未来 /174

九、哭三弟恒——三十年空战阵亡 /176

十、昭君出塞 /178

十一、死水 /180

十二、山楂树之恋 /181

十三、当你老了 /182

十四、我们,用我们的方式参战 /183

十五、逆行的背影——致勇敢的白衣天使 /185

第八章 散文朗读 /188

第一节 散文朗读技巧 /188

一、形散而情真 /188

二、细腻有文采 /189

三、轻柔写意化 /189

四、表达多样化 /189

第二节 经典篇目指导 /195

一、背影(节选) /195

二、我的心 /197

三、《野草》题辞 /199

四、艰难的国运与雄健的国民 /201

五、为有牺牲多壮志(节选) /202

六、中国人民站起来了(节选) /204

七、奶奶的星星 /206

八、写给母亲(节选) /207

九、我们仨(节选) /209

十、假如给我三天光明(节选) /211

十一、海燕(节选) /213

第九章 故事播讲 /216

第一节 寓言童话播讲技巧 /216

一、明确寓意 /217

二、丰富想象 /217

三、夸张对比 /217

四、角色声音造型 /218

第二节　小说播讲技巧　/224

　　一、播讲基调　/225

　　二、播讲风格　/225

　　三、旁白处理　/226

　　四、人物造型　/227

　　五、交流与转换　/228

第三节　经典篇目指导　/233

　　一、国王和大象　/233

　　二、大狮子和小甲虫　/235

　　三、卖火柴的小女孩　/236

　　四、猕猴捞月　/239

　　五、红岩(节选)　/240

　　六、军礼　/243

　　七、刷子李(节选)　/244

　　八、我不是一个怪人　/246

　　九、欧也妮·葛朗台(节选)　/248

　　十、悲惨命运(节选)　/249

参考文献　/252

后　记　/253

朗诵示范目录

朗　诵:冯　洋

配　乐:姚瀚飞

(温馨提示:扫描二维码可收听朗诵示范录音,下载对应朗诵配乐)

1. 热爱生命　／4
2. 木兰辞　／29
3. 后台朋友　／33
4. 乡愁　／53
5. 你是人间的四月天　／60
6. 祖国啊,我亲爱的祖国　／64
7. 雨霖铃·寒蝉凄切　／69
8. 我爱这土地　／98
9. 未选择的路　／114
10. 我愿意是急流　／129
11. 爱莲说　／137
12. 水调歌头·明月几时有　／142
13. 桃花源记　／149
14. 春江花月夜　／154
15. 雪花的快乐　／160
16. 在天晴了的时候　／162
17. 再别康桥　／166
18. 无怨的青春　／168
19. 致橡树　／170
20. 相信未来　／174
21. 山楂树之恋　／181
22. 背影(节选)　／195
23. 我们仨(节选)　／209
24. 假如给我三天光明(节选)　／211
25. 猴吃西瓜　／221
26. 一头学问渊博的猪　／223
27. 项链(节选)　／231
28. 国王和大象　／233
29. 卖火柴的小女孩　／236

前　言

诗言志,诗缘情。朗诵是一种集文字内涵、音律美感、思想情感于一体的有声语言艺术创作,承担着传承文脉、乘风化人的重要使命。"求木之长者,必固其根本;欲流之远者,必浚其泉源。"中华优秀传统文化是中华民族的精神命脉,是我们在世界文化激荡中站稳脚跟的坚实根基。中华民族在长期实践中孕育而成的自强不息、仁者爱人、诚实守信、扶正扬善等优秀思想品质是当代青年薪火相传的瑰宝和传承创新的源泉。朗诵创作不仅要传递动听悦耳的音律,更要弘扬正道,以人民立场为根本,传承和发扬中华文化。

文运同国运相牵,文脉同国脉相连。朗诵创作要坚持守正创新,把握好传承和创新的关系,学古不泥古,破法不悖法。"创作要靠心血,表演要靠实力,形象要靠塑造,效益要靠品质,名声要靠德艺。"有声语言工作者要坚守艺术理想,提升作品的精神能量、文化内涵和艺术价值,把个人的道德修养、社会形象与作品的社会效果统一起来,以向上向善的优秀作品塑造人们的审美观与价值观。

在新媒体技术迅猛发展的今天,开掘与培育朗诵创作中的红色基因是高校有声语言艺术教育工作者面临的重要课题。如今,网络有声读物、网络短视频和音频等各类形式的朗诵创作层出不穷,创作水平参差不齐,差强人意。对于"乱花渐欲迷人眼"的现状,有声语言工作者要正确运用新兴技术手段,创新朗诵艺术的创作与传播方式,探索朗诵艺术创作的新视野和新境界。

本书侧重遴选红色经典朗诵篇目进行示范和指导,力求培育德艺双馨的高水平朗诵艺术人才。书中探索归纳了在新媒体技术的助力下,朗诵艺术创作与传播的新方法、新技巧、新规律,包括当代舞台朗诵、录音朗诵、视频朗诵等实用技能和现场技巧,符合新媒体时代艺术专业教学改革与人才培养的需求,适合高校播音专业教学或朗诵艺术爱好者参阅学习。

让朗诵为时代和人民发声,让我们用嘹亮澄澈的声音绘就山清水秀的艺术天地!

冯 洋

2022年1月 写于苏州尹山湖畔

第一章 朗诵准备

朗诵是一种以有声语言表达文学作品内涵的艺术创作。朗诵有利于口语表达能力和文学鉴赏能力的提升,有利于普通话的推广和普及。

朗诵创作的取材要考虑到作品风格、朗诵者本身的特质,要积极拓宽朗诵者"戏路",适当进行作品的改编。作品改编可以从篇幅的删减、生僻词语的替换、符合听觉的调换和艺术性的处理设计四个方面入手。

朗诵者要注重修身养性,要读万卷书,行万里路,强健体魄。每日早起练声,睡眠充足规律,养护嗓音健康和避免不良嗜好等都是朗诵者应当重视的。

第一节 为何而诵

追寻朗诵艺术的源头,要从诗歌的产生说起。"诗歌艺术是人类最古老、最基本的文学形态,起源于上古时代先民社会生活中的劳动号子和民歌。"[①]也就是说,诗歌源于上古时代人们在劳动中的吟唱。诗歌从诞生之日起,就与有声语言密不可分。与其说我们在"诵诗",不如说我们在还原"诗诵"。当然,朗诵艺术不仅仅满足于"还原",更要推陈出新,创作精品。

诗歌的口头传诵源远流长,而朗诵逐渐成为一门独立的艺术形式,还是在普通话被确立和推广以后。新中国成立后的1955年,普通话被正式规定为国家通用语言。普通话是以北京语音为标准音,以北方方言为基础方言,以典范的现代白话文著作为语法规范的现代汉民族通用语。普通话具有音节结构简单,声音响亮,音节界限分明,音律感强,声调抑扬顿挫,富有表达性的特点。这些特点极大地丰富了汉语语音表达的色彩变化,也给诗歌的朗诵创作提供了良好的声音条件。

---

① 高玉昆.中国古典诗歌艺术研究[M].北京:人民出版社,2014:6.

一、朗诵的内涵

朗诵是一种以有声语言表达文学作品内涵的艺术创作。这里要从三个方面来理解朗诵。

第一，有声语言表达。这是朗诵创作的基础，朗诵者需要具备扎实的科学发声能力、标准的普通话语音、良好的普通话表达语感以及娴熟的有声语言内外部技巧，包括停连、重音、语气、节奏等的灵活运用以及语感、态度、情感等的综合感受。

第二，文学作品内涵。能否表达文学作品的内涵，是判断作品能否成为朗诵创作范本的基本条件。也就是说，朗诵者要深刻领悟文学作品的主题思想、时代背景、创作意图、情感变化，并且用有声语言将其准确生动地呈现出来。任何只有声音而没有内涵的表达，任何只重形式而忽略内容的表达，都不能称为朗诵创作。

第三，艺术创作。"艺术"是对朗诵的审美层次要求，而"创作"则是对朗诵者主观能动性的要求。朗诵作品要富有美感，选取的文学作品或情感真挚动人，或文采丰富绚丽，抑或主题积极鲜明；朗诵者的有声语言表达要音色醇厚悦耳，感情饱满真挚，形神和谐，给人以美的艺术享受。此外，"创作"还强调了朗诵者在处理作品中的主体作用。也就是说，文学作品是作者创作出来提供给读者阅读的一度创作，而朗诵者需要以文学作品的表意和内涵为基础，进行有声语言的二度创作。这当中朗诵者对于文学作品的理解程度、言语功力和朗诵水平都起到关键作用。

二、朗诵的意义

我国播音学界泰斗张颂教授在《朗读学（第三版）》中讲道："朗读有利于深入体味文字作品，有利于提高语言表达能力，有利于发挥语言的感染力，朗读是一种高尚的精神享受，朗读是达到语言规范化的途径。"[1]由此可见，文学作品的音声化表达，对于个人口语表达能力、文学鉴赏能力的提升和普通话的推广大有裨益。

《论语·阳货》有载：小子何莫学夫诗？诗可以兴，可以观，可以群，可以怨。迩之事父，远之事君。孔子提出诗歌具有"兴观群怨"的社会作用。兴，指诗歌可以激发斗志，使人振奋并从中受到启迪和影响；观，指研读诗歌可以体察风俗民情，了解国家盛衰；群，指文人学士学诗诵诗，可以形成宽厚容人的美德；怨，指诗歌具有干预社会生活、批判不良风气的作用。可见，诗歌对于政治、经济、社会和文化等都有着不可忽视

---

[1] 张颂.朗读学：第三版[M].北京：中国传媒大学出版社，2010：29 - 34。

的作用。

"在建设社会主义精神文明中,朗读也一定能产生巨大的能量,激励人们蓬勃向上、奋发有为。"[1]聆听一首好的朗诵作品,可以让人热血沸腾、斗志昂扬,也可以让人心灵震撼、思绪万千。艺术家在舞台上由衷地说出"我骄傲,我是中国人",唤醒了台下观众深藏于心底的民族自豪感;朗诵者在录音朗诵里轻声吟咏着"乡愁是一方矮矮的坟墓,我在外头,母亲在里头",又让多少与亲人阴阳两隔的听众潸然泪下、怀旧惜今。这就是朗诵的力量,朗诵是传递真情的康庄大道,也是唤醒心灵的一剂良方。

进入当代,诗歌的传承似乎日趋淡化,诗歌的教育也日渐衰弱,这对于培育国人的文化自信心十分不利。"重振诗歌教育,对于培育下一代的审美力和创造力,重塑其感知系统、审美品位、情感体验和心灵世界,尤其重要。"[2]2017年,随着中央电视台《朗读者》等一系列电视朗诵节目的热播,全国各地掀起了一股朗诵热潮。很多企事业单位纷纷开展形式多样的舞台朗诵活动,各地少儿朗诵活动更是如火如荼。一时间,曾一度被束之高阁的朗诵艺术深入大街小巷,朗诵协会、朗诵社团等群体鱼贯而入。在朗诵活动开展得热火朝天之时,我们需要反思:一些朗诵活动是否具备一定的专业性?对于少年儿童的朗诵教育是否科学得当?倘若一味跟风或是受商业利益驱使,那么就不能称之为真正的朗诵艺术活动,也违背了朗诵艺术创作与传播的初衷。

"古典诗词在当代人的精神及当代的文化建设中的重要作用,从根本上说是由其巨大的思想价值及其无与伦比的艺术价值决定的。"[3]因此,朗诵创作的根本是精神思想的表达与传递,真正打动人心的朗诵一定是用心发声的艺术创作。

"今天的中国,更要求日益规范、更加富有中国特色的语言。普通话的强大生命力,已经鲜明地表现出来。普通话雄踞海内、波及海外的时期,正在迅速到来。""朗读学,应该在教育领域独树一帜,这是一项战略性的改革,那潜移默化的作用无可估量。""众多的国际友人渴望掌握普通话,并以朗读中国作家的作品作为登堂入室之门。""朗读,作为一项独立的语言交流形式,已经在许多国家广泛开展起来。"[4]很多境外孔子学院都开设了中华诗词歌赋读写等课程,也有越来越多的国际友人爱好和学习汉语诗词。随着中国综合国力和国际影响力的日渐强大,汉语普通话会在全世界产生前所未有的影响。

---

[1] 张颂.朗读学:第三版[M].北京:中国传媒大学出版社,2010:32.
[2] 谢有顺.诗歌衰落不利于国人心灵培养[N].人民日报,2010-06-08.
[3] 钱志熙.古典诗词与当代人[J].诗歌研究与创作笔谈,2004(06).
[4] 张颂.朗读学:第三版[M].北京:中国传媒大学出版社,2010:241.

【作品训练】

热爱生命

汪国真

热爱生命

我不去想，
是否能够成功，
既然选择了远方，
便只顾风雨兼程。

我不去想，
能否赢得爱情，
既然钟情于玫瑰，
就勇敢地吐露真诚。

我不去想，
身后会不会袭来寒风冷雨，
既然目标是地平线，
留给世界的只能是背影。

我不去想，
未来是平坦还是泥泞，
只要热爱生命，
一切，都在意料之中。

（选自《汪国真诗文集》）

背景分析

汪国真（1956年—2015年），祖籍福建厦门，当代诗人、书画家，毕业于暨南大学中文系。1990年开始，汪国真担任专栏撰稿人，陆续出版了诗集《年轻的潮》《年轻的风》等，掀起一股"汪国真热"。

《热爱生命》写于1986年，正值而立之年的汪国真努力写作，但大量的退稿使他焦灼愤懑，看不到方向。可他仍然坚信未来的光明，毫不气馁。1988年，这首《热爱生命》得以发表，为他带来了众多知音。《热爱生命》是一首具有励志色彩的抒情体新诗。本诗用成功、爱情、奋斗和未来四个肯定的回答，来阐释为何要热爱生命。全诗语言真切，简洁易懂，排比工整，富于音律美；譬喻简明又贴切自然，有很强的感染力，又如警句格言，给人以深刻启迪。

基调用声

本诗以"热爱生命"为主题，运用恰当朴实的譬喻，润物无声地滋养读者的心灵。音韵和谐，娓娓道来。

诗歌的朗诵基调是热情积极，坚定而深沉的。用声以中声区为主，虚实声结合，吐字力度适中，音色圆润饱满，节奏舒缓，语速偏慢。

朗诵指导

《热爱生命》这首诗一共四节，分别写了作者对于成功、爱情、奋斗、未来的态度。

第一节：表达作者对于成功的坚定态度。用坚定陈述的语气，表现风雨兼程的毅力，有引入铺垫之感。"成功""远方""风雨兼程"几个重音要用实声，吐字有力，气息深沉。

第二节：表达作者对于爱情的执着态度。用真诚舒缓的语气，体现对美好爱情的执着，有抒情展开之感。"爱情""玫瑰""真诚"几个重音要虚实声结合，略微延展。

第三节：表达作者对于奋斗的坚定信念。用决绝坚定的语气，表现追求目标的义无反顾。此处达到全诗高潮，节奏加快，感情浓烈深长。"我不去想"这里与下文连接不停顿，重音放在"不去""会不会"上。

第四节：表达作者对于未来的无限憧憬。用饱满热情的语气，体现对生命的无限热爱，感情升华，语气坚定。"热爱生命"紧扣主题，要加以强调。"意料之中"要充分展开拉长，虚实声结合，带着向往美好、充满希望的语气。

【要点小结】

1. 朗诵的内涵

朗诵是一种以有声语言表达文学作品内涵的艺术创作。

2. 朗诵的意义

朗诵有利于个人口语表达能力和文学鉴赏能力的提升，有利于普通话的推广和普及。

第二节　如何取材

好的文学作品一定能成为好的朗诵作品吗？当然不是，我们知道，书面语言与口语表达存在诸多差异。将晦涩难懂的书面语言用朗诵的方式传递给听众，会增加听众的思维负担，削弱语言的传播效果。一篇气势磅礴的爱国诗歌，请一位温婉柔美的女性朗诵者来朗诵，会给人格格不入、难为一体的不适之感。因此，我们在进行朗诵创作时，要充分考虑文字作品的视听效果和朗诵者的风格特色，对文字作品进行合理的选择和恰当的取舍。

一方面，我们要选择适合口语化、形象化表达的文学作品，最好是意象突出、情感丰满、情节生动的作品，这样的作品更适合有声语言的艺术表达，也更能感染人、打动人。另一方面，朗读者要选择适合自己性别、声音条件、表演风格的文学作品，扬长避短，这样才有利于更好地发挥自己的创作技能和艺术特长。

古人云，知己知彼，百战不殆。我们不妨进行自测：你的音色是高亢洪亮的，还是深沉稳重的？你的性格是大气外向的，还是温婉细腻的？你的语言表达是滔滔不绝的，还是如涓涓细流呢？朗诵者应该充分了解自己的声音条件和创作风格，扬长避短，选择相应的文学作品进行朗诵创作。

在朗诵创作中，朗诵者除了要充分考虑自身适应性问题，还要精准把握所选文学作品的风格特征，力求做到作品与"我"合二为一，形成自身独特的朗诵风格。同时，朗诵者应对自身保持不满足的心态，乐于发现自身的专业弱点并努力弥补，力求拓宽自己的朗诵"戏路"。

一、作品风格

文学创作是一种传递思想和情感的过程，朗诵者应当能准确捕捉到作者的写作心绪和表达风格：有的作品豪迈大气，酣畅淋漓；有的作品细腻温婉，娓娓道来；有的作品耐人寻味，深入浅出；有的作品浓墨重彩，情意深长。比如，"寻寻觅觅，冷冷清清，凄凄惨惨戚戚"是一种孤寂悲苦的轻声低语；"与尔同销万古愁"是一种放荡不羁的豪言壮语；"出淤泥而不染，濯清涟而不妖"又是一种逻辑严密的客观说理。

在了解作品风格的基础上，我们还要做到精准把握，也就是风格展现的程度：是略带哀伤，还是伤心欲绝？是欣慰喜悦，还是欣喜若狂？在展现作品的情绪和情感时，要精准把握尺度。

二、"我"的特质

朗诵是一种艺术创作，自然会有不同的艺术风格。正如一千个读者心中有一千个哈姆雷特，朗诵艺术创作并没有一个标准答案。那么，什么样的朗诵是好的朗诵呢？本书认为，在符合朗诵语言表达规律的基础上，加入新鲜的、合理的元素，使朗诵者与朗诵作品融为一体，进而形成属于自己的朗诵风格，才能创作出优秀的朗诵艺术作品。因此，建立"我"的朗诵风格，应是朗诵者努力前行的目标。

在当代，很多朗诵艺术家的声音已经家喻户晓。著名播音艺术家方明，声音高亢洪亮，朗诵振奋人心，极具感染力；著名表演艺术家濮存昕，朗诵生动鲜活，令人感同身受；著名朗诵艺术家徐涛，吐字铿锵有力，音色浑厚有磁性，给人以声音美感的享受。

三、拓宽"戏路"

"戏路"一般指演员所能表演的各种角色的类型范围。在朗诵创作中，朗诵者也应该努力提升自己的语言表达能力，以适应不同风格作品的朗诵创作。朗诵者不能

"安于天命",声音太窄太细,就要努力增加声音的厚度,丰富胸腔共鸣;声音太低太哑,就要努力使声音集中,利用适当的鼻腔共鸣来调节;声音太平,没有高音和低音,就要努力拓展音域,以适应舞台上高亢的"强控制"和话筒前细腻的"弱控制"。只有大胆突破自身条件限制,持之以恒进行练声,拓宽自己的朗诵"戏路",才能创作出更高水平的朗诵作品。

朗诵艺术创作者应该具备"工匠精神",对自己的朗诵作品精益求精。小到一个字的含义理解和表达处理,大到一篇作品的整体风格和表达方式,都应反复琢磨推敲,反复尝试不同的处理方法,从而优化自己的朗诵作品。

四、作品改编

朗诵是对文学作品的二度创作。在创作的过程中,我们既要了解文字语言的表达规律,又要兼顾有声语言的表达特征。书面语和口语存在着很多差异,句子的长短、用词的难易、文采的轻重,等等,都是不同的。那么,朗诵创作如何兼顾书面语和口语呢?我们在保持文学作品原创性的基础上,可以对原作个别词语和语句进行适当调整,使听众更容易理解和感受。

(一)篇幅的删减

朗诵创作需要考虑作品时长的问题,一般来讲3—6分钟的朗诵作品容易取得较好的舞台效果。普通人的正常语速是每分钟讲150—250字,朗诵作品最短不得少于400字,最长不得超过1200字。时长太短,情绪不能完全释放;时长太长,观众会失去耐心。而一些散文和小说可能会出现篇幅较长的情况,这就需要对原文进行适当的删减。

删减篇幅,需要注意保留关键信息和重点语句。如果是节选,需要注意选取相对完整的片段,让人易听易懂,不留疑惑。

(二)生僻词语的替换

朗诵创作是一种有声语言的艺术创作,也是把文字语言转化为口语表达的一种过程。在文学作品的写作中,作者往往讲究文采与修辞,讲究引经据典。但如果把这些书面文字原封不动地诉诸有声语言表达,可能会出现晦涩难懂、拗口、引起歧义等问题。当遇到这样的情况时,朗诵者应该从听众的角度出发,替换这些生僻难懂的词语,避免一切容易出现的听觉理解问题,对原作品进行个别字词的修改。但注意改动要尽量小,以保证文学作品的原创性。

(三) 符合听觉的调换

一切语言表达的最终目的都是将内容送入听者的耳朵、抵达听者的内心。因此，我们的朗诵表达也应充分顾及听众的接受心理，让人听清、听懂、感受到。比如，一些故事性文学作品中常会出现"谁谁说""谁谁想"等提示性短语，有时这些短语放于人物角色语言之后，如实朗诵就会给听者造成疑惑：这是谁说的话？必须听到下文才知道。有时这些短语穿插在人物角色语言之中，就会打断人物语言，影响表达的流畅性和情绪的连贯性。因此，正确的处理方法是，把这些提示性短语调至人物语言的起始位置，以提示下文的表达。在不影响理解的前提下，可以删减较多次出现的提示语。

(四) 艺术性的处理设计

"艺术处理，是指从局部或整体对原作品加以内容上的更动或形式表现上的设计。"[①]由于书面语和口语的差异、受众阅读和观赏的不同体验过程，我们不能照搬文字稿件，只做机械化的音声处理，这样就不是艺术创作。朗诵创作对于文学作品的艺术性处理设计，主要体现在音律感、节奏感、生动性、抒情性和视听性等方面。在具体处理上，一方面，朗诵者要敢于突破文字稿件的限制，不拘泥于原文或者前辈名家的朗诵作品，大胆尝试不同的处理方式，在反复试验中择优采用；另一方面，朗诵者要明确创作目标，以文学作品为起点和中心，用艺术手段突出作品特色，不能喧宾夺主，本末倒置。

【作品训练】

纤夫（节选）

阿 垅

嘉陵江
风，顽固地逆吹着
江水，狂荡地逆流着，
而那大木船
衰弱而又懒惰
沉湎而又笨重，
而那纤夫们
正面着逆吹的风
正面着逆流的江水

在三百尺远的一条纤绳之前
又大大地——跨出了一寸的脚步！……

风，是一个绝望于街头的老人
伸出枯僵成生铁的老手随便拉住行人
（不让再走了）
要你听完那永不会完的破落的独白，
江水，
是一枝生吃活人的卐字旗魔下的钢甲军队

[①] 陆澄.诗歌朗诵艺术[M].上海：上海人民出版社，2009：65.

集中攻袭一个据点
要给它尽兴的毁灭
而不让它有一步的移动!
但是纤夫们既逆着那逆吹的风
更逆着那逆流的江水。

大木船
活过两百岁了的样子,
活够了的样子
污黑而又猥琐的,
灰黑的木头处处蛀蚀着
木板坼裂成黑而又黑的巨缝
(里面像有阴谋和臭虫在做窠的)
用石灰、竹丝、桐油捣制的膏深深地填嵌
起来(填嵌不好的),
在风和江水里
像那生根在江岸的大黄桷树,
动也——真懒得动呢
自己不动影子也不动
(映着这影子的水波也几乎不流动起来)
这个走天下的老江湖
快要在这宽阔的江面上躺下来睡觉了
(毫不在乎呢),
中国的船啊!
古老而又破漏的船啊!

而船仓里有五百担米和谷
五百担粮食和种子
五百担,人的生活的资料
和大地的第二次的春的胚胎,酵母,
纤夫们的这长长的纤绳
和那更长更长的道路,
不过为的这个!

一绳之微
紧张地曳引着
作为人和那五百担粮食和种子之间的力
的有机联系,
紧张地——曳引着前进啊;

一绳之微
用正确而坚强的脚步
给大木船以应有的方向
(像走回家的路一样
有一个确信而又满意的方向):
向那炊烟直立的人类聚居的、繁殖之处
是有那么一个方向的
向那和天相接的迷茫一线的远方
是有那么一个方向的
向那一轮赤赤地炽火飞爆的清晨的
太阳!——
是有那么一个方向的。

(选自《无弦琴》)

背景分析

阿垅(1907年—1967年),原名陈守梅,浙江杭州人,中国文艺理论家、诗人。"七月诗派"骨干成员之一。早年就读于上海工业大学专科大学,为国民党中央军校第十期毕业生。

本诗完成于1941年11月,当时国共两党合作,制定抗日民族统一战线的方针。作者通过描写江上纤夫,讴歌了中华儿女顽强抗战、不屈不挠、视死如归、大无畏的英雄精神,表现出一种深藏在普通人民身上的坚强不屈的品格和古老的华夏民族精神的顽强生命力。

基调用声

本诗苍凉雄浑,色彩丰富,豪迈深情却又充满希望。朗诵基调应是深沉有力的,表达出一种深藏在普通人民身上的坚韧强劲的古老民族精神和顽强生命力。用声虚实结合,以中音为主,吐字刚硬,气息深沉。

朗诵指导

诗歌运用暗喻的手法,将勇于抗日的普通民众比作纤夫,将凶残的日军比作狂荡的江水,将压着旧中国的"三座大山"比作风,将破败的大木船比作在当时饱受战乱之苦、满目疮痍的旧中国,将大木船上的粮食比作后代力量和华夏儿女对美好生活的渴望。比喻生动形象,引人入胜,令人深切体会到抗战岁月的战火纷飞、惨烈艰难。诗歌的主旨可归纳为:有鹏展翅、野马将腾,面对艰难险阻,浴血奋战、顽强拼搏,永存的希望指向光明。

"又大大地——跨出了一寸的脚步!"暗含深意,可做特殊处理。诗人通过纤夫的劳动,阐明了自己的观点:在国家危亡时刻,只有脚踏实地,一寸一寸地艰苦跋涉,才能牵引着国家,从失败走向胜利,迎接远处的光明。

朗读时要生动地表现出纤夫的感情,展现其拉纤绳的艰难困苦,将其充满希望和信念坚定的拼劲展现出来。对风和大木船的朗诵基调是低沉的,可适当加一些颤音,来展现其破败的现状,从侧面体现纤夫的勇敢无畏。

朗读时要把江水的"狂荡、放肆"形象展现出来,气息深沉有力,节奏感强。对于江水来说,纤夫不过是一群"乌合之众",语气上略有轻蔑之情。在表现江水邪恶、残暴、凶狠时,用声低沉,音色晦暗;在表现江水冲击纤夫时,用声扬高,注意层次感和变化处理。

诗歌最后运用一系列的排比句增加气势,朗诵时语调逐步攀升为宜,每句应上扬处理,来展现纤夫对光明希望的渴望。

【要点小结】

1. 作品风格

2. "我"的特质

3. 拓宽"戏路"

4. 作品改编

(1)篇幅的删减

(2) 生僻词语的替换

(3) 符合听觉的调换

(4) 艺术性的处理设计

第三节　朗诵步骤

在选定文学作品后,我们的朗诵创作该从何入手呢?初学者往往急于求成,看到稿子急于张口,但效果却不尽如人意:结巴不流畅,找不到状态,情绪不到位,音色风格不合适,结果就给自己贴上了"不适合朗诵"的标签。其实,没有不适合朗诵的人,只是没找到适合你的朗诵。这就好比每个人都要穿衣打扮,得体才是最重要的。而每一个会发声的人,都可以做到声音表达的得体,这就需要恰当科学的方式方法。

朗诵创作,是一个由"脑"到"口"再入"心"的过程。朗诵者要带着"脑子"去朗诵,要把握不同文体的朗读特征,深入理解作品的背景和主题内涵,确立恰当的朗诵基调及用声特点。朗诵要以"上口入心"为目的,朗诵者要划分作品的层次结构,吃透字里行间的内涵与情感,做到让听众入耳入心。

一、明确体裁

创作朗诵作品的第一步,是要认清创作材料的文体特征。你选择的朗诵作品是古诗词、现代诗还是散文?不同类型的文学作品,具有不同的文体特征,需要采用不同的朗诵处理方法。

古诗词,也叫格律诗。一方面,古诗词篇幅有限,字数较少,讲究"炼字",一个字往往能表达一种内涵。因此,要特别注意将每一个字的音韵充分展开,可以适度夸张,用鲜明的抑扬上去和完整的吐字归音来展现音韵之美。另一方面,古诗词讲究平仄与押韵,在句尾的处理上,尽量将韵脚朗读得鲜明突出,略微上扬,与前后句形成呼应。

二、理解背景

一篇优秀的文学作品,不仅是作者思维和思想的结晶,更是一个时代的映照与缩写。朗诵者首先要了解作者的写作冲动点:作者的写作灵感从何而来?是什么激发了作者的创作欲望?作者是在什么样的背景下完成创作的?只有深入了解文学作品的创作背景,深刻体悟文学作品的主题与内涵,才能进一步与作者的心灵产生"共鸣",从而激发自身强烈的朗诵欲望。

比如古诗《九月九日忆山东兄弟》的写作背景是：诗人王维久居他乡，时逢重阳，想到了昔日里兄弟团聚的温馨场面，作诗寄托思念之情。那么，在朗诵这首诗时，我们要将作者的思乡思亲"移情"于己，感同身受。此外，我们还要了解中国古代有重阳节登高、佩戴"茱萸"以辟邪的习俗。剖析文学作品中的典故内涵、了解写作背景，才能更加深入地理解作品的主题与文化内涵。

三、确定基调

朗诵基调的确定，是朗诵创作的前提和基础。在理解了作品的创作背景和目的、挖掘出作品的主题思想和内涵后，朗诵者要梳理作品的思想感情和脉络，并结合人生体验，确立恰当的朗诵基调。朗诵基调可以是喜悦欢快的、宁静美好的、沉缓哀伤的、悲痛压抑的、愤慨激越的，等等，需要根据具体稿件的风格内容而定。

确定恰当的朗诵基调，是为了找到合适的用声风格。比如，喜悦欢快的基调，适合以明亮清脆的实声来表达；沉缓哀伤的基调，需要缓慢低沉的音色，并略带气声；愤慨激越的基调，需要浑厚有力的实声来展现。

四、划分层次

文字语言可以用标点符号、分句、分段来表现内容的主次结构，但有声语言不行。那么，朗诵创作如何才能表现出文学作品的层次结构呢？一篇完整的文学作品，必定有它的结构布局和设计，我们要了解它的"起承转合"，把握它的层次结构，弄清作品是"总分"还是"并列"，是"顺叙"还是"倒叙"，哪里是"重点"，哪里是"主旨"。

比如范仲淹的《岳阳楼记》全篇分五个段落：第一段，交代写作背景，是全文的铺垫和基础；第二段，再现巴陵郡洞庭湖的壮观美景，形象生动，使人仿佛身临其境；第三段，描写览物之悲，情绪由明转暗；第四段，描写览物之喜，情绪由暗转明；第五段，兼有抒情和议论，是全篇的中心和重点。全篇以总分总的结构展开，第三段与第四段是并列的关系，第五段揭示全文主旨。在朗诵时要充分用语言表达技巧来体现这种结构层次和逻辑关系。

五、吃透字句

"朗诵应该包含着对语言表现力的要求，诸如层次感、主次感、对比感、形象性、逻辑性、丰富性,都要体现在有声语言中。"①要想丰富我们的语言表现力,就要吃透文学作品,体会作者每个段落、每个层次、每句话甚至每个词和字的内涵。尤其是古诗词,字数不多,行数有限,十分讲究"炼字",往往一个字就可以代表一层意思,这就更要求朗诵者细致理解每一个字的含义,对朗诵作品的理解做到深入透彻。

比如,《秋浦歌》是李白游览秋浦时所做,"秋浦"是今天的安徽省池州市贵池区西。"白发三千丈"中的"三千"虚指白发已经很长;"缘愁似个长"中"缘"释为"因为","个"释为"这样",即"因为愁苦白发才会这样长";"不知明镜里"中"明镜"指玉镜潭,在今天安徽省贵池大楼山下清溪河上,诗人把玉镜潭比作明镜,可以映照出自己的容颜;"何处得秋霜"中"秋霜"代指白发,"何处"一词抒发了诗人内心积蓄已久的愤懑之情。只有细致体味诗中每个字的用意与内涵,才能准确感受和表达诗歌的情感主旨。

六、上口入心

朗诵创作的终端是受众的耳朵,朗诵创作的最终目的是将作品的情感以恰当的语言表达方式传递给受众,达到入耳入心的效果。这就要求朗诵者在张口朗诵时做好充分准备,并结合相应的语言表达内外部技巧进行朗诵作品的演绎。

在确定朗诵基调的基础上,朗诵者要把握好朗诵的节奏。生活阅历越丰富,知识面越广,生活体验越深,对节奏的把握能力就越强。朗诵者要把饱满的情感色彩融入朗诵当中,自然形成朗诵创作的节奏。它可能是轻快型的、舒缓型的、凝重型的、紧张型的,等等。符合听众心理情绪变化规律的节奏,才是听众乐于接受的,才能让朗诵创作"上口即能入耳入心"。

【作品训练】

雨巷
戴望舒

撑着油纸伞,独自
彷徨在悠长,悠长
又寂寥的雨巷,
我希望逢着

一个丁香一样的
结着愁怨的姑娘。

她是有
丁香一样的颜色,

---

① 张颂.朗读学:第三版[M].北京:中国传媒大学出版社,2010:30.

丁香一样的芬芳,
丁香一样的忧愁,
在雨中哀怨,
哀怨又彷徨;
她彷徨在这寂寥的雨巷,
撑着油纸伞
像我一样,
像我一样地
默默彳亍着,
冷漠,凄清,又惆怅。

她静默地走近
走近,又投出
太息一般的眼光,
她飘过
像梦一般的,
像梦一般的凄婉迷茫。

像梦中飘过

一枝丁香的,
我身旁飘过这女郎;
她静默地远了,远了,
到了颓圮的篱墙,
走尽这雨巷。

在雨的哀曲里,
消了她的颜色,
散了她的芬芳
消散了,甚至她的
太息般的眼光,
丁香般的惆怅。

撑着油纸伞,独自
彷徨在悠长,悠长
又寂寥的雨巷,
我希望飘过
一个丁香一样的
结着愁怨的姑娘

(选自《戴望舒诗集》)

背景分析

戴望舒(1905年—1950年),名承,字朝安,小名海山,浙江杭州人。中国现代派象征主义诗人、翻译家,因诗作《雨巷》一度被人称为"雨巷诗人"。曾经和杜衡、张天翼、施蛰存等人成立了一个名谓"兰社"的文学小团体,创办了《兰友》旬刊。

《雨巷》是戴望舒于1927年创作的一首现代诗。诗人用象征性的意象群来营建抒情空间,传达内心情感,并且融汇了中国古代诗歌,尤其是晚唐五代纤弱婉约诗词的艺术特征,音律和谐唯美。

基调用声

本诗朦胧恍惚,婉约清丽,又孤独消沉。朗诵基调应柔和沉缓,表达出诗人陷入人生苦闷时对未来渺茫的憧憬。声音虚实结合,用声不宜过高,吐字轻柔,气息舒缓。

朗诵指导

第一节:开头点明了诗的主旨是抒写诗人追寻的"希望",而"悠长,悠长"则暗示了希望的渺茫。"独自""寂寥"是重音,语速放缓,可略延长,表达忧愁。

第二节:"颜色""芬芳""忧愁"是重音,朗诵时注意区别和划分层次。"哀怨""彷徨"是情感的主旋律,要强调出来。"撑着油纸伞""默默彳亍着",朗诵时要有画面感,情绪饱满。"冷漠""凄清""惆怅"是重音,直抒胸臆,声音绵长,略带虚声。

第三节:"静默地走近"要呈现动态感。"太息"是重音,虚实声结合,略带感叹。"凄婉迷茫"是情绪的更进一步,通过停顿和延长来强调。

第四节:两个"飘过"是重音,呈现动态感的同时可略延长来强调。"颓圮的篱墙"是一种对比,说明美好的事物并没有生长在美好的地方。"走尽"可略带虚声,忧愁之情更进一步。

第五节:"消了颜色""散了芬芳"是重音。"消散了"指诗人美梦破灭。

第六节:与第一节内容有重复,注意朗诵的情绪变化,此时忧愁达到最浓。"彷徨"是重音,用声稍低,表现悲痛。"希望"也是重音,表现美梦破灭后依然抱有朦胧渺茫的希望。

【要点小结】

1. 明确体裁

2. 理解背景

3. 确定基调

4. 划分层次

5. 吃透字句

6. 上口入心

第四节　修身养性

苏轼云"腹有诗书气自华",只要饱读诗书、学有所成,气质才华自然横溢。人的气质由内而外散发,学识见识和品德修为会自然而然地表露于外。朗诵者应该丰富自身的内涵,内外兼修,以便于提升朗诵作品的艺术水平。"读万卷书,行万里路,胸中脱去尘浊,自然丘壑内营。"读书能让万里之美景立于眼前,能跨越时空,让古今中外的思想汇聚于脑海。读书有益是一个万古不变的真理。朗诵者应该尽量做到:读万卷书,行万里路,强健体魄。

一、读万卷书

读万卷书,行万里路,一直是时代对年青一代的要求和期许。多读书增进学识,多旅行开阔视野,多经历磨砺心智,对于朗诵创作来说都是大有裨益的。好的朗诵源于对朗诵作品的深入理解和分析。好的朗诵者,应该是一个文学爱好者,能够熟知中华古典诗词歌赋,广泛阅读国内外经典文学著作,具备较好的文学鉴赏力和深厚的文化底蕴。对于大学生而言,更要加强对经典文学作品的研读和积累,打下扎实的文学基础。

读书可分为精读和泛读。对于一些古今中外文学经典名著,我们应该沉下心来细细品读,养成随手摘录佳句和撰写读书心得的好习惯,以便日后及时回顾复习。对于一些当代热门书籍、杂志,我们应擦亮双眼选择值得一读的精品,努力提升自身的文学鉴别力和鉴赏力,不要在一些粗制滥造的出版物上浪费时间。

朗诵者要巩固和加强自己的语文水平,包括汉字的读写能力。在朗诵中,如果遇到生僻字词,千万不要想当然地去读,要养成勤于查字典的习惯,确认一些多音字、异读字在本篇作品中的正确读音和释义。比如《再别康桥》中"撑一支长篙,像青草更青处漫溯",很多人把"篙"读成 hāo,其实是不正确的。查过字典就可以知道,"篙"是撑船的竹竿或木杆,读音为 gāo。而"蒿"读音为 hāo,有青蒿、水草的意思。如果读错,意思就成了"撑一只水草",岂不是贻笑大方了。

二、行万里路

朗诵者应该是阅历丰富、热爱生活的人。开阔的视野和胸怀,尝尽生活的酸甜苦辣,都是朗诵艺术创作的宝贵财富。想要读出文学作品的言下之意,与作者惺惺相惜、感同身受,就要不断丰富自己的人生体验,善于观察生活,感悟人生,体察民情。只有见过了山村孩童的艰苦生活和乐观精神,才能表现出《卖火柴的小女孩》中的同情和怜悯;只有见过了漓江的清澈碧透,才能表现出《桂林山水甲天下》中的欣赏和赞叹;只有经历了人生的大喜大悲、大起大落,才能表现出《将进酒》中的豪放不羁和奔放洒脱。

三、强健体魄

朗诵创作的基础是良好科学的发声状态。想要时时保持良好的发声状态,强健体魄与增强心肺功能是十分必要的。发声是一种生理活动,需要我们的发音器官保持良好和谐的状态。同时,肺部的气息容量、小腹的力量、胸廓的扩张与收缩能力,也直接关系到我们气息的持久和稳定。

因此,我们要坚持锻炼身体,健走、慢跑、游泳、有氧健身操等可以增强我们的心肺功能,扩大肺活量;利用哑铃、杠铃等进行训练可以增强我们的小腹肌肉力量,从而加强牵制两肋回收的力量,进而延长气息的呼出时间,使气息更加持久耐用,稳定有力。

一些体型较为瘦小的女生,发声时感觉气息明显较弱,声音较为轻飘,就是因为肺活量偏小,心肺功能不强,体质偏弱,中气不足,因此要格外注意强身健体。

朗诵者也应养成良好的生活习惯。

(一)每日早起练声

练声要循序渐进,不能盲目求成。练声前可以适当做热身运动,唤醒身体机能。练声时长控制在30分钟至1小时,不宜长时间过度练声。身体不适时不宜练声。户外有雾霾、沙尘等空气污染时不宜练声。

(二)睡眠充足规律

很多人喜欢熬夜晚睡,第二天则身心疲惫,练声状态不佳。有规律的充足睡眠是身体健康的重要保障,更是获得良好发声状态的基础。

(三)避免不良嗜好

抽烟、喝酒、吵架、嘶喊等都会损害嗓音,甚至造成声带小节等病变。朗读者在生活中应尽量少吃生冷、辛辣等刺激性食物。尤其是朗诵用声之前,避免吃得过饱,尽量喝温水,避免食用过冷过热和油腻辛辣之物。

(四)养护嗓音健康

有声语言工作者长时间用声,容易引发咽炎等嗓音问题。平日里可以多喝胖大海和金银花水,用淡盐水漱口,适当服用利咽含片。如发现咳嗽、咽喉痒痛等症状要及时就医,以防急性咽炎发展为慢性咽炎。

【作品训练】

秦风·蒹葭

蒹葭苍苍,白露为霜。所谓伊人,在水一方。
溯洄从之,道阻且长。溯游从之,宛在水中央。
蒹葭萋萋,白露未晞。所谓伊人,在水之湄。
溯洄从之,道阻且跻。溯游从之,宛在水中坻。
蒹葭采采,白露未已。所谓伊人,在水之涘。

溯洄从之，道阻且右。溯游从之，宛在水中沚。

（选自《诗经》）

背景分析

《诗经》是中国古代诗歌的开端，是我国最早的一部诗歌总集，收集了西周初年至春秋中叶的诗歌311篇。其内容丰富，反映了劳动与爱情、战争与徭役、压迫与反抗、风俗与婚姻、祭祖与宴会甚至天象、地貌、动物、植物等方方面面，是周代社会生活的一面镜子。

《秦风·蒹葭》是《诗经》中的一篇。现在一般认为这是一首情歌，写追求所爱而不及的惆怅与苦闷。全诗三章，每章八句，重章迭唱，后两章是对首章文字略加改动而成的，形成各章内部韵律协和而各章之间韵律参差的效果，也造成了语义的往复推进。

基调用声

这首诗表达了男子为追求所爱不懈努力却没有结果，内心无限苦闷与思念的情感。朗诵的整体基调是凄美悠长的，节奏是舒缓型的，音色优美，气息深长，以表达思念伊人和求而不得的强烈情感。

朗诵指导

本诗三章相似，朗诵时要区别处理。朗诵者可以运用停连、重音、语势、节奏的变化进行设计。朗诵者应该熟练掌握划稿技巧，运用特殊符号来辅助朗诵创作。

第一章重在描述，需要含有思念以及求而不得的悲伤情感，语速放慢，表述清楚当时情状。第二章情感加深，第二句语速可稍快，体现求而不得的急切感。第三章达到情感高潮，前三个短句语速较快，语句间连接紧密，到"在水之涘"一句突然放缓，表达出求而不得的无奈。最后三句语速放缓，情感相比之前变得平静。

【要点小结】

1. 读万卷书

2. 行万里路

3. 强健体魄

（1）每日早起练声

（2）睡眠充足规律

（3）避免不良嗜好

（4）养护嗓音健康

第二章 现场把握

朗诵创作要认识听众的"审美的耳朵"[①],在我们理解作品、具体感受、形之于声、及于受众的朗诵创作过程中,"及于受众"是终极目标。"当审美的耳朵逐步成熟的时候,听者群体的鉴赏力就会越来越强。"[②]因此,朗诵者要充分注重朗诵创作的终端步骤,即现场感的把握,从而与受众达到"交流的语气联通"[③]。

首先,朗诵者要具备积极的朗诵状态,做到精神饱满,神采奕奕;气沉丹田,音声通达;积蓄情感,脱口而出;身临其境,专注投入。其次,朗诵者要在理解背景、挖掘内涵、理清脉络的基础上,确立恰当的朗诵基调。

在进行舞台现场朗诵创作时,朗诵者要做好表演准备,包括形象准备、作品准备、熟悉舞台等。舞台朗诵要求朗诵者具备声音的"强控制"能力,能以大音量、强吐字、强气息和大起伏的鲜明变化,表现强烈的作品情感。舞台朗诵的现场感要求朗诵者心态平和不慌乱、进入情境不分神、及时调整有交流。

在进行录音朗诵创作时,朗诵者要做好录音准备,包括声音准备、作品准备、熟悉录音棚等。录音朗诵要求朗诵者具备声音的"弱控制"能力,能以小音量、小波浪语势,运用适中的吐字和气息力度,体现细腻丰富的情感层级变化。

第一节 状态积极

中医上讲,"精气神"是人的三宝,是人体生命的根本。生活中,我们常用"精气神"来形容人的精神风貌。良好的精神状态是一个人由内而外气质状态的综合体现。

---

① 张颂.朗读美学:修订版[M].北京:中国传媒大学出版社,2010:92.
② 张颂.朗读美学:修订版[M].北京:中国传媒大学出版社,2010:94.
③ 张颂.朗读美学:修订版[M].北京:中国传媒大学出版社,2010:97.

朗诵者需要具备积极的朗诵状态,带着十二分的精气神进行朗诵创作,没精打采的语言表达很难激发观众兴趣。因此,在朗诵前我们要充分调动自己的情绪状态,找到自己的情绪兴奋点。有经验的朗诵者往往具备强烈的现场意识,尤其是站在大舞台上面对万千观众时,更能产生强烈的朗诵表演欲望。

积极的朗诵状态要做到以下几点。

一、精神饱满,神采奕奕

好的朗诵作品应该传递人间的真善美,给人以积极美好的正能量,而好的朗诵者也应该以饱满的热情、真挚的情感和良好的精神风貌去感染受众、影响受众。舞台上的朗诵者应该昂首挺胸、步伐矫健、神采奕奕、站如青松。正确的站姿是:挺胸、抬头、收腹、立腰、提臀、两肩打开、两腿伸直。男士一般两脚开立、与肩同宽;女士一般采用丁字步站立:左脚在前、右脚在后,或者采用小八字步站立:脚跟并拢,脚尖打开。挺拔的身姿可以让人精神状态饱满积极,神采奕奕,从而获得积极的播讲欲望。

此外,在朗诵前我们要充分调动情绪状态,找到自己的情绪兴奋点。作品中昂扬自豪的主旨情感、现场观众的热烈掌声、舞台灯光与服装道具的代入感都有助于朗诵者激发自己的创作冲动。

二、气沉丹田,音声通达

当众朗诵,紧张是在所难免的。一般来讲,适度的紧张是有利于我们的朗诵表达的。因为在适度紧张的状态下,人的精神会处于高度兴奋的状态,这有利于我们调动思想感情,酝酿积极饱满的态度情感。但也有人会出现过度紧张的状况,比如手脚发抖、气提声虚、恍惚忘词等,这会严重影响我们的朗诵效果。克服紧张的方法是:朗诵前先稳定下来,全身放松,深呼吸三次,延长吸气时间,尽量让气体充满肺部,呼气时吐尽气体,找到释然的感觉。

克服紧张的情绪,有利于朗诵者做到气沉丹田,音声通达。这是朗诵创作的必要状态。朗诵时,应气息下沉,小腹力量集中,声音通畅,以中声区发声为主,基本音调不要过高或者过低。

三、积蓄情感,脱口而出

情感是朗诵创作的灵魂。朗诵的目的是传递情感,一切朗诵创作都应当为情感服务。朗诵者开口前,应当做好充足的情感准备:是热爱还是憎恨,是赞美还是批评,是欢喜还是失落。同时要注意每一种情感的浓烈程度和分寸的把握：是淡淡的喜悦，还是欣喜若狂？是客观否定，还是严厉批评，抑或深恶痛绝？朗诵者心中被这种情感点燃了火焰，达到了思想与情感外化为言语不吐不快的状态，就是朗诵应脱口而出的时候。

四、身临其境，专注投入

文学作品是作者的智慧和心绪的结晶，除了感情，作品所表达的"意境"也非常重要。朗诵者要充分体会作品的意境，并且全身心地投入到作品的规定情境中去，用适当的朗诵技巧进行表达，力求将观众也带入其中，身临其境，感同身受。

专注投入，是朗诵者不可或缺的艺术素养和创作态度。例如，著名播音艺术家方明在朗诵毛泽东的诗词《沁园春·长沙》时，仿佛置身湘江之滨，独立于深秋的橘子洲头，眼前所见是一片万山红遍、层林尽染的大好河山，顿时意气风发，不禁感叹谁主沉浮。此时，朗诵者早已忘掉了眼前的舞台与观众，而是置身诗歌意境之中，带着观众一起真听、真看、真感受。

【作品训练】

沁园春·长沙
毛泽东

独立寒秋，湘江北去，橘子洲头。看万山红遍，层林尽染；漫江碧透，百舸争流。鹰击长空，鱼翔浅底，万类霜天竞自由。怅寥廓，问苍茫大地，谁主沉浮？

携来百侣曾游，忆往昔峥嵘岁月稠。恰同学少年，风华正茂；书生意气，挥斥方遒。指点江山，激扬文字，粪土当年万户侯。曾记否，到中流击水，浪遏飞舟！

（选自《毛泽东诗词选》）

背景分析

毛泽东（1893年—1976年），字润之，笔名子任，湖南湘潭人。中国人民的领袖，伟大的马克思主义者，无产阶级革命家、战略家和理论家，中国共产党、中国人民解放军和中华人民共和国的主要缔造者和领导人，诗人，书法家。

《沁园春·长沙》是毛泽东于1925年晚秋，离开故乡韶山去广州主持农民运动讲习所的途中，在长沙重游橘子洲时所作。面对湘江一片美好景色，作者联想到当下的革命形势，当即写下了这首词。作品抒发了毛泽东蔑视反动统治、改造旧中国的豪情壮志和以天下为己任的胸襟抱负。

基调用声

全词情景交融,景色壮阔,情感澎湃。朗诵基调应该是激昂有力,振奋人心的。朗诵节奏是高亢型的。要求气息扎实,用声明亮,吐字有力。

朗诵指导

上阕:第一句,交代了时间、地点和环境,"独"要吐字有力,想象作者伫立在寒风中,远望波涛滚滚的湘江,心生感慨,声音低沉有力。

第二、第三句,"看"统领下文七个短句,有领启下文之感。"万山""层林""漫江""百舸""鹰""鱼"处要充分情景再现,生动形象,仿佛一切景象尽在眼前,音色明亮,语势起伏较大。

第四句,"怅"要深沉感叹,略带气声。"谁主沉浮"是全篇中心句,要带着强烈的反问语气。

下阕:第一句,回忆曾经,声音稍低,边想边说。

第二、第三句,展现少年的风华正茂,声音明亮,振奋昂扬,注意小腹力量逐渐加强,直至"粪土"达到声音和情绪的高潮,体现对反动统治的强烈蔑视。

第四句,"曾记否"声低语缓,回忆美好。"浪遏飞舟"要用疑问的语气,意思是"你还记得我们一起划船击水的美好时光吗"。疑问句结尾,弱收上扬,回味深长。

【要点小结】

1. 精神饱满,神采奕奕
2. 气沉丹田,音声通达
3. 积蓄情感,脱口而出
4. 身临其境,专注投入

第二节　基调恰当

歌唱的乐曲有它的调子,那么朗诵有没有"调子"呢?朗诵的"调子"与乐曲不同,它不是音调的集合,而是作品情感的色彩呈现,我们称之为朗诵的"基调"。"基调,指作品的基本情调,即作品的总的态度感情、总的色彩和分量。"[①]朗诵者在朗诵每一篇

---

① 张颂.朗读学:第三版[M].北京:中国传媒大学出版社,2010:89.

作品之前,都要先确定它的基调。朗诵的基调,并不单纯指声音的高低,而是涉及情感、态度的色彩和分寸的把握。我们在领悟了稿件思想情感的基础上,对稿件进行由表及里、由浅入深的剖析和理解,才能确立稿件的朗诵基调。

基调是一种整体感受,朗诵者要敏锐体验稿件各个部分、层次、段落以及字里行间的具体情感。但基调不仅仅是具体情感的总和,更是建立在敏锐的具体感受的基础上的一种综合的情感体悟和展现。朗诵者要兼顾整体感与具体感,既要做到情感的细腻变化,又要兼顾作品和谐统一的整体风格。好的朗诵者,应该善于驾驭统一和谐与丰富多彩的融合表达。

那么,如何来确定稿件的朗诵基调呢?

一、理解背景

朗诵者应该以怎样的语言状态来再现文学作品呢?我们知道,一篇文学作品往往是作者心路历程和思想情感的结晶。朗诵者只有设身处地地了解作者所处的时代环境和社会背景,理解作者的写作心境,才能体味作品的写作目的和风格,进而把握相应的朗诵基调。

二、挖掘内涵

主题是一篇文学作品的核心与灵魂,朗诵者只有深刻挖掘并体悟文学作品的主题内涵,才能恰当把握朗诵创作的基调。主题内涵往往体现在作品的中心段落、中心句或中心词上,朗诵者要具备一定的文学素养和语感,有分析文章结构、层次、逻辑、主次的能力。

三、理清脉络

朗诵者要切身体会作者的思想感情,敏锐捕捉其情感发展过程,善于梳理文章的主题线索,形成一段相对完整的情感脉络并内化于心,在朗诵创作中展现与作者合二为一的真挚情感,从而达到朗诵创作的真正目的:真情实感的体悟和传递。

四、确立基调

朗诵者是一个个鲜活的个体,同样的字句在不同朗诵者的演绎下会呈现出不同的艺术效果。比如,鲁迅先生的作品由具备一定人生阅历的中年男性朗诵,才能展现出作品复杂的社会性和各色各样的人性特征。人的言行举止是与其人生阅历和体验分不开的。因此,朗诵者要尽量丰富自己的人生体验,做一个热爱生活、善于观察、感性细腻的人。这样,才能在朗诵创作中结合个人生活体验,恰当地体会并表达出作品的朗诵基调。

我们用一些表达态度和情感的形容词来概括作品的朗诵基调,大致分类如下。

(1)喜悦欢快的,比如《春夜喜雨》《春》《雪花的快乐》等。

(2)宁静渴望的,比如《一棵开花的树》《雨巷》《在天晴了的时候》等。

(3)沉缓哀伤的,比如《乡愁》《我爱这土地》《秋天的怀念》等。

(4)悲痛压抑的,比如《春望》《野草题词》等。

(5)愤慨激越的,比如《赤壁怀古》《满江红》《囚歌》等。

(6)高亢明朗的,比如《早发白帝城》《沁园春·长沙》《七律·长征》等。

【作品训练】

春　望

杜　甫

国破山河在,城春草木深。
感时花溅泪,恨别鸟惊心。
烽火连三月,家书抵万金。
白头搔更短,浑欲不胜簪。

（选自《全唐诗》）

背景分析

杜甫(712年—770年),字子美,自号少陵野老。少年时家境优越四处游学,怀抱"会当凌绝顶,一览众山小"的雄心壮志;但后来仕途失意,颠沛流离,于蜀中漂泊,形成了"沉郁顿挫"的诗作风格。

安史之乱后,唐朝人口大量丧失,国力锐减。杜甫目睹了长安城一片萧条零落的景象,百感交集,于是写下了这首传诵千古的名作《春望》。诗的前四句写春日长安凄惨破败的景象,后四句写诗人挂念亲人、心系国事的情怀。

基调用声

本诗抒发了诗人的忧国之情和凄苦哀思,朗诵基调是沉郁悲凉的。用声偏低,语调下降,气息较沉闷。

朗诵指导

第一句:山河依旧,可是国都已经沦陷,城池也在战火中残破不堪,乱草丛生,林木荒芜。表现悲伤失落时,语势是下降的,气息是沉闷的。诗人记忆中昔日的长安,春天是何等繁华,鸟语花香,游人迤逦,可那种景象已荡然无存。朗诵时要抓住"破"和"深"两个字,抒发人去物非的荒凉凄惨,表现强烈的黍离之悲。

第二句:花与鸟是因人而具有了怨恨之情。看到花开而潸然落泪,听到鸟鸣而心惊胆战。感于战败的时局,遇到乐景,反而引发了作者内心更多的痛苦。朗诵时要抓住"感时""恨别"两个词,抒发作者忧伤国事的悲凉之情。

第三句:战火不断,自己被俘,妻儿毫无音信,生死未卜。"万金"体现了诗人久盼音讯而不至的急迫心情,情绪强烈,应充分展开,朗诵达到高潮。表现人们反对战争、期望和平安定的心情。

第四句:烽火连月,家信不至,国愁家忧齐上心头。作者内心焦虑至极,百无聊赖,徘徊踌躇,青丝变成了白发。诗人由国破家亡、战乱分离写到自己的衰老。头发的变化使诗人忧国思家的形象完整丰满、感人至深。到最后一个字"簪",声音停顿、下降、减弱,把悲情抒发到了极致。

【作品训练】

春夜喜雨

杜 甫

好雨知时节,当春乃发生。
随风潜入夜,润物细无声。
野径云俱黑,江船火独明。
晓看红湿处,花重锦官城。

(选自《全唐诗》)

背景分析

经过流离辗转,杜甫在蜀中开始了一段较为安定的生活。他亲自耕作,种菜养花,与农民交往,对春雨之情很深,因而写下了这首描写春夜降雨、润泽万物的美景诗作。

基调用声

本诗运用拟人手法,以极大的喜悦之情细致地描绘了春雨的特点和成都夜雨的景象,热情地讴歌了来得及时、滋润万物的春雨。因此,朗诵基调应该是热情喜悦的。

朗诵指导

第一句:一开头用一个"好"字赞美雨,直抒胸臆,大声赞叹。继而说它"知时节",

这里要读出拟人化的韵味:春雨懂得满足客观的需要,春天万物生长需要下雨,雨就来了。朗读时直抒喜悦之情,声高上扬。

第二句:继续用拟人化手法,写雨能"潜入夜",能"润物细无声"。朗读时要情感细腻,声低语轻。

第三句:写夜雨的美丽景象。放眼四望,江面、天空、小路都不看清,只有船上的灯火是明亮的。看起来这雨准会下到天亮。朗读时,抓住"黑"与"明"二字,表现雨景之美。

第四句:写想象中的情景,如此"好雨"下上一夜,万物就都得到润泽,整个锦官城都会变成花的海洋。抓住"红湿""花重"两个词,将喜悦之情完全释放,语势上扬,节奏拉开,处理可以大胆纵情一些,体现想象美景之欣喜。

【要点小结】

1. 基调

指作品的基本情调,即作品的总的态度感情、总的色彩和分量。

2. 确定朗诵基调

(1) 理解背景

(2) 挖掘内涵

(3) 理清脉络

(4) 确立基调

第三节 舞台朗诵

在舞台上进行朗诵创作是比较常见的艺术表现方式。一代又一代播音表演艺术家在各类舞台上留下了许多经典朗诵作品,值得我们反复回味学习。朗诵者应该充分了解舞台表演特征,结合具体舞台效果进行朗诵作品创作。

一、表演准备

(一) 朗诵者要做好"形象准备"

在舞台上,朗诵者登台与现场观众直接见面,观众可以多方位地接受朗诵作品。因此,朗诵者不仅要保证自身有声语言的准确表达,还要注意自己的舞台形象。朗诵者的体态要自然得体,面部表情舒展亲切,站姿和形体要挺拔端庄,手势动作大方自然,表情、眼神和动作能根据朗诵作品情感的推进而适当变化。朗诵者的服装要与朗诵作品相得益彰,朗诵古诗文作品可以穿着汉服、唐装、旗袍、中山装等,朗诵现代诗歌可以穿着连衣裙、西服套装等。朗诵者的妆容要清新淡雅,尤其是女性朗诵者,妆容不要太浓,可根据作品内容和角色确定妆容风格。

(二)朗诵者要做好"作品准备"

舞台朗诵的现场表演属性对朗诵者的创作提出了较高的要求。首先,朗诵者要脱稿,这体现朗诵者的基本素质和创作态度。很多朗诵者不能脱稿,手里拿着稿件边看边读,这样的结果是情感断断续续,不能完全投入到稿件的规定情境之中。时而低头时而抬头,也会影响朗诵者的表现力和与观众的交流感。其次,对于朗诵作品要反复预演、字斟句酌、精益求精,这也是朗诵者应该具备的工匠精神。预演可以在家里、在排练厅、在后台、在舞台,不管在哪里,朗诵者都应该做到娴熟地朗诵,找到最饱满的情感。

(三)朗诵者要熟悉舞台

一些人很少当众讲话,缺乏登台的机会,一上台就会非常紧张,心跳加速、气息上提、声音高飘、容易忘词、手脚发抖,一看到灯光就头晕目眩,一看到观众就瑟瑟发抖。这些表现其实都是人的正常紧张反应。而朗诵者应该做到敢于登台、乐于表达。不仅要熟悉即将登上的舞台,还要抓住平日机会多登台,渐渐习惯在舞台上表演,逐渐消除舞台紧张感。

二、强控制

朗诵者应该是自己声音的控制者。朗诵用声可以分为"强控制"和"弱控制"两种。一般来讲,朗诵者在舞台上进行朗诵表演,表演空间较大,需要与现场观众互动,营造良好的现场氛围,这就需要运用声音的"强控制"来调动现场观众的情绪。而在录音间话筒前录制朗诵音频时,朗诵者大多使用声音的"弱控制"来表现作品,以便录音设备能较为精确地记录其声音特质。

很多朗诵者会遇到同样的一个问题,就是明明录音朗诵作品听觉效果很好,但是搬到舞台上朗诵,就表现不出应有的情感,没有了原来的意境。这是舞台表演与录音作品创作的区别导致的。朗诵者应充分了解舞台朗诵与录音朗诵的用声区别。

舞台表演时,需要使用到朗诵用声的"强控制",这要求朗诵者音量偏大,吐字较为有力,语势大起大伏,字词处理鲜活生动,变化鲜明,感情对比强烈。

三、现场感

有经验的朗诵者会有这样的感受：朗诵同样一篇作品，每一场表演的舞台效果却不尽相同。舞台晚会的主题、前后节目的内容效果、舞美灯光的组合变化、现场观众的不同构成以及朗诵者的差异发挥，都会影响朗诵作品的现场效果。朗诵者要对舞台的现场感做到心中有数。

（一）心态平和不慌乱

舞台朗诵表演良好的现场感，首先要求朗诵者在表演时心态平和，不因紧张等因素慌乱不安。面对观众，很多人都会紧张，以至于手脚发抖，说不出话来。紧张是人的正常心理活动，适度的紧张对于我们的语言表达是有益处的。因为适度紧张可以刺激大脑的活跃度，让人产生灵感和火花，而过度紧张则不可取。

朗诵者应该克服过分紧张的情绪，多登台表演，熟悉舞台。即使真的紧张，也要表现得落落大方、自然得体，让观众看不出紧张，不要让紧张影响朗诵表演。如果能在舞台上真正做到松弛自如，那么朗诵表演也会达到意想不到的效果。

（二）进入情境不分神

戏剧表演中有"第四堵墙"的概念，意思是说演员在舞台上面对观众表演时，除了左右和后面三堵墙之外，也要把眼前的观众当作一堵墙，即表演的"第四堵墙"。演员在表演中是看不到观众的，而应完全进入戏剧作品的规定情境中去，与角色合二为一。

舞台朗诵与戏剧表演有异曲同工之处。舞台朗诵是一种"当众孤独"的艺术，朗诵者在舞台上表演时，要忘掉现场的观众，全身心投入到朗诵作品的规定情境之中，而且进入情境的状态要贯穿始终，不能出现时进时出、断断续续的状态。有时朗诵者会因看到某些观众的反应，或者现场灯光特效的刺激而从规定情境中分神，这是舞台朗诵创作需要避免的。

（三）及时调整有交流

说到与现场观众的交流，有人不禁会疑惑：上一点刚刚说了要忘掉现场观众，还怎么交流呢？其实二者并不冲突。这里的交流，不是说朗诵当中要与观众实时交流，而是要考虑现场观众的年龄、身份、知识结构、心理情绪，以及演出当天的舞台效果和节目内容给观众心理带来的影响。比如，在赈灾晚会上，观众心情是较为沉重的，那么朗诵者可以结合作品内容适当给观众以力量和希望；而在春节联欢晚会上，观众则是喜气欢乐的，那么朗诵者可以传递更多轻松美好的情绪。我国著名播音艺术家虹云老师的声音极具现场感染力,她的朗诵能让台下所有观众起立一同加入高声朗诵,这就是声音的力量。

【作品训练】

木兰辞

　　唧唧复唧唧,木兰当户织。不闻机杼声,唯闻女叹息。

　　问女何所思,问女何所忆。女亦无所思,女亦无所忆。昨夜见军帖,可汗大点兵,军书十二卷,卷卷有爷名。阿爷无大儿,木兰无长兄,愿为市鞍马,从此替爷征。

　　东市买骏马,西市买鞍鞯,南市买辔头,北市买长鞭。旦辞爷娘去,暮宿黄河边,不闻爷娘唤女声,但闻黄河流水鸣溅溅。旦辞黄河去,暮至黑山头,不闻爷娘唤女声,但闻燕山胡骑鸣啾啾。

　　万里赴戎机,关山度若飞。朔气传金柝,寒光照铁衣。将军百战死,壮士十年归。

　　归来见天子,天子坐明堂。策勋十二转,赏赐百千强。可汗问所欲,木兰不用尚书郎,愿驰千里足,送儿还故乡。

　　爷娘闻女来,出郭相扶将;阿姊闻妹来,当户理红妆;小弟闻姊来,磨刀霍霍向猪羊。开我东阁门,坐我西阁床,脱我战时袍,著我旧时裳。当窗理云鬓,对镜贴花黄。出门看火伴,火伴皆惊忙:同行十二年,不知木兰是女郎。

　　雄兔脚扑朔,雌兔眼迷离;双兔傍地走,安能辨我是雄雌?

（选自《乐府诗集》）

背景分析

　　《木兰辞》是南北朝时期北方的一首长篇叙事民歌,也是一篇乐府诗。它记述了木兰女扮男装,代父从军,征战沙场,凯旋回朝,最后辞官还家的故事,充满传奇色彩,赞扬了木兰善良孝顺、英勇无畏的精神。作品虽为战争题材,但着墨较多的却是儿女情态,富有生活气息,人物心理刻画生动细致,跃然纸上,具有强烈的艺术感染力和浪漫色彩。

　　木兰既是奇女子又是普通人,既是巾帼英雄又是平民少女,既是矫健的勇士又是娇美的女儿。她勤劳善良又坚毅勇敢,淳厚质朴又机敏活泼,热爱亲人又报效国家,不慕高官厚禄,热爱和平生活。

基调用声

　　该诗以木兰从军的故事为叙述主线,兼有议论和抒情,具有浓郁的民歌特色。整体基调平实质朴,音韵感强,带有热情赞美色彩。本诗的朗诵基调应该是积极有力的,节奏是轻快型与高亢型交织的。用声以实声为主,语势起伏跌宕,气息扎实,吐字轻巧,情感真挚明快。

朗诵指导

第一、第二段:写木兰决定代父从军,交代故事的起因和木兰的沉着与忧思。其心情由叹息忧愁转为毅然果决。"问女"两句语气要加强。"愿为""从此"带着对父亲的孝心,对国家的忠心,语气坚定,语势上扬。

第三段:写木兰准备出征和奔赴战场。四个排比句朗诵节奏加快,表现木兰置办用具的奔忙。后两句表现了军情急迫和木兰思亲,两种情绪相互烘托交融。两个复句,语势要一浪高过一浪。第二个"旦辞"语气加强,声音展开,感情深长。

第四段:概写木兰十多年来艰苦卓绝的征战生活。笔墨精炼,却极有气势。这里的朗诵要加强吐字和气息的力度,体现身经百战的气魄,达到全篇的第一个高潮。战争持久且激烈,感情沉郁且悲壮。

第五段:写木兰还朝辞官。虽待遇优厚,但木兰只求还故乡。所以"愿驰千里足,送儿还故乡"是重点句,要加强语气,上扬高亢。木兰对功名利禄毫不留恋,但思亲若渴,迫切渴望回家。

第六段:浓墨重彩写木兰还家团聚。全家欢迎木兰,喜庆欢腾,朗诵要表现全家其乐融融的画面感。到"火伴皆惊忙",全诗的悬念才解开,达到第二个高潮。

第七段:用机智幽默的比喻,给木兰女扮男装做了圆满的解释。朗诵时用说理的语气,结尾反问,语势上扬。

【要点小结】

1. 表演准备

(1)朗诵者要做好"形象准备"

(2)朗诵者要做好"作品准备"

(3)朗诵者要熟悉舞台

2. 强控制

3. 现场感

(1)心态平和不慌乱

(2)进入情境不分神

(3)及时调整有交流

第四节 录音朗诵

随着新媒体平台的多样化发展,录音朗诵作品被越来越广泛地传播和接受。很多音频网站、手机软件等平台都投入到了朗诵音频的制作中。播音名家、各行业翘楚、普通百姓等,无论是否为专业人士都可以参与录音朗诵创作,很多优秀的朗诵作品也应运而生。

录音朗诵,不需要舞台上"朗诵者的出场",不要求朗诵者的形象与形体,也省去了朗诵者对于服装舞美等的投入。因此,录音朗诵作品的制作相对便捷,可操作性强。无论专业与否,只要是朗诵爱好者,都可以尝试录制自己的朗诵作品。

一、录音准备

话筒前的录音,总体来说,需要朗诵者做到以下几个方面。

(一)朗诵者要做好"声音准备"

常规的发音开声练习,是朗诵者在录音之前的基础功课。想要在麦克风前拥有好的音色,仅靠声音天赋是远远不够的。我们发现,生活中好听的声音通过麦克风录音后未见得依然动听,这是人们不会使用麦克风的缘故。麦克风前的录音,要求我们的用声集中,感觉声音沿着唇舌中纵线向前发出,声挂前腭。字音要清楚准确,吐字要轻巧,立字要饱满,归音要到位,发音圆润,流畅自如。这样才能提高发声效率,取得较好的录音效果。

(二)朗诵者要做好"作品准备"

很多朗诵者拿到文字作品后,草草浏览一遍,就开始录音,"跟着感觉走",这是不可取的。在朗诵录音之前,朗诵者应对作品的全貌有一个整体把握。这个"全貌"需要我们在充分备稿的基础上,进行适当的设想,对作品进行一定的设计,比如,哪里是高潮、哪里是重点、层次怎样推进、节奏怎样变化等。同时,应事先选择好配乐音频,尽量做到文字、朗诵、配乐融为一体,浑然天成。

(三)朗诵者要熟悉录音棚

录音都是在录音棚里完成的,而很多初学者进入录音棚后,发觉一切如此安静,会有紧张不安之感,进而影响朗诵录音发挥。正确的做法是,全神贯注地去思考和体会作品的内容、情感,去除杂念,专注投入,不要让任何外界的声音和突发状况打断录音。

此外,朗诵者可以经常练习录音,多熟悉录音棚环境,以便于录音时能够及时找到松弛自如的表达状态。

二、弱控制

舞台朗诵要求声音的强控制,而话筒前的录音朗诵需要声音的弱控制。原因有两个方面,一是受众的收听要求,二是麦克风的收音要求。一方面,受众大多在安静的环境下使用手机等移动设备收听录音朗诵。比如,临睡前在卧室里收听,如果用声起伏太大,容易破坏安静的环境,给人以不安突兀之感。另一方面,麦克风等收音设备对于大音量、高音调的声音并不敏感,反而对于小音量的中声区音色比较敏锐,朗诵者在一定音域范围内进行用声的精细化控制,能取得较好的录音效果。

录音时用声的弱控制,指音量不大,吐字力度适中,语势多为小波浪,少大起大伏,字词处理细腻,变化层次丰富。

当然,这种弱控制是针对舞台上朗诵用声的强控制而言的,并不是指声音的无控制。声音精细化的弱控制,往往要比强控制更难一些,需要朗诵者具备扎实的基本功和细腻的处理技巧。

三、对象感

在封闭的录音间里,朗诵者面对的只有麦克风和稿件,没有观众,没有场景,很容易自说自话,没有对象感。我们知道,任何语言表达都是为了达于听者。重要的不是朗诵者说了什么,而是对方听到了什么。因此,让表达更易于接受,是朗诵者不断探索和追求的目标。

对象感,是指"播音员必须设想和感觉到对象的存在和对象的反应,必须从感觉上意识到受众的心理——要求、愿望、情绪等,并由此调动自己的思想感情,使之处于运动状态"[①]。朗诵虽然不像播音主持那样要时时刻刻心怀受众,但是对象感对于朗诵录音仍然是大有裨益的。朗诵前我们可以想象:这篇作品朗诵给什么样的人听,朗诵对象的性别、年龄、职业、心理、素养如何,等等。当我们在心底感受到受众那一双双渴望的眼睛时,就会激发出强烈的播讲欲望,朗诵创作也自然有了方向。

当然,我们说的寻找对象感是在朗诵前调动自身的播讲欲望,在朗诵创作开始之后,朗诵者应该忘掉受众,进而全神贯注于朗诵作品的规定情境,并将受众一同带入相

[①] 张颂.播音创作基础:第三版[M].北京:中国传媒大学出版社,2011:77.

应的情境之中。也就是说,关于对象感的把握,朗诵者应该做到,从"想到"到"忘掉"再到"一同带入"。

四、麦克风的使用

麦克风是朗诵者最重要的传声工具,使用什么样的麦克风、会不会使用麦克风,直接影响录音作品的声音效果。在专业录音棚里,朗诵者需要考虑怎样使用好麦克风,避免出现"噗麦克风"、气息声过大、声音爆掉等情况。建议在录音时注意:

第一,发送气音"p、t、k、q、ch、c"时,注意呼出的气流不要过强,以免造成"噗麦克风"的情况。

第二,在句与句之间换气时,尽量做到"进气无声",需要口鼻同时张开进气。有人习惯嘴巴紧闭只用鼻子吸气,这样会使吸气声音变得明显。另外,尽量做到在句子之间从容换气,不可太仓促,因此气息的稳定性尤为重要。

第三,在处理较强的情感和声音时,比如怒吼、尖叫、呐喊等,如果音量过大,电声录音时声音会过爆,听起来刺耳突兀。此时,需要朗诵者做好声音控制,音量不要太大,可以通过提高音调、延展音长、虚实声结合、远离麦克风等方式来制造相应效果。

五、录音技术

在信息技术越来越发达的今天,朗诵者要学会使用录音软件进行录音、剪辑和配乐。虽然大多数情况下会有后期编辑师来帮朗诵者剪辑音频、添加配乐,但很多时候只有朗诵者自己知道按照什么样的朗诵节奏进行剪辑、添加哪种类型的配乐更为合适。而且,自行剪辑的制作周期较短,方便及时产出作品。自媒体平台上播放的音频内容,大多是由朗诵者自己完成录音和剪辑的。

朗诵音频制作可以采用录音软件 Adobe Audition 来完成。它包括现场录音、配乐添加、音频剪辑、音色效果、去噪降噪等功能,操作简单方便。建议初学者学会使用 Adobe Audition 简易版本即可,因为朗诵录音不像声乐录音,涉及音高和特效处理,只要学会录音和时长、音量等基本剪辑方法,就可以自己制作较为完整的朗诵音频作品。

【作品训练】

后台朋友

林语堂

①莎士比亚说:"人生如舞台。"

后台朋友

②人的一生有前台,也有后台。前台是粉墨登场的所在,费尽心思化好了妆,穿好了戏服,准备好了台词,端起了架势,调匀了呼吸,一步步踱出去,使出浑身解数:该唱的,唱得五音不乱;该说的,说得字正腔圆;该演的,演得淋漓尽致,于是博得满堂彩,名利双收,踌躇满志而归。

③然而,当他回到后台,脱下戏服,卸下妆彩,露出疲惫发黄的脸部时,后台有没有一个朋友在等他,和他说一句真心话,道一声辛苦了,或默默交换一个眼神,这眼神也许比前台的满堂彩都要受用,而且必要!

④后台的朋友,是心灵的休息地,在他面前,不必化妆,不必穿戏服,不必做事情,不必端架子,可以说真话,可以说泄气话,可以说没出息的话,可以让他知道你很脆弱、很懦弱、很害怕,每次要走入前台时都很紧张、很厌恶,因为你确知后台朋友只会安慰你,不会耻笑你,不会奚落你。

⑤况且,在他面前你早已没有形象可言了,也乐得继续没形象下去。人生有一个地方,有一个人,在这人面前,可以不必有出息,可以不必有形象,可以暴露弱点,可以是全身弱点,这是很大的解放。有此解放,人可以在解放一阵子之后,重拾勇气,重披戏服,再次化妆,再次端架子,走到前台去扮演好需扮演的角色,做一个人模人样的人物,博得世俗的赞美。

(选自《林语堂散文选集》)

背景分析

林语堂(1895年—1976年),建龙溪(今漳州)人,原名和乐,后改玉堂、语堂,中国现代著名作家、学者、翻译家、语言学家。林语堂先生的散文半雅半俗,亦庄亦谐,深入浅出,入情入理,以一种超脱和悠闲的心境旁观世情,热心冷眼看世界。

《后台朋友》的笔调幽默而不荒唐,自有意趣。文章从前台的粉墨登场写到后台卸下伪装的满脸疲惫,用前台的满堂彩和后台人的安慰进行对比,告诉我们后台朋友的难能可贵,启迪世人擦亮双眼,珍惜真正的朋友。

基调用声

本文的朗诵基调是轻松淡然的,朗诵节奏是舒缓型的。用声以中声区为主,声音虚实结合,气息平和,语气和缓自然,吐字圆润轻巧,情绪怡然优雅。

朗读指导

第一部分:①至②段,以莎士比亚的话作为开头,富有哲理,引出下文对"前台后台"的思考。"人生如舞台"处放慢语速,若有所思,稍稍停顿,但声停意不断。第②段展现前台情景,朗诵节奏紧凑一些,表现出人生的忙碌和精彩。

第二部分:③至⑤段,写后台的心境,朗诵时可多用气声,以表现卸去伪装的疲惫感觉,语气柔和低沉,体现心贴心交流之感。四个"不必"可以读得轻松俏皮一些,带着任性可爱,语势向上。"不会耻笑你,不会奚落你"处要从俏皮转为低沉,表现有这样一个后台朋友的幸福之感。结尾语势上扬,表现出自信振奋,同时语速放慢、语音延展,制造言有尽而意无穷的效果。

【要点小结】

1. 录音准备

(1)朗诵者要做好"声音准备"

(2)朗诵者要做好"作品准备"

(3)朗诵者要熟悉录音棚

2. 弱控制

3. 对象感

4. 麦克风的使用

5. 录音技术

第三章　朗诵基础

《乐记》有云,"暖之以日月,而百化兴焉",认为音乐源于自然之道,应反映天地之和的法则,如此则"大乐与天地同和"。而人的发声,则是音由心生。"发音之初,必有情动。"①内心情感形成运动行进的奔流跌宕变化,融于人的有声语言形之于声。因此,人的有声音语言表达应该是赋予情感暖流的"暖声"。

从音色上看,较"冷"的声音总是气息散乱、口腔懒怠的,舌头迟钝,声音干瘪。而暖声则会给人积极美好的情绪感受。暖声的特点要求:(1)气息集中通畅,喉头和声带积极活动,声音无阻隔和挤压;(2)上腭和颧肌要积极上提不懈怠;(3)舌头活跃,共鸣点清晰,字音弹送干净明亮。

普通话具有音韵美的特点。我们在进行汉语文字"音声化"的过程中,要做到声母、韵母、声调的准确发音,做到气出丹田、吐字归音、运用共鸣。本章我们重点学习声母、韵母、声调的发音要领,掌握轻声、儿化、变调等语流音变技巧,学会运用朗诵的呼吸、共鸣、吐字和口腔控制方法,做到吐字归音的"枣核型"。同时,熟练运用啃苹果、撮唇、弹舌、绕舌等口部操和闻花香、吹手指、数八拍等发声训练方法。

第一节　语音矫正

普通话的字音由三个部分组成,分别是声母、韵母和声调。任何一部分发音不正确,都会影响普通话发音的准确性。如果你的普通话还不是很标准,不妨检查一下自己,是哪个声母、韵母或调值发得不好,从而有针对性地纠正和改善。

---

① 张颂.朗读美学:修订版[M].北京:中国传媒大学出版社,2010:57.

一、声母：出字

在言语沟通中，你是否遇到过自认为清楚地表达了，但是别人还是听不清或者听不懂的情况？如果常常如此，那就说明你的吐字不清楚，需要注意声母的出字问题。

(一)声母的发音要领

声母，一般出现在普通话字音的"字头"部分，一个字音是否清晰，与声母的发音有密切关系。"吐字归音"讲究字头要叼住弹出，出字有力，这个力量就源自我们声母的发音的主要部位——唇与舌。

唇舌发音的基本原则是：力量集中于唇舌中纵线上，力度轻巧。

普通话的声母有21个，分别是b、p、m、f、d、t、n、l、g、k、h、j、q、x、zh、ch、sh、r、z、c、s。按照声母的发音部位，可以把声母分为双唇音(b、p、m)、唇齿音(f)、舌尖前音(z、c、s)、舌尖中音(d、t、n、l)、舌尖后音(zh、ch、sh、r)、舌面音(j、q、x)和舌根音(g、k、h)。

普通话的声母都是由辅音充当的，辅音的发音往往短促有力，且处在字音的开头位置，可以起到分隔字音的作用。普通话的每个音节的界限分明，字字清晰，就是由于辅音的间隔作用。如果是零声母字音，音节容易连在一起，含混不清，因此要格外注意字头的发音力度。

(二)重点声母的分辨技巧

表　重点声母的分辨技巧

声母	类型	发音技巧	发音误区
z、c、s 与 zh、ch、sh、r	舌尖前音 舌尖后音	z、c、s：舌尖平伸，向上与上门齿背面接触或接近。 zh、ch、sh、r：舌尖稍向后缩，向上齿龈后部翘起接触或接近。	发音介于平翘舌音之间，发音模糊不清。
j、q、x	舌面音	舌尖下垂在下门齿背后，舌面隆起向上接触或接近硬腭前部。 避免尖音，建议舌尖不要用力，舌体稍稍后缩，不要碰到牙齿。	j、q、x发得太靠前，容易产生尖音。
n与l	鼻音 边音	n：鼻腔通道打开，气流从鼻腔通过。 l：口腔两边留有空隙，气流从舌两侧通过，嘴角可稍向两侧咧开。	n与l发音部位相同，没有气流区别。
f与h	唇齿音 舌根音	f：上齿与下唇接触发音； h：舌根向后与软腭小舌接触发音。明确发音部位，强化听觉和发音训练。	受拼合韵母影响。如"福"fu由于u的舌位靠后，导致f发音部位后移，与hu混淆。

1. 平翘舌音的发音技巧

平舌音 z、c、s 是舌尖前音。发音时,舌尖平伸,向上与上门齿背面接触或接近,形成阻碍,发出声音。

翘舌音 zh、ch、sh、r 是舌尖后音。发音时,舌尖稍向后缩,向上齿龈后部翘起接触或接近,形成阻碍,发出声音。

2. j、q、x 的发音技巧

j、q、x 是舌面音。发音时,舌尖下垂在下门齿背后,舌面隆起向上接触或接近硬腭前部,形成阻碍,发出声音。舌面音 j、q、x 与 i、ü 相拼合的音,叫作团音;舌尖前音 z、c、s 与 i、ü 相拼合的音,叫作尖音。普通话里只有团音,没有尖音。

一些人将舌面音 j、q、x 发得太靠前,容易产生尖音,这是不正确的。建议有尖音现象的人发 j、q、x 时舌尖不要用力,舌体稍稍后缩,尽量不要碰到牙齿。一般吴方言地区人员、年轻女性等发音容易出现尖音问题。避免尖音,才能让语言表达听起来大方得体,悦耳和谐。

3. n 与 l 的发音技巧

n 和 l 都是舌尖中音。发音时,舌尖和齿龈前部接触,形成阻碍,发出声音。但不同的是,发 n 音时,口腔通道堵塞,鼻腔通道打开,气流从鼻腔通过,所以它是鼻音。发 l 音时,鼻腔通道关闭,口腔两边留有空隙,气流从舌两侧通过,所以它是边音。

如果分辨 n 和 l 有困难,在发 l 音时,嘴角可以稍稍向两侧咧开,以便气流通过,这样发音会更加清楚。

4. f 与 h 的发音技巧

f 和 h 都是清擦音,但发音部位不同。f 是唇齿音,即上齿与下唇接触发音;h 是舌根音,即舌根向后与软腭小舌接触发音。二者发音部位完全不同,明确发音部位,并且强化听觉和发音训练,有助于 f 和 h 的分辨。f 和 h 的分辨困难是由拼合的韵母造成的,比如"福建"的"福"由 f 与 u 相拼,由于 u 的舌位靠后,导致 f 的发音部位后移,因而与 hu 发音混淆。

(三)声母的训练

1. 送气音与不送气音

发音要点:注意气流的控制,力度集中。

b-p　鼻子—皮子　棒子—胖子　步子—铺子　饱了—跑了

d-t	调动—跳动	肚子—兔子	队伍—退伍	胆子—毯子
g-k	关心—宽心	天宫—天空	干完—看完	挂上—跨上
j-q	吉利—奇丽	长江—长枪	精华—清华	尖子—钎子
zh-ch	大致—大翅	主旨—竹尺	扎针—插针	摘花—拆花
z-c	清早—青草	大字—大刺	坐落—错落	子弟—此地

2. 平舌音与翘舌音

发音要点：注意舌尖位置的准确。发翘舌音时舌尖翘起，不要卷舌，也不要舌尖过平。

z–zh 振作 种族 制作 组织 杂志 赞助

c–ch 操场 冲刺 楚辞 纯粹 财产 炒菜

s–sh 算术 苏轼 上色 深思 哨所 松鼠

3. 舌面音

发音要点：有尖音现象者，注意发音时舌尖后缩，不要碰到牙齿，舌尖不要用力。

j–q 坚强 奇迹 进取 技巧 情景 剧情

j–x 教学 下降 即兴 席卷 细节 江西

q–x 气息 情绪 清晰 心情 戏曲 星期

4. 唇齿音 f 和舌根音 h

发音要点：明确二者的发音部位，发 f 音靠前着力，发 h 音靠后着力。

f–h 符号 发挥 凤凰 合肥 护肤 回复

5. 鼻音 n 和边音 l

发音要点：明确发音时的气流通道，发 n 音气从鼻腔流出，发 l 音气从口腔流出。

n–l 能力 年龄 奶酪 理念 辽宁 留念

【作品训练】

凉州词

王 翰

葡萄美酒夜光杯，欲饮琵琶马上催。

醉卧沙场君莫笑，古来征战几人回？

（选自《全唐诗》）

背景分析

王翰(687年—726年),字子羽,并州晋阳(今山西太原)人。王翰家资富裕,性格豪放不羁,其诗作感情奔放,《凉州词》就是其广为传颂的代表篇目。

本诗描绘了在边地荒寒艰苦和紧张动荡的征戍生活中,边塞将士们难得的一次欢聚的宴会场景,表现了征人们开怀痛饮、一醉方休的场面和激昂兴奋、尽情酣醉的情绪,抒发了征戍战士视死如归的豪迈情怀,略带悲凉的心情。

基调用声

诗人以饱蘸激情的笔触和奇丽耀眼的词语开篇,表现出豪宴的盛大奢华。全诗基调铿锵有力,昂扬激越,颇具大唐盛世的磅礴自信。朗诵用声宽阔激昂。

朗诵指导

第一句:犹如突然间拉开帷幕,在人们的眼前展现出琳琅满目、酒香四溢的盛大筵席。感情惊喜而兴奋,奠定全诗豪放抒情的基调。

第二句:"欲饮"两字进一步描写热烈场面,酒宴外加音乐,着意渲染气氛。朗诵语气稍转急促,表现战事紧迫。

第三句:征人互相斟酌劝饮,尽情尽致,乐而忘忧。朗诵突出"醉"字,整体语势上扬,"君莫笑"语气强烈,感情豪迈旷达。

第四句:"古来征战"语气略低缓,体现追忆感。"几人回"一字一顿,语势渐低渐缓,整体感情在旷达中显露悲凉。

二、韵母:立字

想拥有悦耳的语言表达,除了找到科学的发声位置来改善嗓音,还可以运用吐字技巧改变音色。圆润饱满的吐字归音能为声音增光添彩。

与世界大多数语言不同,汉语是一种声调语言,而且普通话中韵母是音节的主要成分。声调的高低变化和韵母的响亮乐音,赋予了汉语普通话明亮悦耳的特征。因此,将韵母的发音展开到位,可以让声音圆润明亮。

(一)韵母的发音要领

韵母,是汉语音节中声母后边的部分。在吐字归音中,韵母一般是一个音节的字腹和字尾。发音时,要求字腹"拉开立起",字尾"弱收到位"。一个音节的完整发音,是口腔由闭到开再到闭的过程,因此要注意韵母发音时的关键——唇舌滑动的位置和动程。

在普通话中,韵母共有39个,其中单元音韵母10个,复合元音韵母13个,鼻尾音韵母16个。

1. 单元音韵母

顾名思义,单元音韵母由单个元音构成,简称单韵母,发音时唇舌位置基本保持不动,唇舌位置决定了单元音韵母的音色。要发好单元音韵母,就要明确每一个元音发音时具体的唇舌位置。这里要注意"舌位"的概念,它不是指舌头的位置。"舌位,是指元音发音时舌面隆起的最高点,也就是舌头隆起部分最接近上颚的那一点。"[①]我们根据舌位的前后高低和唇形的圆展,分别对10个单元音韵母进行描述:

a ——央低不圆唇元音;
o ——后半高圆唇元音;
e ——后半高不圆唇元音;
ê ——前半低不圆唇元音;
i ——前高不圆唇元音;
u ——后高圆唇元音;
ü ——前高圆唇元音;
-i(前)——舌尖前不圆唇元音;
-i(后)——舌尖后不圆唇元音;
er ——卷舌元音。

2. 复合元音韵母

复合元音韵母是由两个或者两个以上的元音结合在一起构成的,简称复韵母。它不是简单的元音相加,而是几个元音复合成的一种新的声音。发音时几个元音是逐渐过渡的,每个元音的响度和时长也不相同,其中通常会有一个最为响亮清晰的元音,我们把它叫作"韵腹",它往往是复韵母中开口度最大的一个元音。

复韵母的发音要领:发音时唇舌有明显的划动过程,要注意舌位动程鲜明到位,几个元音之间会相互影响而有轻微的发音变化,整个复韵母的发音是连续变化的。

根据元音数量和韵腹的位置,复韵母的分类如下:

二合前响复韵母:ai、ei、ao、ou;
二合后响复韵母:ia、ie、ua、uo、üe;
三合中响复韵母:iao、iou、uai、uei。

---

① 中国传媒大学播音主持艺术学院.播音主持语音与发声[M].北京:中国传媒大学出版社,2014:66。

复合元音韵母的发音练习重点在于放大延长，一个音节保持 3—4 秒，在发音时体会口腔由闭到开再到闭的划动过程，也就是吐字归音中立字和归音的过程。

3. 鼻尾音韵母

鼻尾音韵母是由元音和鼻音一起构成的，简称鼻韵母。能够组成鼻韵母的鼻音有两个，即前鼻音 n 和后鼻音 ng。元音一般都是口音，即气流经过口腔产生的声音，鼻音则是气流经过鼻腔通道产生的声音。鼻化元音的发音，是发元音的同时打开软腭，形成带有鼻音色彩的元音。

普通话中的前鼻音有 8 个，分别是 an、en、in、ian、uan、uen、üan、ün；后鼻音有 8 个，分别是 ang、eng、ing、iang、uang、ueng、ong、iong。

鼻尾音韵母也要遵循韵母的发音规则，立字和归音都要准确到位。尤其注意鼻韵母归音时，口腔划动趋向于 n 音或 ng 的发音部位，而不要将 n 音或 ng 音咬得过硬过死，做到归音的弱收到位。

（二）重点韵母的分辨技巧

1. ai、an、ian 的发音技巧

单元音 a 是央低不圆唇元音，发音部位在口腔中央偏低位置。但在复韵母 ai、an、ian 中，受到高元音 i 和鼻音 n 的影响，a 的发音位置会产生变化，舌位会变得略高一些。

这里要注意发 ai、an、ian 音时口腔划动过程的过与不及。有些人发音时口腔开度和动程不够，会将这三个音发得较扁，听起来让人觉得小气。也有些人发音时口腔开度过大，a 音位置过于靠后，听起来生硬让人不舒服。

2. ao、ou 的发音技巧

发 ao 音时从 a 开始，舌向后缩向 u 的方向划动升高；发 ou 音时由 o 开始，舌面向 u 的方向划动升高。两个音的尾音都大体接近元音 u，但舌位略低，唇形渐圆。

ao 和 ou 的发音要注意避免归音位置过于靠后。发音时，时刻谨记"声挂前腭"，注意提颧肌让字音从人中的位置发出向前。

3. ang、ong 的发音技巧

这两个音都是后鼻音韵母，发出 a 音或 o 音后，舌体要抬高向软腭移动，同时软腭小舌下降，封闭口腔通道，打开鼻腔通道，让气流从鼻腔通过。

这里要注意发音时后鼻音不可过分靠后。根据"后音前发"的原则，当打开鼻腔

通道后,要让字音向前沿着软腭、硬腭到人中发出。

4. en、eng、in、ing 的发音技巧

这是两组前后鼻音的辨析。普通话中复合元音韵母的发音都是几个单元音韵母在发音过程中划动而成的。前后鼻音也是如此。en 音是由 e 到 n 两个动作的连接划动,eng 音是由 e 到 ng 两个动作的连接划动。如果发音时口形没有变化则是不对的。

这里的口形变化非常明显:前鼻音 en 的整个口形较小,发音位置靠前,从 e 音出发,舌尖向前轻抵上齿龈;后鼻音 eng 的整个口形较大,发音位置靠后,从 e 音出发,舌根向后接触软腭,牙关会有微微打开的动作。

in 和 ing 的发音也是如此。发音从 i 出发,向 n 和 ng 划动。注意口形的大小控制。

5. uan 与 üan 的发音技巧

发这两个音时比较容易"偷懒",因为它们要经过三个单元音韵母的划动,而很多人会出现口腔开度和动程不够的情况,也就是立字不到位,字音听起来窄小、干瘪。

正确的发音是从元音 u 或 ü 出发,舌位向前 a 划动,受到其前后音素发音位置较高的影响,舌位也会变高,接续鼻尾音 n。口形由合到开再到合,唇形由圆到展。

这里要注意字腹 a 音的立字展开,要鲜明到位,不可一带而过。

(三) 韵母的训练

1. ai、an、ian

发音要点:注意 a 音的口腔开度,以及口腔划动的过程。

白菜　爱戴　海带　财会　拍卖　太坏
鞍山　展览　赞叹　感染　难堪　谈判
鲜艳　偏见　前线　检验　绵延　变现

2. ao、ou

发音要点:注意发音时要"提颧肌",嘴角微微上扬。

报道　老套　毫毛　枣糕　号召　草帽
售楼　守候　头筹　抖擞　口头　喉头

3. ang、ong

发音要点:注意"后音前发",找到"声挂前腭"的感觉。

沧桑　慌张　刚刚　帮忙　肮脏　彷徨

轰动　浓重　中东　共同　空中　纵容

4. en、eng

发音要点：注意前后鼻音口腔开度的区别，en 音舌尖向前，eng 音舌根向后。

终身　粉刺　绅士　清真　诊治　陈旧
终生　讽刺　声势　清蒸　整治　成就

5. in、ing

发音要点：注意前后鼻音口腔开度的区别，in 音舌尖向前，ing 音舌根向后。

贫民　临时　频繁　亲生　民心　禁地
平民　零食　平凡　轻声　明星　境地

6. uan、üan

发音要点：注意 a 音的立字和展开，充分体会口腔划动的过程。

传唤　专断　还款　婉转　换算　乱窜
渊源　全员　轩辕　涓涓　全权　源泉

【作品训练】

钱塘湖春行

白居易

孤山寺北贾亭西，水面初平云脚低。
几处早莺争暖树，谁家新燕啄春泥。
乱花渐欲迷人眼，浅草才能没马蹄。
最爱湖东行不足，绿杨阴里白沙堤。

（选自《白氏长庆集》）

背景分析

白居易（772 年—846 年），字乐天，号香山居士，又号醉吟先生，祖籍山西太原，唐代伟大的现实主义诗人，与元稹共同倡导新乐府运动，主张"文章合为时而著，歌诗合为事而作"。白居易有"诗魔"和"诗王"之称，其诗歌题材广泛，形式多样，语言平易通俗。他有《白氏长庆集》传世，代表诗作有《长恨歌》《卖炭翁》《琵琶行》等。

《钱塘湖春行》写于长庆三、四年（823、824 年）间的春天，白居易任杭州刺史期间。该诗生动描绘了西湖旖旎荡漾的春光以及世间万物在春日里的勃勃生机，诗人自己也陶醉在这良辰美景和湖光山色中。

基调用声

该诗格律严谨,对仗工整,生动自然,通俗流畅。诗人用富有表现力的语言生动描绘了钱塘湖蓬勃的春意,整体基调清新舒展,生机盎然,充满喜悦。朗诵用声柔和抒情,活泼明亮。男女声均可朗诵。

朗诵指导

第一句:交代春行的地点,两个地名连用富有动感,语言平实自然。

第二句:写远景,湖光山色,水天相接,美不胜收。语言自然抒情,有远望感。

第三句:写莺歌燕舞、生机勃勃的景象。朗诵突出"争",感情饱满,充满喜悦。

第四句:写燕子穿花贴水、衔泥筑巢,启迪人们开始春日的劳作。

第五句:写鲜花逐渐繁茂。朗诵突出"乱",表现鲜花东一团、西一簇的形态。

第六句:写草木向荣,表现春天的活力和诗人的欣喜。

第七句:诗人直抒对钱塘湖东景色的赞美和喜爱,语言深情,感情强烈。

第八句:总写湖岸全景,意境开阔,感情深切真挚,有意犹未尽之感。

三、声调:字神

(一)声调内涵

汉语是世界上为数不多的声调语言,即声调可以区别词义的语言。英语、法语、德语等都属于非声调语言,也称为语调语言,即声调的变化不会产生词义的差别。由于非声调语言没有声调来区别词义,因此音节数量较多,例如,英语有两三千个音节。而汉语作为声调语言,音节数量只有四百多个。

"在现代汉语语音学中,声调是指汉语音节所固有的,能区别意义的声音的高低和升降。一个汉字就是一个音节,所以声调也叫字调。"[①]声调赋予汉语言独特的音乐美,声调的多重变化使汉语普通话具有声调鲜明、字音真切、抑扬顿挫、韵律感强等审美特征。

汉语普通话的音节由三部分构成:声母、韵母和声调。声调是汉语普通话中不可或缺的重要元素,是一个汉字的"字神",它在汉语表达中起着不可替代的作用。

声调的高低和幅度变化可以表现性格和情感。一般来说,性格外向开朗的人声调变化幅度较大,高低起伏明显;性格内向矜持的人声调变化幅度小,没有大起大伏。在

---

① 中国传媒大学播音主持艺术学院.播音主持语音与发声[M].北京:中国传媒大学出版社,2014:95.

表现严肃愤怒的情感时,声调变化幅度大,起落鲜明;在表现平和亲切的情感时,声调变化幅度小,语气平稳。

普通话声调有四种,分别是阴平、阳平、上声、去声,也是我们常说的四声:阴平是一声,阳平是二声,上声是三声,去声是四声。我们常用五度标记法来描述普通话的四种声调。

用一条竖线来表示声音的高低,由低到高分为五度:低、半低、中、半高、高,分别用1、2、3、4、5来表示。

阴平:调值为55,是高平调,不升不降。

阳平:调值为35,是中升调,从中起音往上扬。

上声:调值为214,是降升调,先降再扬。

去声:调值为51,是全降调,从最高降到最低。

图 五度标记法

(二)发音要领

1. 阴平

阴平是高平调,音高最高,由5度到5度,没有高低变化。发音时声音要保持高而平稳,实际发音在起音之后略微升高一点,末尾稍稍下降一点,首尾高度基本相同。阴平发音要求气息平稳有力,不能头重脚轻。要注意一些方言中阴平不够高的情况,比如东北方言和天津方言里阴平较低,大概在3度或以下。

2. 阳平

阳平是中升调,从中音3度起音升到最高音5度,直线上升。发音时小腹力量由弱渐强,气息压力也逐渐增强。要注意阳平上升时音调不拐弯,有些人会在阳平起音处有个先降再扬的拐弯,这是不正确的。

3. 上声

上声是降升调,由半低音2度起音,降到最低1度,再升到4度。上声是普通话四个声调中时长最长的声调,也是唯一有弯曲变化的声调,因此较难把握。发音时注意声调下降气息要稳定,喉部放松,否则容易造成声音挤压不通畅。声调上升时气息力度渐强,尾音比起音要高一些,好像划了一个"对勾"。有些人发上声时,起音与尾音一样高,这是不正确的。此外,还要注意上声在1度位置的拐弯要平滑顺畅,不能有硬拐的感觉。

4. 去声

去声是全降调,由最高 5 度到最低 1 度,起音后直落到底,干脆利落,是普通话四个声调中时长最短的。发音时注意气息要稳定持久有力,起音要高,落音要低,起落差距要大,才能抑扬顿挫分明。

《播音主持语音与发声》总结了普通话四个声调的发音口诀:

起音高平莫低昂,气势平均不紧张。

从中起音向上扬,用气弱起逐渐强。

上声先降转上挑,降时气稳扬时强。

高扬直送向低唱,强起到弱气通畅。[①]

(三) 发音训练

1. 单音节词

发音要点:请在脑海中回忆五度标记法,并用手指画出每个字调的高度和走势,读出每个音节的四个声调。每一个音节调值要充分拉开,起落差距要大,音节时长要长一些。

ba　pa　ma　fa　da　ta　na　la

ga　ka　ha　jia　qia　xia

zha　cha　sha　ra　za　ca　sa

2. 双音节词

发音要点:在普通话中,两个音节相连则很容易产生读音的变化,尤其是以下搭配出现时,往往会有变调。

阴阴(44,55):　江山　播音　西安　阴天　灯光　咖啡

阳阳(34,35):　石油　黄河　长城　吉祥　学习　儿童

上阴(211,55):　广播　小说　海归　北京　首都　掌声

上阳(211,35):　朗读　语言　美容　启航　好人　考察

上上(35,214):　舞蹈　美好　总理　理解　永远　展览

上去(211,51):　美妙　胆量　好处　讲课　写作　感谢

去去(53,51):　岁月　电视　大会　报告　示范　降落

3. 三音节词

发音要点:普通话中三音节词的变调主要体现在上声相连时的发音。规律如下。

[①] 中国传媒大学播音主持艺术学院.播音主持语音与发声[M].北京:中国传媒大学出版社,2014:98.

单双格(211,35,214)：老首长　很美好　纸老虎　小拇指　水产品

双单格(35,35,214)：展览馆　勇敢者　演讲稿　洗脸水　游泳馆

4. 四音节词

发音要点：四音节词的发音基本遵循以上变调原则，可侧重练习四声的稳定性，加强气息控制能力。

中国伟大　山河美丽　资源满地　花红柳绿

江山多娇　文如其人　岂有此理　变化莫测

感同身受　万马奔腾　逆水行舟　超群绝伦

鹏程万里　雷厉风行　光彩夺目　日新月异

【作品训练】

沁园春·雪

毛泽东

北国风光，千里冰封，万里雪飘。望长城内外，惟余莽莽；大河上下，顿失滔滔。山舞银蛇，原驰蜡象，欲与天公试比高。须晴日，看红装素裹，分外妖娆。

江山如此多娇，引无数英雄竞折腰。惜秦皇汉武，略输文采；唐宗宋祖，稍逊风骚。一代天骄，成吉思汗，只识弯弓射大雕。俱往矣，数风流人物，还看今朝。

（选自《诗刊》）

背景分析

《沁园春·雪》创作于1936年2月，毛泽东和彭德怀率领红军长征部队胜利到达陕北清涧县袁家沟，为了视察地形，毛泽东登上海拔千米白雪覆盖的塬上，当"千里冰封"的大好河山和这白雪皑皑的塬地展现在他眼前时，不禁感慨万千，诗兴大发，欣然提笔，写下了这一首豪放之词。

基调用声

这首词咏雪抒怀，画面雄伟壮阔而又妖娆美好，意境壮美雄浑，胸怀豪迈。整体基调气势磅礴，感情奔放，骄傲自豪。朗诵用声宽阔有力，饱满抒情，气息深厚扎实。

朗诵指导

上阕：第一句，总写北国雪景，诗人登高远望，视野在想象之中延伸扩展，意境开阔，气魄宏大。朗诵时注意突出"千里"与"万里"的交错呼应，"冰封"与"雪飘"的静动相衬。

第二句,用视觉形象,将冰封雪飘的风光展现得更为具体、更为丰富。朗诵在凸显气象奇伟雄浑和诗人博大情怀的同时,要注意"惟余""顿失"等词的特殊处理。

第三、第四句,化静为动的浪漫想象,突出奋发的态势与竞争的活力。朗诵要突出活泼奔放的气势,想象雪后晴日当空景象,赞美喜悦溢于言表。

下阕:第一句承上启下,感情磅礴,充满慨叹。

第二、第三句,"惜"字定下对历代英雄人物的评论基调,饱含惋惜之情,"只识"稍有轻视之意。

第四句,"俱往矣"要有慨叹感,将中国封建社会的历史一笔带过。

尾句是中心句,展现诗人坚定的自信和伟大的抱负,立志超越历史,改造世界。朗诵时要慷慨坚定,充满希望,语势昂扬高亢。

四、语流音变:字链

在智能时代里,人们对于智能机器人和车载导航的声音越来越熟悉,我们很容易分辨出哪些是机器人的语音。那么机器人与正常人的语音有什么不同呢?我们发现,机器人语音每个字的时长大致相等,语流没有起伏,没有轻重快慢的变化,给人以一个字一个字跳跃式发音的感受。

而在普通话语流中,我们的发音绝不是一个个音节毫无变化简单相加。我们在流畅地说话时,咬字器官需要互相配合、协调自如,会自然地避免一些拗口的发音,这样就会使一些音节的发音产生变化。此外,我们在表情达意时,需要用声音的变化来表现欢喜、悲伤、愤怒等情绪,也会使一些音节产生轻重、快慢、高低、长短的变化。

"在语流中,由于受到相邻音节、音素或语言环境的影响,一些音节、音素会发生约定俗成的语音的变化,这种变化被称为语流音变。"①在汉语普通话中,最典型的语流音变现象有轻声、儿化、变调、词的轻重格式和语气词"啊"的音变。

(一)轻声

在普通话中,每一个音节都有它的声调。但在一些语句中,有些音节会失掉原来的声调而读成一个较轻较短的音,叫作"轻声",这种变化往往是约定俗成的。轻声具有区别词性和词义的作用,可以使语句自然流畅,口语色彩较为鲜明。

轻声的读音特点是音长缩短、音强减弱。同时,在不同调值的字音后面,轻声读音的音高也是不同的。轻声的音高取决于前面音节声调的类型。

---

① 中国传媒大学播音主持艺术学院.播音主持语音与发声[M].北京:中国传媒大学出版社,2014:112.

我们试着来读"桌子""房子""椅子""凳子",会发现同样的"子"字读音不同。规律如下。

阴平+轻声:读半低调(2度),如稀罕、窗户、烧饼、答应等。
阳平+轻声:读中调(3度),如行李、苗条、能耐、头发等。
上声+轻声:读半高调(4度),如领子、本事、火候、女婿等。
去声+轻声:读低调(1度),如秀才、木匠、认识、厚道等。

请准确读出以下轻声词汇。

是吗　来吧　对啊　想呢　说呀　走啊　看着　吃了　好的　我们
叫他　请你　瓶子　鸟儿　里头　哥哥　宝宝　说说　相声　热闹
差事　葡萄　干粮　巴掌　和尚　云彩　风筝　豆腐　清楚　体面
好不好　尝一尝　飞快地　听得见　稀里糊涂　慌里慌张　黑不溜秋
黑咕隆咚　唠唠叨叨　结结实实　邋里邋遢　开开心心

(二)儿化

儿化是普通话和一些北方方言中常见的音变现象。后缀"儿"字不单独成音节,在一些音节的末尾会有卷舌动作,形成儿化韵。儿化具有区别词性,区分词义和同音词,表示小、少、喜爱、亲切、蔑视等意思的作用。

儿化的音变规律如下。

1. 音节以 a、o、e、u 结尾

音节以 a、o、e、u 结尾时,儿化直接加卷舌动作。如 a—ar,o—or,e—er,u—ur。

刀把儿　号码儿　戏法儿　在哪儿
山坡儿　歪脖儿　火锅儿　粉末儿
方格儿　模特儿　逗乐儿　饭盒儿
小屋儿　纽扣儿　门口儿　加油儿

2. 音节以 i、n(in、ün 除外)结尾

音节以 i、n(in、ün 除外)结尾时,儿化失掉韵尾,在主要元音上加卷舌动作。如 ai—ar,an—ar,ian—iar,uan—uar。

名牌儿　鞋带儿　壶盖儿　小孩儿
快板儿　一块儿　脸蛋儿　收摊儿
小辫儿　照片儿　差点儿　聊天儿

茶馆儿　落款儿　拐弯儿　好玩儿

3. 音节以 ng 结尾

音节以 ng 结尾时，儿化失掉韵尾，韵腹变成鼻化音，软腭下降，口鼻同时共鸣，再加上卷舌动作。

药方儿　赶趟儿　鼻梁儿　蛋黄儿
钢镚儿　门缝儿　板凳儿　提成儿
水瓶儿　电影儿　打鸣儿　图钉儿
果冻儿　胡同儿　抽空儿　酒盅儿

4. 韵母是 i、ü 的音节

韵母是 i、ü 的音节，儿化时韵母不变，直接加卷舌音 er。

玩意儿　针鼻儿　瓜子儿　没词儿
金鱼儿　小曲儿　眼皮儿　有趣儿

5. 韵母是 in、ün 的音节

韵母是 in、ün 的音节，儿化时失掉韵尾鼻音，i、ü 后加卷舌音 er。

送信儿　树荫儿　合群儿　有劲儿

(三) 变调

这里主要解决"一""不"和重叠词的变调问题。

1. "一"的变调

单读或作为序数词读本调。如一、第一。
在非去声前变为去声。如一张、一同。
在去声前变为阳平。如一个、一块。
夹在重叠词中间读轻声。如看一看、等一等。

2. "不"的变调

在去声前变为阳平。如不坏、不对。
夹在词语中间读轻声。如好不好、要不要。
除此之外读本调。如不听、不能、不美。

3. 重叠词的变调

在 AA 式形容词重叠词中，第二个 A 可变成阴平，也可不变调。如慢慢儿地、远远儿的、好好儿的。

在 ABB 式形容词重叠词中,重叠部分可变为阴平,也可不变调。如孤零零、慢腾腾、黑乎乎、湿淋淋。

在 AABB 式形容词或动词中,后一个音节及其重叠部分可能会变为阴平。如支支吾吾、漂漂亮亮、慌慌张张。

(四)词的轻重格式

在人们的正常交流中,每个音节的轻重、长短都是不尽相同的。"由于词义或情感表达的需要,词语中的各个音节约定俗成的轻重、长短差别,称为词的轻重格式。"[①] 很多人带有方言口音,说普通话的"味道"不对,就是因为没有掌握准确的轻重格式。只有发准每个词的轻重格式,才能说一口纯正自然的普通话。

我们将词语的轻重分为"轻""中""重"三种程度。

1. 双音节词的轻重格式

中重格式:人民、集团、强化、言行、达到、缥缈、宝贵

重中格式:任务、战士、消息、命运、视觉、听觉、设备

重轻格式:面子、相声、意思、唠叨、价钱、便宜、盘算

2. 三音节词的轻重格式

中中重格式:展览馆、唯心论、建军节、起重机、太行山

中重轻格式:打拍子、编辫子、拉关系、好意思、小姑娘

中轻重格式:想不起、放不下、数得着、犯不着、对不起

重轻轻格式:收起来、放下去、拿回去、丢出去、倒过来

3. 四音节词的轻重格式

中重中重格式:改革开放、防微杜渐、翻江倒海、五光十色

中轻中重格式:集体主义、社会主义、稀里糊涂、老实巴交

重中中重格式:妙不可言、相形见绌、信口雌黄、诸如此类

(五)语气词"啊"的音变

"啊"作为语气词在不同情况下会有多种变化。除了在句首仍发"a"音不变,还有以下六种情况。

[①] 中国传媒大学播音主持艺术学院.播音主持语音与发声[M].北京:中国传媒大学出版社,2014:119.

1. 前面音节末尾是 a、o、e、i、ü

前面音节末尾是 a、o、e、i、ü 时,"啊"读作"ya",有时也写成"呀"。如"真绿啊!""真奇啊!""真多啊!"

2. 前面音节末尾是 u(或 ao、iao)

前面音节末尾是 u(或 ao、iao)时,"啊"读作"ua",有时写成"哇"。如"真秀啊!""手真巧啊!""是个多面手啊!"

3. 前面音节末尾是 n

前面音节末尾是 n 时,"啊"读作"na",有时直接写成"呐"。如"真险啊!""要小心啊!""怎么办啊?"

4. 前面音节末尾是 ng

前面音节末尾是 ng 时,"啊"读作"nga"。如"真静啊!""真清啊!""一起唱啊!"

5. 前面音节是 zhi、chi、shi、ri 或 zi、ci、si

前面音节是 zhi、chi、shi、ri 或 zi、ci、si 时,"啊"读作"ra"或"za"。如"快吃啊!""这东西真次啊。"

【作品训练】

乡　愁
余光中

小时候,
乡愁是一枚小小的邮票,
我在这头,
母亲在那头。

长大后,
乡愁是一张窄窄的船票,
我在这头,
新娘在那头。

后来啊,
乡愁是一方矮矮的坟墓,
我在外头,
母亲在里头。

而现在,
乡愁是一湾浅浅的海峡,
我在这头,
大陆在那头。

(选自《白玉苦瓜》)

背景分析

余光中(1928年—2017年),当代著名作家、诗人、学者、翻译家,出生于南京,祖籍福建永春。因母亲原籍为江苏武进,故也自称"江南人"。余光中一生从事诗歌散文创作、评论、翻译,自称其为写作的"四度空间",被誉为文坛的"璀璨五彩笔"。

《乡愁》写于1972年。全诗分为四节,语言工整,节奏明朗,情感层层推进。借邮票、船票、坟墓、海峡等意象,把抽象的乡愁具体化。该诗篇幅虽短,但书写了诗人漫长坎坷的人生经历,抒发了对祖国、对家乡的绵绵思念。

2011年12月,余光中在华南理工大学讲学时,曾在千余学生面前朗读了自己为《乡愁》续写的第五节:

而未来,
乡愁是一道长长的桥梁,
你来这头,
我去那头!

这一节描绘出了乡愁化作往来的桥梁,将海峡两岸紧密联系在一起、共同繁荣发展的图景,余光中对两岸统一的信心得到了充分的表达。

基调用声

作品语言真挚,直抒胸臆,言浅意切,娓娓道来。朗诵基调应为沉缓忧愁的,用声低缓绵长。语气亲切讲述,略带感叹。男女声均可朗诵。

朗诵指导

第一节:"小时候"略带儿时的童真和美好,"邮票"是小重音,"母亲"是重音,声音较实,带着对母爱的思念和渴望。

第二节:"长大后"有成长成熟之感,"船票"是小重音,"新娘"是重音,声音略高,带着对爱人的挂念之情。

第三节:"后来啊"要有时间的跨度感,略带叹气;"矮矮的坟墓"悲痛至极,可用虚声,语速放缓;"母亲"可略带泣声表现哀痛。

第四节:"而现在"有转折感,用声稍实;"浅浅的海峡"有抬头远望之感,海峡虽浅,但故乡难回。声虚延长,提起放慢,表现我与大陆的距离之感。

【要点小结】

1. 声母的发音要领

唇舌发音的基本原则是：力量集中于唇舌中纵线上，力度轻巧。

2. 韵母的发音要领

注意唇舌滑动的位置和动程。

3. 声调的发音要领

起音高平莫低昂，气势平均不紧张。

从中起音向上扬，用气弱起逐渐强。

上声先降转上挑，降时气稳扬时强。

高扬直送向低唱，强起到弱气通畅。

4. 语流音变的类型

轻声、儿化、变调、词的轻重格式、语气词"啊"的音变。

第二节 发声技巧

一、气出丹田

朗诵时你是否会感到气息不够或者来不及换气？怎样能让气息充足、稳劲、持久呢？这就需要学会使用"丹田气"来发声。

什么是丹田气？我国传统戏曲艺术讲究运用丹田气，丹田在我们肚脐往下三个手指宽度那一点上，也叫作"小腹"。所谓的气出丹田，就是利用丹田的力量来有控制地调节气息的运用。这种气息的调控方式就是播音发声学中所说的胸腹联合式呼吸，也是朗诵中经常用到的一种呼吸方式。

怎样做到胸腹联合式呼吸呢？我们把它分为两部分：吸气和呼气。

（一）吸气

1. 吸气准备：小腹微微收缩，保持稳定，形成准备状态

注意小腹微收，不是用力向前或向后，而是一种绷紧稳定的感觉，让小腹就像拳头一样用力攥紧。不妨试着抬一个很重的桌子，在用力抬桌子时，小腹的状态就是绷紧稳定的。

2. 吸气：口鼻同时进气，胸廓张开，肋下扩张

注意要口鼻同时进气。有人习惯闭口吸气，这样会有明显的呼吸声。正确的做法是将口部自然放松，吸气时口部留有一个缝隙即可。口鼻同时进气可以使吸气的速度加快，同时也避免了呼吸的声音。

另外，进气时膈肌下降，肺部空间在胸廓带动下扩大，两肋下方向两侧扩张。将气吸满肺部，这时的气息量是最大的。这里需要我们能控制两侧肋骨的扩张与回收的动作，可以将双手放在自己两侧肋骨处，并用力向内按压，两侧肋骨用力对抗双手的力量向外运动，从而找到两肋扩张运动的感觉。

（二）呼气

1. 呼气准备：小腹仍然收缩，膈肌和其他吸气肌肉群不放松

这个步骤提示我们，发声时的呼气一定是有控制的，而不能放任自流。与吸气不同的是，呼气时小腹虽然收缩，但是膈肌不马上回弹，两肋也不马上回收，这样就形成了一个对抗的力量，使呼气动作得到控制。其实，在发声时并不存在呼气的准备时间，吸气后我们更不能有憋气或屏气的情况，这里所说的呼气准备是发声者的心理准备，提醒自己有意识地控制呼气的过程。

2. 呼气：气流有控制地呼出，推动发音器官发声，产生语流

控制呼气的目的是保证气息能够持久、稳劲，为长时间、高强度的发声提供动力。这里要注意吸气和呼吸的几个动作是连贯的，不要变成分段动作。气息控制是呼吸器官整体协调配合的过程，不可过于机械化。

从整个呼吸过程来看，我们不难总结胸腹联合式呼吸的特点：吸气量较大，控制精细，气息较为均匀，适合长时间稳定的发音。在朗诵中，我们要熟练掌握并运用胸腹联合式呼吸的要领和技巧，做到气息调控娴熟自如。

朗诵对呼吸的总体要求是：稳劲、持久和变化自如。那么，如何让气息更充足、更持久呢？其核心在于"开源节流"。一方面，增大进气量，充分利用胸腹联合式呼吸的优势，熟练掌握吸气要领；另一方面，增强自身体魄，作息规律，坚持体育锻炼，拓展肺活量，身体好的人说话必然"中气十足"。

【作品训练】

满江红

岳 飞

怒发冲冠,凭阑处,潇潇雨歇。抬望眼,仰天长啸,壮怀激烈。三十功名尘与土,八千里路云和月。莫等闲,白了少年头,空悲切!

靖康耻,犹未雪;臣子恨,何时灭?驾长车,踏破贺兰山缺!壮志饥餐胡虏肉,笑谈渴饮匈奴血。待从头,收拾旧山河,朝天阙!

(选自《岳武穆遗文》)

背景分析

岳飞(1103年—1142年),字鹏举,相州汤阴(今属河南)人,南宋时期的抗金名将,军事家、战略家、书法家、诗人和民族英雄,位列南宋"中兴四将"之首。他重视人民的抗金力量,缔造了"连结河朔"之谋,主张黄河以北的民间抗金义军和宋军互相配合,以收复失地。岳飞治军赏罚分明,纪律严整,又能体恤部属,以身作则,率领的"岳家军"号称"冻死不拆屋,饿死不打掳"。在宋金议和过程中,岳飞遭受秦桧、张俊等人诬陷入狱,以莫须有的罪名,与长子岳云、部将张宪一同遇害。宋孝宗时才得以平反昭雪。

岳飞的文学才华也是将帅中少有的。《满江红》是一首气壮山河、光照日月的传世之作,抒发了作者扫荡敌寇的报国决心,表现了急切盼望勇战匈奴、还我河山的英雄气概,也反映了南北百姓渴望结束分离隔绝之苦的共同心愿。

基调用声

全词以怒发冲冠之气魄一气呵成。朗诵基调应该是激昂悲壮的,显示出一种浩然正气和英雄气质。朗诵节奏是高亢型的,注意在激愤中强弱的对比变化,以及壮志与谈笑的爱恨变化。用声宽阔有力,气息充沛扎实,吐字有力,以实声为主。

朗诵指导

上阕:抒写作者对中原重陷敌手的悲愤,对局势前功尽弃的痛惜,表达了守护家国的心愿。

第一句:开篇直抒作者怒不可遏的求战之情。朗诵情感和声音的强度要高,"怒发冲冠"要吐字铿锵有力,直接推向高潮。"潇潇雨歇",渐低渐弱。

第二句:抬头仰天,压抑已久的怒火一泻无余。"长啸"处要提起拉开,充分抒情,壮阔激愤。

第三句:反思以往,任重道远。"三十""八千"处要表现出历尽沧桑的沉重,语速放慢展开。

第四句:"莫等闲"用感叹和劝慰的语气,"白了少年头"语气加重,"空悲切"语势下降。

下阕:抒写作者对民族敌人的深恶痛绝,对祖国统一的殷切希望,对国家朝廷的赤胆忠诚。表现了作者报国立功的信心和乐观主义精神。

第一句:吐露刻骨铭心的仇恨。朗诵要顿挫分明,低沉有力,"何时灭"反问语气强烈。

第二句:直抒满腔忠义豪情,有直冲云霄的霸气。语势急转上扬,升高气足。

第三句:将豪情壮志抒发到极致,蔑视一切。朗诵节奏加快,铿锵有力。

第四句:霸气转为义气,激愤转为冷静,语势由低到高,"朝天阙"处达到最高潮,表现出一片为国为民的赤诚之心。

全词感情激荡,一气呵成,感染力强。

二、"三腔"共鸣

在战争岁月里,受众喜欢广播里那充满战斗力的高亢洪亮的声音;在和平年代,在当代广播电视的语言传播中,受众更加青睐那些饱满浑厚、悦耳有磁性的声音。不同音色特点的形成,除嗓音天赋限制外,也是各种共鸣方式综合运用变化的结果。语音发声中常用的共鸣方式有三种,分别是胸腔共鸣、口腔共鸣和鼻腔共鸣。朗诵时的共鸣以口腔共鸣为主,胸腔共鸣为辅,并结合适度的鼻腔共鸣。

(一)胸腔共鸣

胸腔共鸣是音色最低的共鸣,带有饱满浑厚的声音色彩,声音扎实厚重,给人以诚恳可信之感。在人的三种共鸣腔体中,胸腔是体积最大的,因此通过胸腔共鸣发出的声音也是最低沉厚重的。有些人声音单薄,尤其是一些年轻女性的声音尖细,没有质感,就是因为找不到胸腔共鸣。获取胸腔共鸣有三种方法。

1. 喉部放松

放松喉部有利于产生胸腔共鸣。喉部相当于胸腔共鸣腔体的开口,喉部过紧会导致共鸣腔体开口阻塞,没有开口的腔体也就无法产生共鸣。喉部越放松,共鸣腔体的开口越大,共鸣声音越丰富。喉部放松的感觉,就是喉部带着下巴和胸部轻轻下移,我们可以将手放到胸前,感受下巴、喉部、胸腔一起微微下移放松。另外,喉部过紧,也会造成声音挤压,使音色单薄苍白,缺少胸腔共鸣。

2. 声音放低

声音放低有助于获得胸腔共鸣。因为胸腔共鸣本身的音色较沉,发较低的声音更容易引起胸腔共鸣。如果发音较高,不仅不能取得胸腔共鸣,而且低音共鸣容易被高音所掩盖,声音变得单薄。我们可以发较低的 a 音来练习胸腔共鸣:比平时说话的音低一度发 a 音,声音从胸窝出来向前延展。反复练习,体会声音由弱渐强的变化。

3. 舌位靠后

舌位适当靠后有助于增加胸腔共鸣。舌位靠前,口腔空间小,音色会单薄小气。舌位靠后,口腔空间变大,音色会厚实饱满。而发出厚实饱满的声音,也会相应引起胸腔震动,增强胸腔共鸣。比如说"你来了",如果发音靠前,声音会很单薄发嗲,而当我们把口腔后部张开时,舌位后移,声音就会更加厚实大气。

(二)口腔共鸣

口腔共鸣是中音共鸣,它能让字音清晰,发音圆润,也就是我们常说的"口齿清楚,发音动听"。我们听到专业的播音员主持人的声音好听,不仅仅是因为音色,更重要的是其吐字非常圆润饱满。这就需要我们把口腔打开,唇舌灵活。说话时千万不要不张嘴,或者不动嘴,这样字音是不能发得清晰的。改善和增强口腔共鸣,要注意以下几点。

1. 舌要灵活

舌,要灵活积极,活动自如。我们要坚持口部操的训练,每日练声要达到一定训练量。持之以恒,舌部会更加灵活、力量会增强,发音动作也更加准确。

2. 唇齿相依

我们说话时不能养成撅唇的习惯,撅唇说话不仅不美观,而且撅起的唇部会导致声音发闷,影响音色。要做到唇齿相依,上唇贴上齿,下唇贴下齿,发音力量集中在双唇的中纵线处。唇齿贴近之后,口形呈微笑的状态,这样可以使声音变得积极有活力。另外,微笑的表情反馈到大脑,会产生良好的心理刺激,使表达者变得轻松愉快。

3. 打开口腔不等于张大嘴

我们说的把口腔打开,并不等同于张大嘴,而是将口腔的后部打开,也就是声乐中所说的"打开后声腔",类似于打哈欠的感觉。同时打开后槽牙,软腭挺起,让口腔有充分的空间进行吐字活动。这时,双唇并不是努力张大,相反,口腔内部打开后双唇应回收到自然状态。

(三)鼻腔共鸣

鼻腔共鸣属于高音共鸣,适当的鼻腔共鸣可以增加声音的亮度。广播电视语言传播的发声以中音为主、低音为辅,因此确定了以口腔共鸣为主、胸腔共鸣为辅的共鸣方式。如果本身声音比较低沉,可以适当利用鼻腔共鸣,增加声音的亮度;如果本身音色较明亮,就尽量避免声音走鼻,而是拓展口腔和胸腔共鸣。

控制鼻腔共鸣的方法是控制软腭的上升与下降。软腭是控制鼻腔共鸣的阀门,软腭抬起,可以阻塞鼻腔通道,鼻音就消失了;软腭降低,气流从鼻腔通过,就会产生一定的鼻音色彩。

【作品训练】

你是人间的四月天

你是人间的四月天
——一句爱的赞颂

林徽因

我说你是人间的四月天;
笑响点亮了四面风;
轻灵在春的光艳中
交舞着变。

你是四月早天里的云烟,
黄昏吹着风的软,
星子在无意中闪,
细雨点洒在花前。

那轻,那娉婷,你是,
鲜妍百花的冠冕你戴着,
你是天真,庄严,

你是夜夜的月圆。

雪化后那片鹅黄,你像;
新鲜初放芽的绿,你是;
柔嫩喜悦
水光浮动着你
梦期待中白莲。

你是一树一树的花开,
是燕在梁间呢喃,
——你是爱,是暖,是希望,
你是人间的四月天!

(选自《学文》1934 年 4 月 5 日)

背景分析

林徽因(1904 年—1955 年),原名徽音,祖籍福建闽侯,中国近现代杰出的建筑师、诗人和作家,人民英雄纪念碑和国徽的设计者之一。她的丈夫是建筑学家梁思成。

他们二人用现代科学方法来研究中国古代建筑,为中国古代建筑研究奠定了基础。

《你是人间的四月天——一句爱的赞颂》写于1934年,一说是林徽因为已在天国的徐志摩而作,一说是为儿子的出生而作。

基调用声

全诗借助多重意象,色彩缤纷,动静交融,虚实结合,清新柔丽,细腻深情,音律和谐,表达了美好纯净的爱和希望,展现了一幅轻灵美丽、温暖动人的画面。

此诗朗诵基调应是轻快舒展、温馨美好的。用声甜美悠扬,圆润动听,吐字轻柔,气息舒缓,虚实结合,以中音为主,节奏是轻快型的。

朗诵指导

第一节:开篇点题,奠定甜美温馨的基调。"我说"要轻声低语,亲切美好;"笑响""轻灵"要情景再现;"变"要悠扬生动,语势上扬。第一句起声不要高,感觉从胸窝的位置发声,有一种亲切地说悄悄话的感觉,声音是厚实的、饱满的、有魅力的。

第二节:展开抒情,语气温柔轻快。抓住"黄昏""星子""细雨"几个不同意象的呈现,带着美好、希望与欢乐的情感。

第三节:继续抒情。"轻""娉婷""月圆"语气宁静美好,"鲜艳""百花"语气热烈,画面感强。处理要细腻,韵味无穷,把四月蕴含的希望、热情与梦想带入听者心中。

第四节:语气渐强,"你像""你是"语势上扬,第二句比第一句更高一些,"梦"处停顿重音提起,充分展开充满希望的梦境。

第五节:将全部的热情与梦想尽情展现。"一树一树"要有满眼花海的画面感,"爱""暖""希望"一浪高过一浪,语气愈发强烈,声音也越来越高,直到"人间的四月天"达到最高潮。高音部分可以适当使用鼻腔共鸣。

三、吐字归音

每一种语言或者方言都有其语言特点和发音习惯。我们在说一种方言或语言时,要尽量避免其他口音的发音习惯,以免造成语言"不对味"的情况。下面,我们来了解汉语普通话的语音特点。

(一)普通话音节的特点

1.音节结构简单

普通话的音节由声母、韵母和声调三部分构成。一个音节最多由四个音素组成,一般由辅音开头,中间为元音,结尾为辅音。普通话也存在零声母音节,或者无字尾音节的情况,但任何一个音节都会有一个发音最响亮的元音,作为这个音节的最主要、最响亮的部分。汉语音节不会出现像英语、俄语那样连续几个辅音连在一起的情况。因此,说好标准清晰的普通话是不允许"吃字"的。

2. 发音响亮

元音是汉语音节中不可缺少的成分,没有元音的汉字是不存在的,一个音节内部最多可以连续出现三个元音。与辅音相比,元音在音节中的时值更长。我们知道,元音是声带振动后气流不受阻碍发出的,是一种乐音;而辅音是气流通过口腔时受到一定的阻碍发出的,是一种噪音。因此,元音占主要成分的普通话,其特点是发音响亮,乐音较多。

3. 音律感强

与英语等印欧语系语言不同,汉语是一门声调语言,不同声调的音节具有不同的语义。普通话有阴、阳、上、去四个声调,每个声调具有各自高、扬、转、降的特点,高低分明,节律感强。在古代,文人墨客就领悟到汉语音律感强的特点,创立了格律诗体,吟诗作赋,亘古流传。无论是古诗词的吟诵,还是古诗词的朗诵创作,无不是对汉语音律之美的展现。

(二) 朗诵吐字的要求

朗诵要展现普通话的音韵之美,对每一个音节都有吐字归音的要求。朗诵对于吐字的基本要求是:准确清晰,圆润集中,音韵自如展开。

1. 准确清晰

要求发音符合普通话语音规范,字音清楚,容易被听众辨识。

2. 圆润集中

要求吐字富有美感,泛音丰富,悦耳动听,声音具有一定的"声束"感,能入耳入心,如"珠走玉盘"。

3. 音韵自如展开

要求语流衔接自然不生硬,熟练和谐,不会刻意、呆板、机械。同时,朗诵创作需要结合表演艺术中的规定情境等元素,因此,在一些舞台朗诵艺术创作中的吐字归音需要充分展开。尤其是在古诗词朗诵中,可以适当音韵夸张,以呈现押韵、对仗等古诗韵味。但要切忌咬字过死过狠,要把"珠子串成链子",符合语流规律,技巧纯熟自然,不留痕迹。

(三)朗诵的口腔状态

想要做到朗诵中的标准吐字,需要朗诵者能够对口腔进行控制。口腔状态对吐字归音有直接影响。很多人吐字不清,就是因为口腔打不开,唇舌力度不够。正确的口腔状态是"提颧肌、打牙关、挺软腭、松下巴",整个口腔形成一种"前紧后松、上提下松"的状态。

1. 提颧肌

颧肌是人的颧骨到上唇外侧及嘴角部位的肌肉。吐字发音时,需要将颧肌上提,表情呈现笑容。提颧肌不是咧开嘴笑,而是嘴角上提。我们可以微微睁大眼睛,这能带动颧肌提起,同时鼻孔略微扩张,上唇展开贴住上齿,唇齿相依,容易发挥唇部力量。正确的提颧肌的状态,有利于改善声母和韵母的发音,使声音积极、明亮、集中、悦耳。

2. 打牙关

牙关是人的下颌与头骨的连接点,也是口腔开合的关键。打牙关,是指增加下颌的开度,使口腔空间增大。注意打牙关不是张大嘴,而是打开后槽牙,口腔后部被充分打开。在吐字发声的过程中,上下槽牙尽量打开不要关闭,始终保持嚼着橡皮糖的感觉。

3. 挺软腭

软腭在人口腔的硬腭后部,连接着小舌。挺软腭是软腭适度抬起,以扩大口腔容积,增加口腔共鸣,使吐字更加清晰饱满。可以用打哈欠的动作体会软腭的挺起,注意软腭不要抬得过高,动作过大会让声音过于靠后,而应该是半打哈欠的感觉。

4. 松下巴

松下巴是放松人的下颌骨,下巴放松微微向后退缩,但下巴不用力,不要把注意力放在下巴上。下巴应是"不着意,也不着力"。松下巴有利于打开口腔,扩大口腔空间,也可以带动喉部和胸部的放松,使声音通畅自如。

(四)吐字归音要领

吐字归音的概念,源于我国古典戏曲声乐艺术,沈宠绥在《度曲须知》中称赞唱者:"发调高华,出口雅丽,吐字归音,个个绝顶。""凡敷演一字,各有字头、字腹、字尾之音。"可以说是完备地提出了"头、腹、尾"之说。

根据中国古典戏曲艺术的发音特点,可以把一个音节分为字头、字腹、字尾三个部分。如何划分一个音节的头、腹、尾呢?字头,是字腹之前的声母加上韵头的部分;字腹是主要元音,即音节中开口度最大的一个元音;字尾,是字腹之后的元音加辅音的部分。

吐字归音的要领有四点。

1. 字头有力,叼住弹出

出字要有力,要使巧劲,不能用拙力。就像大老虎叼着小老虎过山涧一样,叼得太紧,会把小老虎咬死;叼得太松,小老虎就会掉下去。

2. 字腹饱满,拉开立起

字腹饱满是指主要元音的发音要清晰完整、共鸣充分。拉开立起,是指主要元音的开度足够大,时长够长,有一种展开立起的感觉。我们说的立字,实际上就是在一个音节里突出字腹的过程。

3. 字尾归音,弱收到位

字尾发音时,口腔由开到闭,肌肉渐渐放松,但是趋向鲜明,注意不要咬得太死。

4. 整个字音成"枣核型"

如果做到了以上三点,那么字音应该连成一个枣核型,它的特点是两头窄、中间宽,我们的吐字应该有这样的颗粒感。这里要注意,各个步骤要融会贯通,服从语流整体变化的需要,既要做到字正腔圆,也要流畅自如。

【作品训练】

祖国啊,我亲爱的祖国

舒　婷

祖国啊,我亲爱的祖国

我是你河边上破旧的老水车,
数百年来纺着疲惫的歌;
我是你额上熏黑的矿灯,
照你在历史的隧洞里蜗行摸索
我是干瘪的稻穗,是失修的路基;
是淤滩上的驳船
把纤绳深深
勒进你的肩膊,
——祖国啊!

我是贫困,
我是悲哀。
我是你祖祖辈辈
痛苦的希望啊,
是"飞天"袖间
千百年未落到地面的花朵,
——祖国啊!

我是你簇新的理想,
刚从神话的蛛网里挣脱;

我是你雪被下古莲的胚芽；
我是你挂着眼泪的笑涡；
我是新刷出的雪白的起跑线；
是绯红的黎明
正在喷薄；
——祖国啊！

我是你的十亿分之一，
是你九百六十万平方的总和；

你以伤痕累累的乳房
喂养了
迷惘的我、深思的我、沸腾的我；
那就从我的血肉之躯上
去取得
你的富饶、你的荣光、你的自由；
——祖国啊，
我亲爱的祖国！

(选自《双桅船》)

背景分析

舒婷(1952年—),原名龚佩瑜,福建人,中国当代女诗人,朦胧诗派的代表人物,代表作品有《致橡树》《这也是一切》等。舒婷是在十年浩劫的动乱中成长的。她初中毕业后就下乡插队,后又当过工人。在国家蒙难、人民遭殃的混乱岁月,舒婷备尝艰辛,迷惘痛苦。

1978年党的十一届三中全会开启了改革开放历史新时期,面对祖国摆脱苦难、正欲奋飞的情景,舒婷写下了此诗。诗歌描述了中国贫穷的过去和人民千百年来的梦想与苦难,展现了令人振奋的崛起和新生,抒发了诗人对祖国的无比热爱、无限期盼和献身的决心,给人以荡气回肠之感。语言流畅自然,主题充满正能量,也成为朗诵创作的常用篇目。

基调用声

本诗贯穿爱国精神,构思新颖、立意深刻却情真意切、感人肺腑。作者笔下的祖国是饱经沧桑的过去与绯红黎明的希望相交织的。因此,此诗的朗诵基调应该是沉郁凝重和激昂有力的,表现诗人彻骨的爱国之情与报国之志,对祖国的未来充满希望。音色以实声为主,气息扎实稳健,吐字准确有力,声音沉稳厚实,充满力量。

朗诵指导

本诗共分为四节,前两节沉郁凝重,充满对祖国灾难历史、严峻现实的哀痛,后两节清新明快,流露出祖国摆脱苦难、正欲奋飞的欢悦。朗诵爱国诗时,要注重气息和吐字的力度,从而体现深沉悲壮的希望。每段结尾的"祖国啊"要处理得当,色彩丰富多变,展现从悲痛、哀伤、惋惜到充满希望的情感变化过程。

第一节,开篇回顾祖国沧桑的历史,感情沉郁凝重,起声低沉有力。抓住"破旧"

"数百年""蜗行摸索""勒进",需适当用重音,语气深切,表现出祖国母亲在逆境中坚毅顽强的形象。节末一句"祖国啊"要围绕着爱国精神来抒发情感,表达对祖国母亲贫穷落后的理解和对她顽强不屈精神的深深叹服。

第二节,继续抒发对祖国灾难历史、严峻现实的哀痛,比第一节更加抒情,更加展开。"痛苦的希望""未落到地面"进一步表达对祖国的哀叹与惋惜之情,语势下降。节末"祖国啊"较上节情感更为浓厚,表达出诗人的深切哀怨。

第三节,情绪由暗转明,语势上扬。"理想""挣脱""胚芽""笑窝""起跑线"要表现得清新明快,情感基调逐渐上扬,流露出祖国摆脱苦难、正欲奋飞的欢悦。"喷薄"用重音,节奏加快,达到高潮,激情澎湃。节末"祖国啊"表达对于祖国美好的期冀。

第四节,带着对祖国的深情和自豪,诗人展望未来,表达对祖国深沉而热烈的爱,情感基调达到最高点。"十亿分之一""九百六十万"要大气豪迈,"迷惘""深思""沸腾"语势上扬渐高,一浪高过一浪,一直到"自由"达到最高点,强烈表达愿为祖国奉献的精神。最后"我亲爱的"要停顿,"祖国"要深情有力,使全诗的感情达到高潮,节奏最为强烈,为本诗最强音。

全诗交融着深沉的历史感与强烈的时代感,朗诵时要大气豪迈,厚重有力。表达出以诗人为代表的这一代青年,愿与祖国共呼吸、共命运的心声。

四、声音要素

一个人只有一种音色吗?配音演员是怎样变换不同声音去塑造各种角色的?嗓音的变化能力绝不仅仅是天生的,想要达到声音的多重变化,后天技巧的学习与训练非常重要。

朗读者的声音,应能做到音高错落有致,音色虚实结合,声音色彩丰富,变化自如,以适应各种情感表达方式的需要。音高,可以有高、中、低多层次的变化;音色,有虚、虚实、实的变化;音量,有大、中、小的变化;发音速度,包括吐字快慢、语速节奏都有变化。

(一)音高

朗诵中,音高的变化是十分必要的表达手段,也是朗诵者应具备的基本发声能力。声音的高低变化,有助于情感起伏跌宕的呈现,使表达生动多彩,引人入胜。

1. 男声与女声

男声与女声的音高明显不同,男声音高较低,女声音高较高,女声音高比男声高一个八度左右。音高的差别可以帮助我们强化性别特征。比如,在一些歌曲反串中,男声用提高一个八度的假声来演唱,声音便与女声相似。在朗诵中,我们强调真情实感和直抒胸臆,需要由衷的音色,拒绝矫揉造作。因此,鼓励朗诵者用自己音域范围内的音高来朗诵风格合适的作品。如果没有特殊需要,任何人都不要一味拔高或压低自己的声音。

人的音高是由声带的长度和厚度决定的。短而厚的声带振动频率较低,声音也较低;长而薄的声带振动频率较高,声音也较高。而男性的声带通常要比女性的声带更厚更宽一些,因此声带振动频率较低,音高也较女性更低一些。

2. 音高与音域

遇到超出音域的高音时,我们可以用假声来实现。假声是声带被拉长、声带边缘变薄而发出的。假声属于较特殊的高音区,朗诵表达中真声成分较多,一些特殊情感或角色的表达可能会运用假声。比如在童话寓言中,鹦鹉的角色就需要利用假声来塑造。

3. 音高与情感

音高与感情色彩密不可分。情感变化会伴随音高的变化,音高的变化也能呈现不同的情感特征。感情色彩积极明朗,声音可能会提高;感情色彩消极悲伤,声音可能会变得低沉。比如《雨霖铃》中"寒蝉凄切,对长亭晚,骤雨初歇"这句表现的是雨后凄凉的心境,用声要低沉,语势要下降。

(二)音色

喉部控制可以产生音色的变化,我们可以通过改变发声方式来变换自己的音色。在发声时,喉部的两侧声带可以并拢,也可以打开,声门的闭合也是可松可紧的。根据声门开度和摩擦声的程度,可以把音色分为三类。

1. 实声

发实声时,声门紧闭没有缝隙,没有气流摩擦声,声带适度紧绷,声音明亮有力。注意发实声时声带不能过紧,过于用力会使声带挤压,音色暗哑。在朗诵一些高亢有力、气势磅礴的文学作品时,大多需使用结实有力的实声来呈现。比如《满江红》《沁园春·长沙》《江城子·密州出猎》等。

2. 虚实声

发虚实声时,声门放松略有缝隙,有气流摩擦声,即实声与少量气声相结合发音,声音柔和悦耳。大多数散文和诗词朗诵都是以虚实声结合的方式呈现的,这样的声音听起来舒适、亲切、真诚,易于听者接受。比如《热爱生命》《春》《木兰辞》《海上日出》等。

3. 虚声

发虚声时,声门张开,有较大缝隙,气流摩擦声较大,相当于气声。虚声的音色较弱,气流声音大,不利于电声设备传播。在朗诵中,不会有通篇使用虚声的情况,一般只在个别词语或句子上使用虚声来呈现感情色彩。表现一些悲伤哀怨、温柔多情的文学作品时,虚声的使用会稍多一些。比如《春望》《乡愁》《你是人间四月天》等。

不同的音色变化,可以表现迥然不同的感情色彩。这三种音色与感情色彩对应如下:

实声——严肃;

虚实声——平和;

虚声——亲切。

比如,在不同情况下说"不要走":第一种,在日常生活中与朋友道别时说"不要走",应该运用虚实声,语气较平和亲切;第二种,在安静的自习室里与同学说"不要走",要用虚声,以气流摩擦和唇形来传递意思;第三种,在生气愤怒的时候说"不要走",应该运用实声,气足声硬。

(三) 朗诵的音量

当代朗诵创作通常通过录音或舞台表演呈现出来,朗诵者的声音也会通过话筒等扩音设备传递给受众。而在话筒前,音量并不需要太大。原因有两点:一是有些电子设备对于音量变化的适应性较差,过大的音量会造成失真,如果需要叫喊,则要与话筒有一段距离,避免失真;二是由于人耳对响度的听觉特点,声强增加 10 倍,响度只能增加 1 倍。小音量发音时,稍微增加一点力度,人耳就能明显感觉到音量的变化,因此较小的音量变化容易取得明显的对比效果。

而对于朗诵者来说,无论是大音量还是小音量,都应该能够熟练运用。一般来讲,朗诵者在话筒前录音需要较小的音量,而在舞台上表演则需要跌宕起伏的大音量。因此,朗诵者应加强语音发声基本功训练,以适应各种强控制和弱控制的朗诵作品。

(四) 朗诵的音长

朗诵对于音长的控制是有一定要求的。它要求朗诵者对喉部进行有效控制,以较强的耐力适应较长时间的发音需求。锻炼喉部的耐力,有利于保持喉部健康,避免用声过度导致疲劳。

朗诵的音长对朗诵者提出了三方面要求。

1. 气息充足有力,以满足长句子需要

文学作品中的句子往往较长,表达一个相对完整的意思需要一气呵成,不能随意换气。因此,朗诵者要有较强的气息力度和较大的气息量,来适应各类长句子的表达。

2. 喉部耐受力强,以适应长时间表达

我们常常会遇到一些朗诵稿件篇幅较长,或者一台演出朗诵者需要表演多个朗诵作品等情况。由于朗诵创作对嗓音的消耗强度较大,因此如果用声时间较长,则需要朗诵者加强喉部耐受力,以适应较长时间的高强度用声。

3. 音长变化能力强,以适应情感的起伏变化

朗诵创作需要将各类感情色彩用有声语言生动形象地呈现出来,要求朗诵者能够有效调节自己的语速和节奏。而以音节长度为基础的语句速度变化,有助于形成表达节奏的变化。

在朗诵时,音高、音色、音量和音长的变化不是单一的,而是多层次、多级别的。朗诵者需要具备声音的综合变化能力。

【作品训练】

雨霖铃·寒蝉凄切

柳 永

雨霖铃·
寒蝉凄切

寒蝉凄切,对长亭晚,骤雨初歇。
都门帐饮无绪,留恋处,兰舟催发。
执手相看泪眼,竟无语凝噎。
念去去,千里烟波,暮霭沉沉楚天阔。

多情自古伤离别,更那堪,冷落清秋节!
今宵酒醒何处?杨柳岸,晓风残月。
此去经年,应是良辰好景虚设。
便纵有千种风情,更与何人说?

(选自《全宋词》)

背景分析

柳永(约984年—约1053年),原名三变,字景庄,后改名柳永,字耆卿,因排行第七,又称柳七,福建崇安人,是北宋著名词人,婉约派的代表人物,著有《乐章集》。

柳永是第一位对宋词进行全面革新的词人,他大力创作慢词,充分运用俚词俗语,用平淡无华的白描和铺叙,描绘城市风光、歌妓生活和羁旅行役之情。他的词作流传极广,有人说"凡有井水饮处皆能歌柳词"。《雨霖铃·寒蝉凄切》是柳词和婉约词的代表作。这首词影响深远,是宋元时期广泛流传的"宋金十大曲"之一。

基调用声

此诗细腻刻画了情人离别的场景,描摹了想象中别后的凄楚情状,缠绵悱恻,凄婉动人。朗诵基调是悲伤凄苦的,朗诵节奏是沉缓型的。用声虚实结合,可适当运用虚声来表现悲凉的心境。吐字柔弱,气息凝滞沉闷,语速较慢。

朗诵指导

这首词以冷落凄凉的秋景作为衬托,表达诗人难以割舍的离情。宦途的失意和与恋人的离别,两种痛苦交织在一起,使词人更加感到前途暗淡、渺茫。

上阕主要写一对恋人饯行时难分难舍的别情。

第一句:描写寒冷阴沉的景色,情绪惆怅低落,语势下降,声音由虚转实。

第二句:借酒消愁愁更愁,朗诵节奏先快后慢,有留恋不舍之感。

第三句:情绪增强,朗诵节奏加快,"无语"处要突然停顿,达到一个高潮。

第四句:朗诵节奏放缓,情绪递进增强展开,有画面感,有远望感,声音偏虚。语速放慢,表现遥不可及的距离之感。

下阕着重写想象中别后的凄楚情景。

第一句:写自己比古人承受的痛苦更多更甚,"更那堪"语气加强,情绪激动。

第二句:写酒醒后,漂泊江湖的感受。景语即情语,"柳""留"谐音,写难留的离情;晓风凄冷,写别后的寒心;残月破碎,写此后难圆之意。此句将离人凄楚惆怅、孤独忧伤表现得淋漓真切。

第三句:更深一层推想离别以后惨不成欢的境况。此后漫长的孤独日子怎么挨得过呢?纵有良辰好景,也等于虚设,因为再没有心爱的人与自己共赏;即便对着美景产生一些感受,但又能向谁去诉说呢?总之,对一切都提不起兴致了。这句把思念伤感刻画到了至尽至极的地步。结句用问句形式,感情显得更强烈。

【作品训练】

观沧海

曹 操

东临碣石,以观沧海。
水何澹澹,山岛竦峙。
树木丛生,百草丰茂。
秋风萧瑟,洪波涌起。
日月之行,若出其中;
星汉灿烂,若出其里。
幸甚至哉,歌以咏志。

(选自《曹操集》)

背景分析

曹操(155年—220年),字孟德,沛国谯县(今安徽亳州)人,东汉末年杰出的政治家、军事家、文学家、书法家。三国中曹魏政权的缔造者,其子曹丕称帝后,追尊为武皇帝,庙号太祖。其诗文作品多抒发自己的政治抱负,并反映汉末人民的苦难生活,气魄雄伟,慷慨悲凉,笔调明朗,抒情直接,具有鲜明的时代特征和个性特征。

本诗写于北征乌桓得胜回师途中。身为主帅的曹操,登上当年秦皇汉武也曾登临过的碣石山,面对吞吐日月、包孕群星的辽阔大海,他的心情像大海一样难以平静,于是借景抒情,借沧海的形象表现自己一统天下、四海归心的宏伟抱负和阔大胸襟。

基调用声

作品从大处落笔,风格气势磅礴,朗诵基调应大气豪迈,威武雄壮,具有志存高远的气魄和自信昂扬的情怀,用声宽阔有力。

朗诵指导

第一行:交代地点、时间和景物,感情稳健平实,体现陈述感,强调动词"观",有远望感。

第二行:全景描写,大气磅礴。前半句语势起伏大,表现海浪波涛汹涌,后半句语势起伏小,语气坚定,表现高山峻拔威严。

第三行:感情明朗,充满欣慰,前后两句语势连接不停顿,表现万物欣欣向荣。

第四行:紧接上句,感情由欣慰变雄浑,前半句语势低,感情深沉苍凉;后半句语势上扬,豪迈有力。

第五行:虚实结合描写日月运行,海天相接,意境开阔辽远,承接上句豪迈感情,语势平稳,加虚声,有想象和缥缈感。

第六行:承接上句,语势上扬,感情增强。

第七行:突出"至"字,表达喜悦旷达心情,语势趋于平稳,感情乐观自信。

【要点小结】

1. 气出丹田:胸腹联合式呼吸
2. 三腔共鸣:朗诵以口腔共鸣为主,胸腔共鸣为辅,并结合适度的鼻腔共鸣
3. 吐字归音:准确清晰、圆润集中、音韵自如展开
   (1)口腔状态:提颧肌、打牙关、挺软腭、松下巴
   (2)吐字归音的要领
   字头有力,叼住弹出。
   字腹饱满,拉开立起。
   字尾归音,弱收到位。
   整个字音成"枣核型"。
4. 声音要素:音高、音色、音量、音长

第三节　如何练声

尖锐刺耳、沙哑暗淡的嗓音并不完全是天生的,后天不正确的发声位置和方法也是主要成因。因此,只要掌握了正确科学的用声方法,并且持之以恒地训练和使用,你的嗓音也可以充满磁性和魅力。

我们先来做个简单的练习来检测你的用声高度。请用你通常的声音朗读下面的话:

撑着油纸伞,独自　　　　我希望逢着
彷徨在悠长,悠长　　　　一个丁香一样的
又寂寥的雨巷,　　　　　结着愁怨的姑娘。

现在,请你做一个"叹气"练习,全身肌肉放松,吸气要缓,叹气时感觉气息一沉到底,通畅舒适。做 5 次叹气,每一次持续 3 秒钟左右,速度稍慢。接着,请你用比刚刚朗读时低一些的声音,再来朗读一遍。注意,朗读时要气息沉稳,吐字清晰。对比两次的朗读,请体会是否在叹气后,声音更低了,音色更浑厚了,朗读的感情更饱满了。我

们发现,较低的音色更适合这个段落忧伤阴郁的情感。

叹气练习法是一种简单有效的声音练习方法,也是我们在练声前的基础步骤。声乐教育家金铁霖曾说:"在演唱中出现气息不够用、气短或憋气现象,通常与身体僵直和气浅有直接关系。最好的解决办法是放松和叹气。"[①]看似简单的叹气,并不是一蹴而就的。想解决声音太紧太挤的问题,建议发"哎"音向下叹气,找到声音从小腹发出之感,越叹越深,持续5分钟至10分钟,音色会有较明显改善。

练声方法众多,我们求"质"而不求"量",没有必要练尽所有方法。练声方法是为声音服务的,而每个人的音色都是独一无二的,因此,要有针对性地选择对自身声音有益的练声方法集中训练。

比如,音色较为沉闷暗淡的人,要着重训练中音和高音,拓展口腔共鸣和鼻腔共鸣;音色较高较为单薄的人,要着重训练低音,拓展胸腔共鸣;声音沙哑不明亮的人,要注意训练吐字发声的集中,避免字音发散的问题。

那么,如何进行科学的发声训练呢?

我们将语言表达的发声训练分为五个步骤:

口部操—气息—发声—声调—综合训练。

练声的核心思想是循序渐进,切不可操之过急。有人练声一开始就想喊出来,结果伤了嗓子,音色也很难变好。要记住"出声之前先找位置",要先找到并且稳固了"小腹"的位置,才能开始发声。这就需要发声训练的前两个步骤——口部操和气息的训练。

一、口部操

口部操是发声训练的基础步骤,它的作用是将我们各个发音器官肌肉活动开来,为科学发声创造良好的发音条件。口部操的练习主要针对口腔开合、唇舌的力量和灵活性展开。

(一)啃苹果

上颚与下颚做上下打开与闭合的动作,锻炼口腔开合的灵活度,增大口腔的空间。这个动作与我们"咬苹果"的动作相似。注意这个动作的重点是提颧肌,用颧肌的力量带动开合,而下巴不动,牙关打开,双唇自然回收。练习时头会随之抬起和低下。每次练习100下。

---

① 金铁霖.金铁霖声乐教学法[M].北京:人民音乐出版社,2013:74.

(二) 撮唇

双唇紧闭状态下嘴角做聚拢和展开的动作,锻炼唇部肌肉的力量,增强双唇的灵活性。这个动作与"抿嘴"的动作相似。注意嘴角聚拢并不是"噘嘴",而是在唇齿相依的状态下撮唇。动作不要快,注意每一个动作都要用力到位。每次练习 50 下。

(三) 双唇打响

准备动作为双唇用力闭紧,有吸住的感觉,口腔张开带动双唇分离,并发出"ba"的声音。这个动作锻炼双唇肌肉的力量,注意动作频率不要快,要体会双唇发力的感觉。每次练习 50 下。

(四) 弹舌

准备动作为舌前部用力吸住上颚前部,接着舌体向下用力离开上颚,并迅速弹到下颚发出"da"的声音。这个动作锻炼舌体肌肉的力量和灵活性,注意控制动作的快慢,而不是一味快或慢。每次练习 100 下。

(五) 绕舌

准备动作为双唇闭起,但不用力,接着舌尖带动舌体在门牙前部由上到下划圈,顺时针 5 圈、逆时针 5 圈为一组,做 5 组,每组中间休息 5 至 10 秒钟。这个动作充分锻炼舌的力量,初次练习舌体会感觉酸疼,建议循序渐进,渐渐加量。长期搁置不练声的人偶尔练习会舌酸,只有天天坚持练习,舌的力量才能得到巩固和加强。每次练习 5 组。

二、气息训练

气息是语音发声的动力和源泉,没有气息就没有声带振动而产生的悦耳动听的音色。气息的强弱直接关系着声音的力量。训练的目标是气息稳健、持久、变化自如,力求做到气息的"深、通、活、匀"。

(一) 闻花香

想象面前有一簇鲜花,你想把花香全部吸入肺部。肺部两侧肋骨扩张打开,腹部微微凸起,以感受气息的下沉,想象花香充满体内。注意吸气时嘴巴微微张开,让气息从口部和鼻腔同时进入,这样进气速度快,进气量大,避免匆忙吸气时有明显的呼吸声音。

(二) 吹手指

伸出食指距离双唇大约一拳,以闻花香的方式吸气,呼气时将气缓慢均匀地吹到食指上。注意小腹要保持绷紧站定的状态,以保证气息持久和稳定,同时感受吸气时两侧肋骨扩张,呼气时尽量用小腹绷紧的力量来拉住两侧肋骨缓慢回收,体会小腹与两肋对抗的力量。

还可以用纸巾代替手指练习:撕一条纸巾放在双唇前方,吹气时可见纸巾被持续吹起保持不变,则证明气息是均匀的。

(三) 叹气

叹气是一个简单而有效的气息训练法。很多人会有声音不通,没有低音,缺乏共鸣的情况,而改善的方法就是叹气练习。想象劳累一天回到家坐在椅子上深深地叹一口气,把疲惫之气全部吐出,身体余气清空,感觉身心畅达舒适。叹气时注意体会小腹用力绷紧的状态,小腹绷紧时会微微向内收缩,用手指戳向小腹会感觉肌肉较硬,说明小腹用力正确。

叹气练习是一个循序渐进的过程。开始时只用气息,声带不震动,以体会气息自上而下通畅下沉。渐渐地可以用气带声,在叹气的位置上发"哎"字延长音,声带振动,虚实声结合,体会声音自始而终的稳定统一。嗓音紧张、气息太飘、捏挤压喉的人,可以多进行叹气练习,持续 10 分钟至 15 分钟为宜。

三、发声训练

(一)"嘿哈"

"嘿哈"练习也是由慢到快、由弱到强的过程。在叹气"哎"音的位置上保持不变,发延长"嘿"音,体会声音在小腹力量绷紧的状态下,稳定统一,下沉到底。找到位置后,逐渐加强小腹力量,感受小腹越用力,声音就传得越远、越响亮。再以同样的位置发延长"哈"音,方式相同。渐渐加快速度,动程不变,快速而到位地发"嘿""哈",交替练习,变化快慢速度。

音虚弱无力者,可以着重练习"嘿哈"的力量;缺乏高音者,可以进行高音的"嘿哈"练习。

(二) 延长"啊"音

待"嘿哈"发音位置稳定后,小腹力量感也会凸显。以同样的小腹力量来发延长"啊"音,注意体会声音从胸窝之中发出,声音的路线是像一条带子一样由小腹牵出向上,再由胸窝发出向前延长。延长"啊"音需要发得尽量持久、均匀,因此发音时着重练习气息的持久稳健支撑,不必过分在意声音是否响亮,只要保持音色通透、持久、稳定。

发音时,注意"啊"音不能太高,以中低音练习为主。先练习中音"啊",位置巩固后,再练习低音"啊"。

(三)"有啊"

在延长"啊"音的发音位置上,连续发低音的"有啊有啊有啊有"。发音时可将手放在胸前,体会胸腔的振动,胸腔集中振动的位置被称为"胸部支点"。"有啊"的发音越浑厚,胸腔的振动越明显。

这是一个低音专项练习,低音较弱者需着重练习。初始练习,可能会出现发不出低音,或者低音非常微弱的情况,这是因为喉部过紧导致胸腔共鸣缺失。解决办法是:喉部轻轻下移来放松喉部和下巴,给胸腔共鸣打开窗口。注意一定要用低音来带出共鸣振动,由弱渐强,不可一蹴而就。

(四)"大海你好"

在巩固了胸腔共鸣位置的基础上,先用中音发"大海你好"。注意"海"和"好"字处要把三声字调延长发音到位,音调高低跨度要大,体会在高低变化时声音宽厚度的稳定一致。中音位置巩固后,进行上下台阶音高变化练习。依次以中音、中高音、最高音、中高音、中音,再以中低音、低音、中低音、中音来发"大海你好"。每一次发音要求标准到位,求质而不求量。

这是一个高低音拓展练习。对于擅高音者,要着重练习低音部分;反之,则要多拓展高音能力。

四、声调训练

(一)数八拍

数数是一个看似简单的练习,实则却是说好普通话的基础。很多人数字说得不够清楚,不仅仅是因为吐字归音无力,更是因为声调不到位。阴阳上去分明是说好标准普通话的前提。

数数练习首先要找到发声训练时小腹的位置,也就是我们练习"嘿哈"时丹田的用力之感。在这个位置上我们用"1、2、3"来替换"嘿哈"的发音,体会吐字结实有力、落地为钉的感觉,同时把音调的音域和时长拉开,体会每一个数字发音时吐字归音的过程,一个个数字就像一颗颗珍珠一样饱满圆润,口腔动作由闭到开再到闭,成一个个"枣核"形。

与此同时,注意每个数字的不同声调要准确到位。

"1、3、7、8"是一声(阴平),声音要画一条高而平的直线"—"。声音不能有高有低,要用力均匀稳定。

"10"是二声(阳平),声音要低起高走,画一个直上的斜线"╱"。若向上扬起得不够,音调则不达标。注意阳平不能拐弯发音,要直线向上。

"5、9"是三声(上声),声音要先降后扬,画一个平滑的对勾"√"。注意对勾的拐弯要自然平滑,不能硬拐,而且对勾的尾巴要高于起点。

"2、4、6"是四声(去声),声音要高起低走,画一个直下的斜线"╲"。有些人发去声起音不够高,落点不够低,音调太平。注意去声的起落高度跨度要大,发声速度要快,干脆到位。

在每一个数字发音标准的基础上,练习"数四个八拍"。

第一个八拍,语速正常,每一个数字的吐字归音和声调要标准到位。

第二个八拍,语速较快,在字音标准的基础上,缩短字音时长,但字音动程不变,唇舌和气息速度加快,加快发音的速度。

第三个八拍,语速较慢,拉长每个字音的时长,字音延长且立字充分,字间不停顿,一个八拍用一口气完成,体会气息的饱满和声音的张力。

第四个八拍,语速正常,体会发音的稳健和自如。

注意四个八拍各用一口气,一个八拍一气呵成不要换气,每句话之间要换气自如。

(二) 四声

四声练习是说好普通话声调的基础训练。在明确了四声的具体调值后,要在脑海中画出一个"五度音调图",由低到高从1度到5度,尽量把五度的距离拉开,跨度加大,并且伸出一个手指,一边画出调值图,一边发音,注意发音时音调要夸张拉开。

用普通话声母分别与a音相拼,"ba、pa、ma、fa、da、ta、na、la、ga、ka、ha、jia、qia、xia、zha、cha、sha、ra、za、ca、sa",每一个音节要发出标准的四声调值,反复加强练习,形成熟练的下意识发音。

(三) "好""美""满"

在四个声调中,上声是很多人的发音难点。问题集中在"上声拐弯太生硬"和"上声尾巴太低"两个方面。我们可以单独发"好""美""满",每一个字的动程要拉开延长,一个字音保持2—3秒。发音要随着手指画出一个鲜明的对勾,体现上声"214"的调值。注意上声先降后扬的过程要均匀流畅,声音保持稳定统一。

朗诵的发声深受歌唱发声的影响。朗诵与歌唱的气息方式有着异曲同工之处,同样都是各发音器官协调配合发出声音。当然,朗诵与歌唱也有不尽相同之处。了解朗诵与歌唱发声的异同,有助于我们更好地理解和掌握人体发声的科学方法。

第一,发声方向不同。

歌唱时要求声音"竖"起来,高音发声是从头顶出来的;朗诵时要求声音从胸窝(两侧锁骨之间)出来,并横向向前送出,传到受众耳朵。

第二,练声方法不同。

歌唱练声主要是"爬音"练习,从较低音开始,每次向上爬1度,一直唱到最高音,尽量保持发声位置不变;朗诵练声包括口部操、气息、发声、字词、绕口令、古诗词等。

第三,声音能力不同。

歌唱者需要拓展音域,以适应歌曲中最高音和最低音的演唱;而朗诵者以中低音训练为主,主要练习声音的稳定、持久和力量。

第四,吐字方式不同。

歌唱时要求口腔竖起,打开后声腔,口腔开度很大,咬字位置靠后,吐字的作用更多的是呈现美好音色;朗诵时要求口腔做到"提、打、挺、松",口腔有一定开度,咬字位置在口腔中央,吐字不仅仅是为了展现音色,更多是为了表情达意。

第五,发声目的不同。

歌唱是一门展现人声与音律和谐之美的艺术,而朗诵则更注重文字内容和情感的表达与传递。

我们需要明确朗诵发声的路线:朗诵发声时,喉部发出的声束沿着软腭、硬腭中纵线向前,一直冲击到硬腭前部,使整个字音形成着力点,声音仿佛挂在前腭(人中)的位置。而朗诵发声的感觉是从小腹(丹田)的位置开始的。感觉气息从小腹站定处拉出一条带子,一直往上经过软腭、硬腭,再到前腭,并继续向前延伸,声音通达悦耳。

此外,我们绝不建议单纯的音色模仿。因为,每个人的音色都是独一无二的,模仿他人的声音是不好的习惯,经过模仿的声音并不是自己本真的音色,而是有意识地利用喉部的挤压、口腔的变形、刻意的气息等方式来尽量接近被模仿对象的音色,这样会对我们的发音器官造成损害,更不利于自身嗓音的健康。

【作品训练】

闻官军收河南河北

杜 甫

剑外忽传收蓟北,初闻涕泪满衣裳。
却看妻子愁何在,漫卷诗书喜欲狂。
白日放歌须纵酒,青春作伴好还乡。
即从巴峡穿巫峡,便下襄阳向洛阳。

(选自《全唐诗》)

背景分析

本诗作于唐代宗广德元年(763 年)春天。杜甫是一个热爱祖国而又饱经丧乱的诗人。当时杜甫放弃做官,流落四川,虽然躲避了战乱,生活相对安定,但仍心系苍生,胸怀国事。

持续八年之久的"安史之乱"宣告结束,国家统一。听闻这个大快人心的消息后,杜甫欣喜若狂,遂写下这首"生平第一快诗"。诗的前半部分写初闻喜讯的惊喜,后半部分写诗人手舞足蹈做返乡的准备,凸显了急于返回故乡的欢快之情。全诗情感奔放,处处渗透着"喜"字,痛快淋漓地抒发了作者无限喜悦兴奋和向往安定的爱国之情。

基调用声

这是一首叙事抒情诗,朗诵基调应该是豪迈喜悦的。用声高亢有力,节奏稍快,语调跳跃上扬,情绪激动,重音突出,以抒发狂喜之情。

朗诵指导

第一句:开门见山,剑门外忽传收复蓟北的消息,诗人喜极而泣。朗诵时用陈述的语气,悲喜交加,虚实声结合,句尾上扬。

第二句:喜悦之情溢于言表,朗诵声音渐高渐强,节奏加快。

第三句:明媚的春光伴随作者还乡,喜悦之情抒发至极。朗诵声音高亢响亮,以实声为主,气息饱满充足,情绪放纵豁达。

第四句:小船一路飞快行驶,作者回乡心情迫切。两句一气呵成,语势上扬,节奏加快,直抒胸臆。

【要点小结】

1. 口部操

(1)啃苹果;(2)撮唇;(3)双唇打响;(4)弹舌;(5)绕舌

2. 气息训练

(1)闻花香;(2)吹手指;(3)叹气

3. 发声训练

(1)嘿哈;(2)延长"啊"音;(3)"有啊";(4)"大海你好"

4. 声调训练

(1)数八拍;(2)四声;(3)好美满

第四章 情感调动

古往今来，无数经典文学作品在字里行间中承载着作者内心丰富的态度和感情。情感是朗诵创作的根基，是艺术创作的灵魂，是有声语言的生命。朗诵者要掌握情景再现、形象感受、逻辑感受等表达技巧，赋予作品真挚的灵魂。

情景再现的步骤包括理清头绪、设身处地、触景生情、现身说法。形象感受包括视觉、听觉、味觉、嗅觉、触觉、空间知觉、时间知觉、运动知觉等。逻辑感受包括并列、对比、递进、转折、主次、呼应、总括等。具体感受是形象感受与逻辑感受的总和，整体感受是具体感受的进一步深化。

朗读的情感主要分爱恨悲喜、惊恐迟疑、冷热急缓、褒贬欲怒等，朗读的逻辑主要从并列与重复、递进与转折、对比与主次、条件与因果几个方面进行有针对性的训练。

第一节 情景再现

朗诵创作者要保有一颗童心，对文字稿件所描述的内容进行充分的、合理的想象，把一个个文字符号想象成一个个生动形象的画面，当我们看到这些活生生的形象图景，就会产生相应的内心感受，从而激发强烈的表达欲望。"文本中的人物、事件、情节、场面、景物、情绪等，在创作主体的脑海里应该像电影那样，形成连续的活动的画面；创作主体感受到了其中的形象'景'和神采'情'，从而达到情景交融的境界。这个过程就叫'情景再现'。"[①]

情景再现是播音创作中调动情感的重要方法之一，也是朗诵创作的重要表达技巧。情景再现的运用要把握三个关键词，即"感受、想象、表达"。感受是情景再现的

---

① 张颂.播音创作基础：第三版[M].北京：中国传媒大学出版社，2011：71.

基础,想象是情景再现的通道,而表达是情景再现的实现手段。

在朗诵创作中,情景再现的过程可以分为四个步骤,即理清头绪、设身处地、触景生情、现身说法。

一、理清头绪

理清头绪,是要我们对文字作品中的每个信息点进行梳理,把一个个信息构成的形象一一布局在脑海里。当我们拿到稿件时,先要依据稿件进行创造性的感知和设想,借助想象将其中的人、事、景、貌等进行具体再造,以便于在脑海中形成连续活动的画面,产生指导朗诵创作的真情实感。朗诵者要问自己:稿件是怎样开头与结尾的?内容是怎样变化和推进的?哪里是重点和特写?哪里是全景和概括?……对于这些要做到心中有数,成竹在胸。

> 未几,夫鼾声起,妇拍儿亦渐拍渐止。微闻有鼠作作索索,盆器倾侧,妇梦中咳嗽。宾客意少舒,稍稍正坐。
>
> 忽一人大呼:"火起。"夫起大呼,妇亦起大呼。两儿齐哭。俄而百千人大呼,百千儿哭,百千犬吠。中间力拉崩倒之声,火爆声,呼呼风声,百千齐作;又夹百千求救声,曳屋许许声,抢夺声,泼水声。凡所应有,无所不有。虽人有百手,手有百指,不能指其一端;人有百口,口有百舌,不能名其一处也。于是宾客无不变色离席,奋袖出臂,两股战战,几欲先走。
>
> 忽然抚尺一下,群响毕绝。撤屏视之,一人、一桌、一椅、一扇、一抚尺而已。
>
> ——《口技》

二、设身处地

设身处地,是要求我们朗诵时获取作品中的现场感,产生"我就在"的感觉,从而引起真情实感的抒发。朗诵创作是在稿件基础上进行的二度创作,倘若不够用心,就容易出现"说别人的话""读别人文章"之类的感觉,让人觉得朗诵的情感虚假。因此,朗诵者要把稿件中所叙述的一切,感知和设想为自己的亲眼所见、亲耳所闻和亲身经历,让自己完全进入稿件的规定情境中,而不是袖手旁观、事不关己。

齐越老师在谈及播音创作时曾动情地说,"你要玩真的"。所有的有声语言艺术创作都要坚持一个"真"字。真听、真看、真感受,在朗诵创作中是十分必要的。我们要真的听到文字中的声音,真的看到文字中的景象,真的感受到文字传递出的态度和情感,置身其中,感同身受。

> 大雪整整下了一夜。早晨,天放晴了,太阳出来了。推开门一看,嗬!好大的雪啊!山川、树木、房屋,全部罩上了一层厚厚的雪,万里江山变成了粉妆玉砌的世界。落光叶子的柳树上,挂满了毛茸茸、亮晶晶的银条儿;冬夏常青的松树和柏树,堆满了蓬松松、沉甸甸的雪球。一阵风吹来,树枝轻轻地摇晃,银条儿和雪球儿簌簌地落下来,玉屑似的雪末儿随风飘扬,映着清晨的阳光,显出一道道五光十色的彩虹。
>
> ——《第一场雪》

三、触景生情

当脑海里浮现出某些生活图景时,我们内心一定要积极地做出反应。文学作品总是融情于景,写景是为了抒情,朗诵者更应做到触景生情。"触景生情是情景再现的核心。"[①]好的朗诵者应该是一个情感丰富的人,受到一个具体情景的刺激能马上引发具体的情感,瞬间调动内心全部经验积累,激活全部认知神经。

拿到稿件之后,根据稿件所描绘的景物展开积极的想象,以文字触发自己积极的心理活动,在产生具体心理感受的基础上进行表达的设想,这就是触景生情。

> 这就是白杨树,西北极普通的一种树,然而决不是平凡的树!
>
> 它没有婆娑的姿态,没有屈曲盘旋的虬枝,也许你要说它不美丽,——如果美是专指"婆娑"或"横斜逸出"之类而言,那么白杨树算不得树中的好女子;但是它却是伟岸,正直,朴质,严肃,也不缺乏温和,更不用提它的坚强不屈与挺拔,它是树中的伟丈夫!当你在积雪初融的高原上走过,看见平坦的大地上傲然挺立这么一株或一排白杨树,难道你觉得树只是树,难道你就不想到它的朴质,严肃,坚强不屈,至少也象征了北方的农民;难道你竟一点也不联想到,在敌后的广大土地上,到处有坚强不屈,就像这白杨树一样傲然挺立的守卫他们家乡的哨兵!难道你又不更远一点想到这样枝枝叶叶靠紧团结,力求上进的白杨树,宛然象征了今天在华北平原纵横决荡用血写出新中国历史的那种精神和意志。
>
> ——《白杨礼赞》

[①] 张颂.播音创作基础:第三版[M].北京:中国传媒大学出版社,2011:72.

四、现身说法

朗诵者始终处于"我就在"作品情景中的状态,那么最终一步就是要把情景再现的过程转述出来。一切的内心视像与内在情感,最终都要体现在有声语言的表达上,这是我们"形之于声,及于受众"的最终目标。朗诵者绝不能是"茶壶煮饺子,有嘴倒不出",嘴皮子功夫一定要过硬。现身说法,要求我们内外兼修,夯实语言功力,丰富表达手段。

作品中的情景是作者对生活素材进行提炼和概括而成的,可以说稿件是一种生活的再现,而朗诵创作是稿件的二度创作,因而朗诵创作可以理解为是我们对于生活进行再现的过程。

在情景再现的过程中,需要注意三个问题。

(一) 目的

情景再现的运用要服从于稿件,服从于朗诵创作目的,该详则详,该略则略。不能一味地不顾实际情况,让情景再现泛滥,成了班门弄斧展示技巧的工具。

(二) 依据

情景再现的依据是稿件,要在认真分析和理解稿件之后,进行合理的想象。因此,情景再现受稿件的制约,想象不能撇开稿件,天马行空。

(三) 运用

准备稿件,是深刻理解、具体感受、明确目的、深化感情的过程,情景再现可以达到细致入微的程度,可以占用较长的时间。而在话筒前或舞台上进行正式的朗诵创作时,只需要重新唤起备稿时某一瞬间的具体感受,使情感一触即发,不需要面面俱到,以免节奏拖沓。

【作品训练】

造 访

覃子豪

夜,梦一样的辽阔,梦一样的轻柔
梦,夜一样的甘美,夜一样的迷茫
我不知道,是在梦中,还是在夜里
走向一个陌生的地方,殷殷地寻访

雨底街,是夜的点彩
雾里的树,是夜的印象
穿过未来派色彩的图案
溶入一幅古老而单调的水墨画里

无数发光的窗瞪著我,老远的
像藏匿在林中野猫的眼睛在闪烁
发著油光的石子路是鳄鱼的脊梁
我是蓦然的从鳄鱼的脊梁上走来

围墙里的花园是一个深邃的画苑
我茫然探索,深入又深入
在一个陌生的小门前停了足步
像是来过,因为我确知你曾在这里等我

(选自《覃子豪全集》)

背景分析

覃子豪(1912 年—1963 年),原名覃基,1954 年与钟鼎文、余光中、邓禹平、夏菁等发起创立"蓝星诗社",主编《蓝星周刊》、《蓝星诗选》和《蓝星季刊》,出版的诗集有《自由的旗》《海洋诗抄》《向日葵》《画廊》等。他主张"民族的气质、性格、精神等在作品中无形地表露",认为诗歌创作应该通过反映现实和人生来观照读者。

诗人 1935 年进入日本中央大学,积极参加进步学生的文艺活动,曾倡导"新诗歌运动"。此时期的诗作表现了执着青年对于生命的追寻,诗风明朗,现实感强。抗日战争中,他归国参加抗日文化活动,创作诗歌,主编文学副刊。《造访》写于蓝星诗社期间,诗人致力于台湾新诗的创作,他批判台湾新诗西化的主张,提出中国新诗应坚持民族主义。

基调用声

本诗朦胧梦幻,婉约含蓄,宁静平和。朗诵基调应柔和舒缓,表达出作者对于造访的美好情怀。朗诵声音虚实结合,用声不宜过高,以中低音区为主,语速放缓,气息绵柔。

朗诵指导

本诗可分为三个部分,第一节为造访的缘由,第二节和第三节为造访的过程,第四节为造访的结果。朗诵者要体现出层次感,着重于对画面的描绘,展现一个充满未知的花园世界。

第一部分:第一节,诗的开头揭露了诗人造访的缘由。开篇两句,格式工整对仗,朗诵时可注意节奏感和语流变化的把握;"辽阔"是重音,语气应坚定恳切;"轻柔"处语气柔缓,可加虚声,略延长;"甘美"是重音,偏实声,情绪饱满美好,"迷茫"语气轻柔,读出朦胧感,可加虚声;这些词均为诗人对"夜""梦"的描述,每个词的表达均要注意区别层次。"殷殷地"后重音,语气舒缓,用声较轻柔,表达诗人浓厚的情感。

第二部分:第二节和第三节,主要描写诗人在造访过程中看到的景与物。"点彩""印象"用重音强调;"穿过""溶入"两个动词,描述诗人在造访过程中的动作,朗诵语气要有动作感,生动形象;"一幅"后停顿,"水墨画"是重音,偏实声,强调主体。

"发光的窗""瞪着"是重音,偏实声,强调动作的状态;"眼睛"是重音,情绪略微惊奇;"石子路"是重音,语气天真烂漫,情绪美好积极;"鳄鱼的脊梁"是重音。诗人把"发光的窗"比作"野猫的眼睛",把"石子路"比作"鳄鱼脊梁",生动形象,传递出对待生活积极向上的美好态度。

第三部分:第四节,展现了诗人最终造访的结果。"画苑""探索"用重音强调,两个"深入"要有层次,用轻重音区分开,表达诗人对于即将抵达终点的期待;"小门"后停顿,用声较弱,可用虚声,通过表达描绘出"门"的大小;"等我"语气轻柔,增加虚声,可略延长,语调往低处走,营造静谧感。

【作品训练】

心田上的百合花(节选)

林清玄

①在一个偏僻遥远的山谷里,有一个高达数千尺的断崖。不知道什么时候,断崖边上长出了一株小小的百合。

②百合刚刚诞生的时候,长得和杂草一模一样。但是,它心里知道自己不是一株野草。

③它的内心深处,有一个内在的纯洁的念头:"我是一株百合,不是一株野草。惟一能证明我是百合的方法,就是开出美丽的花朵。"

④有了这个念头,百合努力地吸收水分和阳光,深深地扎根,直直地挺着胸膛。

⑤终于在一个春天的清晨,百合的顶部结出了第一个花苞。

⑥百合的心里很高兴,附近的杂草却很不屑,它们讥讽百合:"你不要做梦了,即使你真的会开花,在这荒郊野外,你的价值还不是跟我们一样。"

⑦百合说:"我要开花,是因为我知道自己有美丽的花;我要开花,是为了完成作为一株花的庄严使命;我要开花,是由于自己喜欢以花来证明自己的存在。不管有没有人欣赏,不管你们怎么看我,我都要开花!"

⑧在野草和蜂蝶的鄙夷下,野百合努力地释放内心的能量。有一天,它终于开花了,它那灵性的洁白和秀挺的风姿,成为断崖上最美丽的颜色。

⑨年年春天,野百合努力地开花,结籽。它的种子随着风,落在山谷、草原和悬崖边上,到处都开满洁白的野百合。

(选自《心田上的百合花》)

背景分析

林清玄(1953年—2019年),中国台湾人,当代作家、散文家、诗人和学者。他的作品《和时间赛跑》《桃花心木》《心田上的百合花》等被选入语文课本,他也被誉为"当代散文八大作家"之一。

《心田上的百合花》描写了生长在偏僻的山谷和断崖上的百合,克服艰难恶劣的环境,顽强生长的故事。百合努力地吸收水分和阳光,深深地扎根,直直地挺着胸膛,终于开出了大片美丽的花朵。

基调用声

本文的朗诵基调应该是坚定美好的,色彩是丰富多变的。用声甜美悦耳,吐字圆润轻巧,气息通畅自如,节奏明快多变。

朗诵指导

这篇散文的寓意鲜明易懂,它赞美的是百合不畏险阻、努力顽强的意志以及通过努力最终实现理想的行为。朗诵好这篇文章的关键是于对百合拟人化的再现。怎样把百合努力生长的心理过程表现出来呢?我们需要对朗读的内容进行大胆合理的想象,把文中的景物拟人化、情景化,通过有声语言生动再现出来。

第一段:要耐心讲述,有代入感。朗诵音高适中,语速较慢。

第二段:交代起因,做好铺垫。朗读时带着拟人化的思考的语气。

第三段:引入主题,充满希望。要将百合心里的想法表现得较为强烈,声音渐高,力量加强。

第四段:声音虽低,但陈述有力。

第五段:语气一转,声音渐高,语势上扬,达到小高潮。

第六段:杂草的语言要拟人夸张,带着蔑视讥讽的语气,语调弯曲。

第七段:百合的自述要坚定有力,三个"我要开花"语气渐强,语势上升。

第八段:语气加强,达到全篇高潮,要充分抒情,语言展开。

第九段:想象画面,置身其中,带着美好的希望。

【要点小结】

1. 理清头绪

2. 设身处地

3. 触景生情

4. 现身说法

第二节 语感敏锐

语言天赋对于朗诵创作来说非常重要,它决定了一个人对语言文字和声音的敏感程度。敏锐的语言感知能力是朗诵创作的前提和基础。当然,语感也是可以后天培养的,多听一些标准的普通话播读,比如新闻播音、纪录片配音、名家朗诵等,有利于我们培养敏锐的语感。

语感,指语言的感受能力,它对于朗读者来说是必不可少的。语言的感受能力关系到朗诵创作的生命力。由于每个人的学识、经历、修养、素质不尽相同,因此不同朗诵者对于同样的文字内容可能会有完全不同的感受体验,也就形成了不同的朗诵创作风格。

语感一旦成为朗诵者的下意识感受处理,那么随着语感而来的就是朗诵的"预感",即"在有声语言发出之前,作为创作主体,应该有一种前理解,还要有一种前感受。在这个基础上,语感处于萌发状态、跃动状态"[①]。朗诵的语感就好比人的直觉,人有感性的直觉也有理性的直觉,朗诵创作中的感受,包括形象感受与逻辑感受,具体感受与整体感受。朗诵者要透过作品文字感之于心,及于听众,达到与受众产生共鸣、感同身受的朗诵目的。

一、形象感受

诗歌朗诵创作常常会遇到很多景物意象的描写,朗诵者要具备较强的文字感受力,对于作品文字所描绘的各种景物形象进行具体生动的形象感受,并结合生活体验,展开丰富而细腻的体会。"形象感受就是播音员主持人充分调动各种感官和想象接受稿件所营造的情境的刺激,充分调动各种感官接受现实情境的刺激,从而产生内心情绪、态度的过程。"[②]

形象感受,一般包括视觉、听觉、味觉、嗅觉、触觉、空间知觉、时间知觉、运动知觉等,是由稿件引起的内心体验。比如,看到一望无际的大海,我们会心胸开阔舒畅;看到阴云密布和风雨交加,我们会心情忧郁低落;听到悦耳明亮的鸟鸣声,我们会感到喜悦与美好;闻到恶臭刺鼻,我们会反感躲避。而种种不同的感受和体验,会反映在我们

---

① 张颂.朗读美学:第三版[M].北京:中国传媒大学出版社,2010:67.
② 中国传媒大学播音主持艺术学院.播音主持创作基础[M].北京:中国传媒大学出版社,2015:52.

的声音和情绪的变化上。因此在朗诵创作中,我们要充分展现文字中蕴含的形象特征,以恰当的表达技巧准确刻画相应的形象感受。

在朱自清的《春》中有这样一段:

> 桃树,杏树,梨树,你不让我,我不让你,都开满了花赶趟儿。红的像火,粉的像霞,白的像雪。花里带着甜味;闭了眼,树上仿佛已经满是桃儿、杏儿、梨儿。花下成千成百的蜜蜂嗡嗡地闹着,大小的蝴蝶飞来飞去。

这段话里包含着视觉、听觉、嗅觉等多种形象感受,五彩缤纷的花朵、沁人心脾的香甜、蜂鸟鸣叫的音律、蝴蝶曼舞的动感,都需要朗诵者一一体会,仿佛置身春景之中,感同身受,由己及人。

再如岑参的《白雪歌送武判官归京》:

> 北风卷地白草折,胡天八月即飞雪。
> 忽如一夜春风来,千树万树梨花开。
> 散入珠帘湿罗幕,狐裘不暖锦衾薄。
> 将军角弓不得控,都护铁衣冷难着。
> 瀚海阑干百丈冰,愁云惨淡万里凝。
> 中军置酒饮归客,胡琴琵琶与羌笛。
> 纷纷暮雪下辕门,风掣红旗冻不翻。
> 轮台东门送君去,去时雪满天山路。
> 山回路转不见君,雪上空留马行处。

这是一首边塞诗,描写了西域八月飞雪的壮丽景色,书写塞外送别和雪中送客的情景,表现离愁乡思,却充满奇思异想,抒发了诗人浪漫的理想和壮逸的情怀。大地银装素裹,飞雪进入珠帘,打湿了军帐,天寒地冻不废拉弓操练,将士们且歌且舞,酣畅淋漓……一系列边塞场景如同电影般在脑海中浮现,调动起我们的视觉、听觉、触觉等多重形象感受。

二、逻辑感受

值得品读吟诵的经典文学作品,都是作者智慧与心血的结晶,其写作内容往往包含丰富的层次、结构、逻辑关系,需要我们细致分析和理解,具备一定的逻辑感受能力。逻辑感受,是指"对表述内容中的逻辑链条和语句目的进行感知,从而获得语言表述思路和意图的过程"①。

无论是文字写作还是言语表述,都是人们线性思维的具体体现。所谓线性思维,是指人们在思考与表达的过程中,只能专注于某一特定的内容,不能兼顾两件完全不相干的事情。线性表述的内容以不同时间节点为线索,被有序地串联在一起,形成一定的表述意义,从而达到一定的言语意图。

逻辑感受,一般包括并列、对比、递进、转折、主次、呼应、总括等多种感受,是对逻辑、语句目的、思路和意图的体会。比如张爱玲的《爱》中有这样一段话:

> 于千万人之中,遇见你要遇见的人。于千万年之中,时间无涯的荒野里,没有早一步,也没有迟一步,遇上了也只能轻轻地说一句:你也在这里吗?

这里"没有早一步"与"也没有迟一步",是递进关系,语气要加强,情绪要累积,体现有缘无分的痛心与遗憾。朗诵者要对文字中的关联词语和体现逻辑关系的重点词语进行深入理解,从而获取语句的深层次内涵。

三、具体感受

形象感受和逻辑感受都是体现在作品的具体语句或词语中的,是全篇稿件的一部分,也是朗诵创作的具体环节。因此,我们把形象感受和逻辑感受统称为朗诵创作的具体感受。在多重具体感受的基础上,我们还要立足全篇,有作品全局意识,统一朗诵基调,结合具体感受的变化,建立朗诵创作的整体感受。在老舍的《济南的冬天》里有这样一段:

> 对于一个在北平住惯的人,像我,冬天要是不刮风,便觉得是奇迹;济南的冬天是没有风声的。对于一个刚由伦敦回来的人,像我,冬天要能看得见日光,便觉得是怪事;济南的冬天是响晴的。自然,在热带的地方,日光是永远那么毒,响亮的天气,反有点叫人害怕。可是,在北中国的冬天,而能有温晴的天气,济南真得算个宝地。

这里除了对刮风、日光、温晴等意象进行形象感受以外,朗诵者还要调动逻辑感受,将北平、伦敦、济南不同地点的冬天气候给人的感受通过逻辑语气的变化展现出来。尤其是"在北中国的冬天,而能有温晴的天气"一句,要凸显对比反差的强调语气,体现济南冬天的气候的确难得。

---

① 中国传媒大学播音主持艺术学院.播音主持创作基础[M].北京:中国传媒大学出版社,2015:53.

四、整体感受

敏锐的语感不仅体现在对于词语和句子展现的具体形象和逻辑关系的理解与感受,朗诵者还要意识到,语感是立体的、动态的,朗诵创作应该是一个运动的、系统的、连贯的过程,需要朗诵者建立对作品的整体感受、整体把握,对于全篇带给人的综合体验成竹在胸,游刃有余。

整体感受不仅是各个具体感受的混合,更是具体感受的进一步深化。随着朗诵内容的推进,我们的思想感觉应当处于连续不断的运动和变化的状态。如毛泽东的《七律·长征》:

> 红军不怕远征难,万水千山只等闲。
> 五岭逶迤腾细浪,乌蒙磅礴走泥丸。
> 金沙水拍云崖暖,大渡桥横铁索寒。
> 更喜岷山千里雪,三军过后尽开颜。

1935年毛泽东率领中央红军越过岷山,长征即将结束。回顾一年来长征途中战胜的无数艰难险阻,他满怀喜悦的战斗豪情写下此诗。了解了写作背景我们得知,毛泽东把一切艰难困苦和千难万险都看得极为平常,因此在展现困难重重时不可过于沉重,而是要立足全诗英勇无畏的战斗豪情和意气风发的雄心斗志,牢牢把握全诗的整体感受。

【作品训练】

蝶恋花·春景
苏　轼

> 花褪残红青杏小。燕子飞时,绿水人家绕。
> 枝上柳绵吹又少,天涯何处无芳草。
> 墙里秋千墙外道。墙外行人,墙里佳人笑。
> 笑渐不闻声渐悄,多情却被无情恼。

(选自《苏东坡全集》)

背景分析

相传这首词是苏轼年近60岁被贬惠州时所作。苏轼一生历经坎坷,宦海浮沉,多次被贬,饱受漂泊流离之苦。这首词抒发了韶华易逝的失落心境和浮生颠沛的悲叹。

而"天涯何处无芳草"另拓出一片空远意境,作者不拘于伤感之情,换以豁达洒脱的胸怀。伤感之余,以超脱的态度淡化悲愁之情,充满生机与希望。

基调用声

这是一首婉约词,抒发了作者对春光流逝的惋惜和对自身命运的慨叹。朗诵基调应该是多情惆怅、无奈悲哀的。用声以中音为主,气息平和低缓,节奏舒缓,语气平和宁静。

朗诵指导

第一行:花虽将尽,果却待熟,展现生与衰的对立,描写富有生活气息的乡村图景。开篇声低语轻,节奏平缓,气息平和,带着对春花凋落的无奈感伤。

第二行:柳絮渐少,但不要担心,茂盛的芳草到处可见。此句展现了作者旷达的胸襟与眼界。朗诵用声渐高渐强,虚实声结合,展开抒情。

第三行:围墙里少女动听的笑声,墙外依稀能听见。墙里墙外重复,句句紧接,错落有致。

第四行:墙里的笑声渐渐听不见了,仿佛自己的多情被伤害。作者以此自嘲不公的命运,抒发遭到无情对待的悲哀。

【作品训练】

春

朱自清

①盼望着,盼望着,东风来了,春天的脚步近了。

②一切都像刚睡醒的样子,欣欣然张开了眼。山朗润起来了,水涨起来了,太阳的脸红起来了。

③小草偷偷地从土地里钻出来,嫩嫩的,绿绿的。园子里,田野里,瞧去,一大片一大片满是的。坐着,躺着,打两个滚,踢几脚球,赛几趟跑,捉几回迷藏。风轻悄悄的,草软绵绵的。

④桃树,杏树,梨树,你不让我,我不让你,都开满了花赶趟儿。红的像火,粉的像霞,白的像雪。花里带着甜味;闭了眼,树上仿佛已经满是桃儿、杏儿、梨儿。花下成千成百的蜜蜂嗡嗡地闹着,大小的蝴蝶飞来飞去。野花遍地是:杂样儿,有名字的,没名字的,散在草丛里像眼睛像星星,还眨呀眨。

⑤"吹面不寒杨柳风",不错的,像母亲的手抚摸着你,风里带着些新翻的泥土的气息,混着青草味儿,还有各种花的香,都在微微润湿的空气里酝酿。鸟儿将巢安在繁

花嫩叶当中,高兴起来,呼朋引伴的卖弄清脆的歌喉,唱出婉转的曲子,跟清风流水应和着。牛背上牧童的短笛,这时候也成天嘹亮地响着。

⑥春天像刚落地的娃娃,从头到脚都是新的,它生长着。

⑦春天像小姑娘,花枝招展的,笑着,走着。

⑧春天像健壮的青年,有铁一般的胳膊和腰脚,领着我们向前去。

(选自《朱自清全集》)

背景分析

朱自清(1898 年—1948 年),原名自华,号秋实,后改名自清,是中国近代散文家、诗人、学者和民主战士。著有散文集《背影》《你我》等。

《春》写于朱自清刚刚漫游欧洲回国之时,他不仅缔结了姻缘,喜得了贵子,又出任了清华大学中国文学系主任,可谓好事连连、春风得意。虽然置身污浊黑暗的旧中国,朱自清的心灵世界仍然是一片澄澈,他的精神依然昂扬向上。所以,《春》描画的这一幅蓬勃的春景图,也是朱自清对自由、美好境界的向往。

基调用声

《春》的朗读基调应该是热情美好、充满希望的。朗读节奏是轻快型的。用声甜美自然,语势多上扬,情绪欢乐明快,气息通达爽朗。在描绘春景时,要细腻地感受和体会,用语言细致入微地表现每一种景物的细节及感受。

朗诵指导

第一段:带着欣喜的盼望之情,语势上扬。抓住"来""近了"等重音。

第二段:用细腻生动的语言,描述万物复苏、生机勃勃的景象。

第三段:由近及远,"小草""钻""一大片""坐着""躺着"等词要重点展开,情景再现,活泼轻快。

第四段:节奏加快,语言生动多变。"桃树,杏树,梨树"处要真看、真想它们争先恐后开花的热烈情景,"红的、粉的、白的"要充分情景再现,"甜味""蜜蜂嗡嗡"要调动嗅觉和听觉感受,充分表现美景的赏心悦目。

第五段:节奏渐慢,宁静美好。以古诗开头,要带着韵律美感,"母亲的手"处要调动触觉感受,表现泥土和花香要调动嗅觉感受,表现鸟儿的歌声要调动听觉感受。语言随着不同感受不断变化,节奏渐渐加快,语势上扬,表现万物复苏、怡然自得之感。

第六段:以稚嫩天真的语气描绘春天像"娃娃",语势上扬,充满希望。

第七段：以活泼美好的语气描绘春天像"小姑娘"，节奏欢快，带着美好。

第八段：以结实有力的声音描绘春天像"青年"，语势继续上扬，充满力量。

【要点小结】

1. 形象感受

形象感受包括视觉、听觉、味觉、嗅觉、触觉、空间知觉、时间知觉、运动知觉等。

2. 逻辑感受

逻辑感受包括并列、对比、递进、转折、主次、呼应、总括等。

3. 具体感受

具体感受是形象感受与逻辑感受的总和。

4. 整体感受

整体感受是具体感受的进一步深化。

第三节　情感真挚

情感真挚，是朗诵创作的基本要求。在朗诵创作中，情感不能浮于表面，没有内涵，虚情假意，令人反感。朗诵艺术创作要求朗诵者具备真挚的情感，与作品同呼吸，与作者共命运，引发听众的情感共鸣。

情感共享，是朗诵创作的根本宗旨。朗诵创作中的情感共享，需要朗诵者理解文字内涵，感受作品情感，以恰当的声音形式将作品音声化，从而寄情于声、及于受众。

人类情感丰富交叠，爱恨悲喜、惊恐迟疑、冷热急缓、褒贬欲怒等都是常见的情感类型。本节我们分别讨论不同情感类型的语言样式技巧。

一、爱、恨、悲、喜

爱，包括敬爱、热爱、亲爱、厚爱等，语气多舒展。如：

不仅爱你伟岸的身躯，也爱你坚持的位置，足下的土地。

——《致橡树》

为什么我的眼里常含泪水，因为我对这土地爱的深沉。

——《我爱这土地》

恨，包括对立、厌恶的感情，像痛恨、怨恨、憎恨、嫉恨等，气息和吐字较为有力。如：

> 人的身躯,怎能由狗的洞子爬出!
>
> ——《囚歌》

悲,是一种伤心、悲痛、哀婉的感情,语势多下降,气息和吐字较为无力。如:

> 国破山河在,城春草木深。感时花溅泪,恨别鸟惊心。
>
> ——《春望》

> 春花秋月何时了?往事知多少。小楼昨夜又东风,故国不堪回首月明中。雕栏玉砌应犹在,只是朱颜改。问君能有几多愁?恰似一江春水向东流。
>
> ——《虞美人》

喜,是一种高兴、快乐、欣喜的感情,语势多上扬,气息上浮,吐字轻巧。如:

> 盼望着,盼望着,东风来了,春天的脚步近了。
>
> ——《春》

> 朝辞白帝彩云间,千里江陵一日还。
>
> ——《早发白帝城》

二、惊、恐、迟、疑

惊,常有吃惊、惊讶、震惊等感情,语势曲折蜿蜒,语速较快,吐字急促。如:

> 妈,你怎么来了!
> 你听,是谁在敲门?

恐,常有恐惧、害怕、紧张等感情,气息上提,吐字局促,语气强烈。如:

> 乌云越来越暗,越来越低,向海面直压下来。
>
> ——《海燕》

> 你在哪?别丢下我啊!

迟,常有彷徨、犹豫、摇摆等感情,心神不安、进退两难、拿不定主意。语速较慢,语句平缓,带着思考的语气。如:

> 到底要不要走上前去和他解释清楚,她犹豫着。

疑,常有质疑、否定、问询等语气,语势多上扬。如:

> 这幅画真的是你画的?

三、冷、热、急、缓

冷，指冷淡、漠然，有时是冷若冰霜，有时是不苟言笑、严肃郑重，语势多下降。如：

> 寻寻觅觅，冷冷清清，凄凄惨惨戚戚。乍暖还寒时候，最难将息。三杯两盏淡酒，怎敌他，晚来风急！
>
> ——《声声慢》

> 没有什么可说的了，你走吧。

> 你们应该下来看一看，不要总是开会、画圈圈！

热，指热情亲切、积极美好，或活泼顽皮，或激昂奔放，语势多上扬。如：

> 你从雪山走来，春潮是你的风采；你向东海奔去，惊涛是你的气概。
>
> ——《长江之歌》

> 一个十六七岁的小姑娘，活灵活现地站在我眼前了。

急，指紧迫、急切、心急如焚，节奏紧凑，吐字快而促。如：

> 大海抓住金箭似的闪电，把它熄灭在自己的深渊里。闪电的影子，像一条条的火舌，在大海里蜿蜒浮动，一晃就消失了。
>
> ——《海燕》

> 喂，是120吗？这里有一个突发心脏病患者急需救治，请马上派救护车来！

缓，指舒缓、悲缓、沉缓的色彩，或平和舒畅，或悲伤沉缓，或沉重坚定，语速较慢，吐字归音清楚完整。如：

> 千山鸟飞绝，万径人踪灭。
>
> ——《江雪》

> 沉舟侧畔千帆过，病树前头万木春。
>
> ——《酬乐天扬州初逢席上见赠》

> 为了这个班，为了整个潜伏部队，为了这次战斗的胜利，邱少云像千斤巨石一般，趴在火堆里一动不动。
>
> ——《我的战友邱少云》

四、褒、贬、欲、怒

褒，指肯定、认可、赞许、表扬的情感，语气积极，语势多上扬。如：

将军百战死,壮士十年归。

——《木兰辞》

黄沙百战穿金甲,不破楼兰终不还。

——《从军行》

贬,指否定、指责、批评的情感,语气消极,语势多下降。如:

安能摧眉折腰事权贵,使我不得开心颜。

——《梦游天姥吟留别》

去罢,野草,连着我的题辞!

——《野草》题辞

欲,指需求、希望、思念、期待等感情,语气绵长悠远。如:

何当共剪西窗烛,却话巴山夜雨时。

——《夜雨寄北》

冬天来了,春天还会远吗?

——《西风颂》

怒,指生气、愤怒的情感,语气强烈,吐字有力,气息急促。如:

我的大炮就要万炮轰鸣,我的铁甲就要隆隆开进!我的千军万马正要去杀敌!去拼命!去流血!可就在刚才,有这么一位神通广大的贵妇人,她竟有本事从千里之外把电话打到我这前沿指挥所。在这种关键时刻,我的电话分分秒秒千金难买!……她来电话干什么呀?让我关照她的儿子。我不管她是天老爷的夫人还是地老爷的太太,谁敢把后门走到我这流血牺牲的战场上,没二话,我雷某要让她的儿子第一个扛上炸药包,去炸碉堡!去炸碉堡!

到底是谁干的,今天不说实话,谁也不许走!

——《高山下的花环》

【作品训练】

蜀 相

杜 甫

丞相祠堂何处寻?锦官城外柏森森。
映阶碧草自春色,隔叶黄鹂空好音。

三顾频烦天下计,两朝开济老臣心。

出师未捷身先死,长使英雄泪满襟。

(选自《全唐诗》)

背景分析

唐肃宗乾元二年,杜甫结束了4年的颠沛流离生活来到成都,在朋友的资助下定居。第二年的春天,他探访了诸葛武侯祠。虽怀有"致君尧舜"的政治理想,但他仕途坎坷,抱负无法施展。当时安史之乱尚未平息,杜甫目睹国势艰危、生民涂炭,而自身又请缨无路、报国无门,所以对开创基业、挽救时局的诸葛亮无限仰慕、倍加敬重。因此写下了这首感人肺腑的千古绝唱。

本诗前两联描写祠堂的地理位置和环境特征,渲染寂静肃穆的气氛,流露出诗人对于忠君爱国的诸葛亮的仰慕之情。后两联是对其政治活动的概述,功业未遂却留给后人无限怀念,表达了赞美和惋惜之情。

基调用声

这是一首咏史诗,朗诵基调应该是悲壮惋惜、沉郁顿挫的。朗诵用声低沉,苍劲有力,可虚实声结合,气息低缓,节奏沉缓,情绪悲痛惋惜。

朗诵指导

第一句:以问答起句,一问一答突出感情起伏不平,"何处寻"要加强语气,体现诗人访庙吊古之思的急切。"柏森森"描写柏树成荫,高大茂密,使人联想到诸葛亮的形象,不禁肃然起敬,语势下降。整体语势呈波峰类。

第二句:武侯祠内春意盎然,但诗人却充满惆怅。"自""空"是此联之眼,作为重音处理。以乐景衬哀情,情景交融,流露出对诸葛亮的深沉悲痛,反映出诗人忧国忧民的爱国精神。

第三句:赞颂诸葛亮的一生,朗诵抓住"天下计"和"老臣心",整体语势要高昂,表达诸葛亮的匡时雄略和报国热忱,寄托诗人对国家未来的美好憧憬。

第四句:抒发对诸葛亮的景仰和痛惜之情,也是对自己壮志未酬的叹息,更是对千古志士人生遗憾的感慨。"泪满襟"处停顿,语势下降,放慢减弱,可用虚声。

【作品训练】

我爱这土地

艾 青

假如我是一只鸟,

我爱这土地

> 我也应该用嘶哑的喉咙歌唱：
> 这被暴风雨所打击着的土地，
> 这永远汹涌着我们的悲愤的河流，
> 这无止息地吹刮着的激怒的风，
> 和那来自林间的无比温柔的黎明……
> ——然后我死了，
> 连羽毛也腐烂在土地里面。
> 为什么我的眼里常含泪水？
> 因为我对这土地爱得深沉……

（选自《艾青诗选》）

背景分析

艾青(1910年—1996年)，原名蒋正涵，浙江金华人，中国现代诗的代表诗人之一，主要作品有《大堰河——我的保姆》《黎明的通知》《光的赞歌》等。艾青喜欢描写太阳、火把、黎明等事物，以表现他对黎明、光明、希望的向往与追求。他的诗歌紧密结合现实，富于战斗精神，继承了"五四"新文学的优良传统，也成就了新诗的发展。

1938年10月武汉失守，艾青和许多仁人志士一同撤出武汉，汇集在桂林。怀着对祖国的挚爱和对侵略者的仇恨，他写下了这首《我爱这土地》，借此抒发其至死不渝的深沉的爱国之情。

基调用声

本诗的朗诵基调是深沉坚定的，诗人对祖国的热爱情真意切。朗诵节奏是沉缓型的。用声较低，气息沉闷凝滞，语气低沉，语势多下降，情绪悲凉而又坚定。

朗诵指导

第一、二行：诗人以鸟儿"嘶哑"的歌喉自比，朗诵时用坚定陈述的语气。

第三、四、五行：描写了战乱之下的黑暗环境，朗诵语气低沉紧张，语势下降。

第六行：描绘了诗人理想中的温柔黎明，朗诵语气较轻、美好，语势上扬。

第七行：要有一个较长的停顿，表示转折——为了黎明我献出了生命，"我死了"语势下降，缓收。

第八、九行：语气加强，"为什么"要有疑问句的强烈语气，有热泪盈眶的激动状态。

最后一句是中心句，"土地"要厚重扎实有力，"爱"要深沉而真挚。

【要点小结】

1. 爱、恨、悲、喜
2. 惊、恐、迟、疑
3. 冷、热、急、缓
4. 褒、贬、欲、怒

第四节　逻辑鲜明

朗诵创作是一种艺术的表达，朗诵创作者多是感性大于理性的人。在诗歌朗诵创作中，感性的作用举足轻重。但在一些情节复杂的长篇小说中，更需要播讲者保持理性的头脑，理清故事众多角色的线索与关系。因此，播讲者要具备鲜明的逻辑思维，将各种逻辑关系用恰当的表达技巧形之于声、及于听众。

本节重点讨论并列与重复、递进与转折、对比与主次、条件与因果等常见的逻辑关系表达技巧。

一、并列与重复

在言语表达中，并列关系较为常见。并列有多个层次，词语、句子、段落、章节都可能是并列关系。一些并列关系往往结合总分结构展开，先总括说明，在分别并列阐述。并列关系的朗读要用"平等"的语气，无论并列数量多少，都要一视同仁，不偏不倚。如：

有人爱雾，爱它的朦胧，爱它的缥缈；有人爱霜，爱它的洁白，爱它的淡雅；有人爱露，爱它的晶莹，爱它的娇小；更有人爱雪，爱它的纯洁，爱它的素雅。

重复，也是一种修辞手段，起到再次强调的作用。有些是语句重复，即词语内容完全相同；有些是语义重复，即同样的意思用不同的语句表述。重复关系的朗读要用加强的语气，表现出思想内容的前进态势。如：

伟大、光荣、正确的中国共产党万岁！伟大、光荣、英雄的中国人民万岁！
——习近平在庆祝中国共产党成立100周年大会上的讲话

可是"友邦人士"一惊诧，我们的国府就怕了，"长此以往，国将不国"了，好像失了东三省，党国倒愈像一个国，失了东三省谁也不响，党国倒愈像一个国,失了东三省只有几个学生上几篇"呈文",党国倒愈像一个国,可以博得"友邦人士"的夸奖,永远"国"下去一样。

——《友邦惊诧论》

二、递进与转折

递进,表现事物内涵的进一步发展和程度的加深。呈递进关系的语句,往往前半部分语气较弱,而后半部分语气较强。"不但""而且""又""更"等是递进的标志性关联词语。也有一些递进语句没有标志性关联词语,需要格外注意。如:

无边落木萧萧下,不尽长江滚滚来。

——《登高》

莫愁前路无知己,天下谁人不识君。

——《别董大》

长风破浪会有时,直挂云帆济沧海。

——《行路难》

转折,是指语意由一个方向转到另一个方向,朗读语气的重点往往放在转折关系的后半部分。"但是""然而""却"等是转折的标志性关联词语。

野火烧不尽,春风吹又生。

——《赋得古原草送别》

山重水复疑无路,柳暗花明又一村。

——《游山西村》

踏破铁鞋无觅处,得来全不费工夫。

——《绝句》

三、对比与主次

对比,是一种重要的艺术表现手段,通过强烈的反差来凸显某一思想内涵,在言语表达中也能起到较好的效果。我们要充分理解事物之间的区别和反差,体会其中蕴含的意义和道理,才能将言语对比效果恰当表达出来。

朱门酒肉臭,路有冻死骨。

——《自京赴奉先县咏怀五百字》

四海无闲田，农夫犹饿死。

——《悯农》

少壮不努力，老大徒伤悲。

——《长歌行》

主次，是言语表达中常见的逻辑关系，想要表达意思，必然有主有次。只有集中力量表达主要矛盾，才能达到语言目的。否则就是眉毛胡子一把抓，不分轻重缓急。

水陆草木之花，可爱者甚蕃。晋陶渊明独爱菊。自李唐来，世人甚爱牡丹。予独爱莲之出淤泥而不染，濯清涟而不妖。……予谓菊，花之隐逸者也；牡丹，花之富贵者也；莲，花之君子者也。

——《爱莲说》

惜秦皇汉武，略输文采；唐宗宋祖，稍逊风骚。一代天骄，成吉思汗，只识弯弓射大雕。俱往矣，数风流人物，还看今朝。

——《沁园春·雪》

四、条件与因果

条件，是指事物存在或出现的前提，"只要""只有""如果""就"是条件关系的标志性关联词语。其中，"只有""才"一般指必要条件，朗读时要有紧缩感。"只要""就"一般指充分条件，朗读时要有扩张感。

我如果爱你，绝不学攀援的凌霄花，借你的高枝炫耀自己。

——《致橡树》

中华民族波澜壮阔的奋斗历程告诉我们：只有自强不息才能把握命运，只有与时俱进才能跟上时代，只有改革开放才能强国富民，只有艰苦奋斗才能成就伟业。

——胡锦涛在十一届全国人大一次会议上的讲话

因果，是指前后表达内容互为原因和结果的关联结构，"因为""所以""由于""因此"等是因果关系的常用关联词语。朗读时要将事物的原因作为表述重点，增强表达的立体感和深度。

遥知不是雪，为有暗香来。

——《梅花》

问渠哪得清如许,为有源头活水来。

——《观书有感》

不畏浮云遮望眼,只缘身在最高层。

——《登飞来峰》

不识庐山真面目,只缘身在此山中。

——《题西林壁》

因为我们是为人民服务的,所以,我们如果有缺点,就不怕别人批评指出。不管是什么人,谁向我们指出都行。只要你说得对,我们就改正。你说的办法对人民有好处,我们就照你的办。

——《为人民服务》

【作品训练】

宣州谢朓楼饯别校书叔云

李　白

弃我去者,昨日之日不可留;
乱我心者,今日之日多烦忧。
长风万里送秋雁,对此可以酣高楼。
蓬莱文章建安骨,中间小谢又清发。
俱怀逸兴壮思飞,欲上青天览明月。
抽刀断水水更流,举杯销愁愁更愁。
人生在世不称意,明朝散发弄扁舟。

(选自《全唐诗》)

背景分析

《宣州谢朓楼饯别校书叔云》是唐代诗人李白在宣城与李云相遇并同登谢朓楼时创作的一首送别诗。此诗并不直言离别,而是重笔抒发诗人自己怀才不遇的激烈愤懑,灌注了慷慨豪迈的情怀,表达了对黑暗社会的强烈不满和对光明世界的执着追求。本诗抒发年华虚度、壮志难酬的苦闷,盛赞汉代文章、建安风骨及谢朓诗歌的豪情逸兴,最后流露出消极处世的情绪。全诗语言明朗朴素,音调激越高昂,达到了豪放与自然和谐统一的境界。

基调用声

这首诗先写虚度光阴、报国无门的痛苦,而后赞美主客双方的才华与抱负,最后以挥洒出世的幽愤作结。全诗感情色彩浓烈,情绪如狂涛漫卷,笔势如天马行空。悲却不哀,豪放洒脱。本诗的朗诵基调是低沉与高亢相间的,情绪大起大伏,语势波澜跌宕,需调动身体一切力量释放情绪,找到放荡不羁之感。

朗诵指导

第一二行:一见到好友,李白便将苦闷宣泄出来。两句句型相同但情绪递进,既有愤懑,但又极度洒脱。作者政治上受排挤、受谗毁,弃官飘摇,10年来作客他乡尝尽人间辛酸,如今可以一吐为快了。

第三行:描绘一派开阔景象,秋高气爽,风送秋雁,精神一振,烦恼尽扫,心情舒畅,酣饮高楼。朗诵语势上扬,体现爽朗快活之感。

第四行:以"建安骨"赞美李云的文章风格刚健。南朝"小谢"是指谢朓。李白自比小谢,流露出对自己才华的自信。

第五行:抒发了作者远大的抱负,"览"字手法夸张,富有表现力。朗诵语势上扬,一浪高过一浪,气势渐强。

第六行:"抽刀"一句比喻内心的苦闷无法排解,"举杯"一句道出了他不能解脱,只能愁上加愁的不得志的苦闷心情,离别的悲伤和不甘愤懑之情涌上心头。

第七行:这是诗人对现实不满的激愤之词。李白长期处于不称意的苦闷之中,不得不寻求另一种超脱,即"散发弄扁舟"。逃避现实虽不是他的本意,但当时他不愿同流合污,无路可走。

【作品训练】

囚 歌

叶 挺

为人进出的门紧锁着,
为狗爬走的洞敞开着,
一个声音高叫着:
爬出来呵,给你自由!
我渴望着自由,
但也深知道——
人的躯体哪能由狗的洞子爬出!
我只能期待着,
那一天——
地下的烈火冲腾,
把这活棺材和我一齐烧掉,
我应该在烈火和热血中得到永生!

(选自《黑牢诗篇》)

背景分析

1941年皖南事变,叶挺被国民党非法逮捕,在狱中他受尽各种苦刑仍坚贞不屈。

1942年,他在重庆渣滓洞集中营牢房的墙壁上写下了这首《囚歌》。诗歌揭露了国民党反动派的丑恶行径与本质,表现了革命者不屈的气节,抒发了为革命献身的壮志豪情。全诗明白晓畅,通俗易懂,语句脱口而出,感情炽烈,气势豪迈。

基调用声

《囚歌》的朗读基调应该是铿锵有力的,态度是坚定不移的。用声要气足刚硬,吐字铿锵有力,气息充沛扎实,情绪起伏高涨。

朗诵指导

诗中对于正义和理想的态度不仅是肯定的,而且是严肃的、直露的、坚定的。作者身陷囹圄却不屈不挠,面对敌人的诱惑毫不动摇,全诗充满豪情壮志,气贯长虹。"为人进出的门"和"为狗爬出的洞"要表现出鲜明的是非、好坏的对立态度。"人的身躯""狗洞""自由""永生"等用了简洁鲜明的对比,造就了恢宏高远的意境。

要注意去抓住意境的凝结点,也就是"诗眼"。"爬出来呵,给你自由"处的"自由"是反义的重音,要表达出对虚伪自由的厌恶;"得到永生"是一种挚爱和向往,一种坚定的信念,不宜过分呐喊,而应该表达出深沉的分量。

【要点小结】

1. 并列与重复
2. 递进与转折
3. 对比与主次
4. 条件与因果

第五章　朗诵技巧

朗诵的技巧,包括停连、重音、语气、语势、节奏五个部分。

停连,有落停、扬停、直连和曲连。停连的运用要以标点符号为参考,以语法关系为基础,以情感表达为根本。

重音的表达方法,有高低强弱法、快慢停连法和虚实结合法。重音的运用原则是少而精,有对比,讲分寸,多变化。重音的选择主要是陈述事实的核心词语,体现逻辑关系的词语,抒发情绪感受的词语和有特殊含义的主要词语。

语气,是指思想感情运动状态支配下语句的声音形式。它包括感情色彩和分量两方面,语气的感情色彩指是非和爱憎,语气的分量指浓淡和主次。

语势,是指一个句子在思想感情的运动状态下声音的态势,或者说是有声语言的发展趋向。语势的类型有波峰类、波谷类、上山类和下山类。

节奏,是指由整个文本生发出来的,创作主题思想感情的波澜起伏所造成的抑扬顿挫、轻重缓急的声音形式的回环往复。节奏的类型有轻快型、凝重型、低沉型、高亢型、舒缓型和紧张型。节奏的运用要做到欲扬先抑,欲抑先扬;欲快先慢,欲慢先快;欲重先轻,欲轻先重。

第一节　停　连

在言语表达中,停顿是必不可少的。我们不可能一口气说完一段话或者读完一篇作品。从生理上讲,一次呼吸的气息量和持续时间是有限的,中间要及时换气、补气;声带、唇舌等发音器官也需要短暂的休息调整;发声者和收听者都需要一个短暂的间歇去思考和缓冲。从心理上讲,朗诵中的停顿应服从作品思想感情表达的需要。随着思想感情的推进,需停则停,需停多久则停多久。在朗诵创作中,生理需要应服从朗诵创作的心理需要,不能因停害意、因停断情。

在语流中,有停顿的前提是有连接。停顿和连接是有声语言表达中明确语义、抒发情感的重要表达技巧。用一个停顿留白来强调,可能比高声呐喊更有力量;一个紧凑的连接,可以有效转换节奏,加强表达效果。

一、停连原则

在朗诵创作中,进行停顿和连接的处理要遵循三个原则。

(一)标点符号是参考

停连要参考标点符号,但停连与标点符号并不是一一对应的。遇标点就停,没标点就不停,是机械错误的朗读方法。我们要建立起适应听觉的创作意识,从有声语言表达角度对文字进行再度处理和转换,合理停顿,有机连接。

被国家列为六五、七五、八五重点艺术科研项目⌒和新闻出版署八五期间重点出版书目的∧中国十部民族民间文艺集成志书出版座谈会∧昨天在京举行。

此句中顿号的地方不能停顿,反而要做连接处理,否则就因停害意了。而句子后半部分比较长且没有标点符号,但是在朗读时要找到意思团的间隔处进行适当停顿。

(二)语法关系是基础

我们对于语言的理解与表达都是通过符合语法规范的词句变为现实的。语法是有声语言创作与表达的基础。如果语法关系处理不当,就会造成语义模糊混乱、产生歧义的情况。

(三)情感表达是根本

停连的运用不能机械教条,不能生搬硬套,一切停连都要立足于全篇的情感主旨,要按文意、合文气、顺文势。一切都要"从内容出发并符合思想感情运动的需要",整体把握、全面观照。

尤其一些表现区分语义、前后呼应、强调转换、并列分合、思考判断、回味咀嚼的地方,往往是需要运用停连技巧的地方。

二、落停与扬停

停顿的处理方法,主要有落停和扬停两种。

落停，一般用在一个意思表达完成后，有结束之感。停顿时间相对较长，句尾顺势而落，无论是强收、弱收、急收、缓收，都要有控制地停住，然后稳稳地换气。

扬停，一般用在意思没有表达完的分句或没有标点而需要停顿的地方，既区分语意，又表示连贯衔接。停顿时间较短，声停意不断，尽量不要换气补气，以免破坏连贯的语气。

春花秋月何时了？往事知多少。↘小楼昨夜又东风，故国不堪回首月明中。↘

——《虞美人》

一个偏僻遥远的山谷里，有一个高达数千尺的断崖。↗不知道什么时候，断崖边上长出了一株小小的百合。→

——《心田上的百合花》

以上两句的停顿都属于落停，是一个意思表达完后的停顿。落停的语势也会随着情感色彩的变化而变化，呈现下降、上扬、延展等不同形态。

你有你的铜枝铁干，↗像刀，↗像剑，↗也像戟；→
我有我红硕的花朵，↗像沉重的叹息，↗又像英勇的火炬。↘
我们分担寒潮、↗风雷、↗霹雳；我们共享雾霭、↗流岚、↗虹霓。→

——《致橡树》

以上段落中，几个意象的排比既要有停顿，又要有上下衔接连贯之意。因此，"刀""剑""戟"之间的停顿要短促有力，呈扬停态势。下文的并列意象也是如此。

三、直连与曲连

在朗诵创作中，连接的处理方法主要有直连和曲连两种。

直连，一般用在联系比较紧密的有标点符号却不停顿的地方，给人连接紧凑、节奏紧张之感。连接时，注意气息要充足持久，顺势连带，一气呵成。

曲连，一般用在既要区分意思又要连接的有标点符号的地方，尤其是一些排比句或顿号之间。这种连接要语气不断而语势有起伏变化，以便鲜明区分前后语意。

桃树，↗杏树，↗梨树，↗你不让我，我不让你，都开满了花赶趟儿。红的像火，↗粉的像霞，↗白的像雪。↘

——《春》

其中,"你不让我,我不让你"要做直连处理,虽有标点却不停顿,而是快速连接,体现万树繁花竞相争艳的生机勃勃。

> 我坚信人们对于我们的脊骨,↗
> 那无数次地探索、迷途、失败和成功,↗
> 一定会给予热情、客观、公正的评定,↘
> 是的,我焦急地等待着他们的评定。↘
>
> ——《相信未来》

这里"探索、迷途、失败""热情、客观、公正"分别是两组直连,顺势而上,不露接点,达到语气的紧凑和气势的增强。

> 在纷飞的战火中,你是那样刚强!敌人把你的城镇变成了废墟,你没有哭;敌人把你的家园烧成了灰,你没有哭;敌人杀死了你的亲人,你没有哭;敌人把你绑在大树上,烧你,烤你,你没有哭。你真是一把拉不断的硬弓,一座烧不毁的金刚!
>
> ——《依依惜别的深情》

这段话采用了排比句式,曲连的运用使每个小分句间既有区别,又有机地构成一个整体,体现语势的连贯和情感的推进。

【作品训练】

有的人
——纪念鲁迅有感
臧克家

有的人 活着,
他已经 死了;
有的人死了,
他还活着。

有的人
骑在人民头上:"呵,我多伟大!"
有的人

俯下身子 给人民 当牛马。
有的人
把名字刻入石头,想"不朽";
有的人
情愿作野草,等着 地下的火烧。
有的人
他活着别人就不能活;
有的人

他活着 ∧ 为了多数人更好地活。

骑在人民头上的，
人民 ∧ 把他摔垮；
给人民作牛马的，
人民永远 ∧ 记住他！

把名字刻入石头的，
名字比尸首烂得更早；

只要春风 ∧ 吹到的地方，
到处 ∧ 是青青的野草。

他活着别人就不能活的人，
他的下场 可以看到；
他活着为了多数人更好地活着的人，
群众 ∧ 把他抬举得很高，很高。

（选自《臧克家诗选》）

背景分析

臧克家（1905年—2004年），山东诸城人，杰出诗人，著名作家、编辑家，忠诚的爱国主义者。他是中国现实主义新诗的代表人物之一，曾任《诗刊》主编。他的第一部诗集是《烙印》，还有讽刺诗集《宝贝儿》、文艺论文集《在文艺学习的道路上》。他的作品被翻译成多种文字，在国内外产生广泛影响。

《有的人》是臧克家为纪念鲁迅逝世十三周年而写的一首抒情诗。诗人以高度浓缩概括的诗句，总结了两种人的人生选择和人生归宿，讴歌了鲁迅先生甘为孺子牛的一生，抒发了对那些为人民而活的人的由衷赞美。通篇使用对比，在对照中将两种截然不同的生命方式及历史结果艺术化地呈现。

基调用声

作品语言直接明快，观点立场鲜明，内容一针见血。诵读基调应坚定有力，以实声为主。气息扎实，语势起伏跌宕。

朗诵指导

第一节：两个"活着""死了"是重音，需要强调，也要注意区分。对两种人不同的情感要十分鲜明。

第二节："呵，我多伟大"可略延长，表达嘲讽。"当牛马"声音要浑厚有力，表达赞扬。"不朽"是反讽的手法，要表现出嘲讽。"情愿作野草"是重音，带着发自内心的赞美。"别人就不能活""为了多数人更好地活"这一组对比是重点，态度要非常鲜明地区别。

第三节："摔垮""永远记住"是重音，是人民对这两种人的不同态度，一褒一贬，立场一目了然。

第四节："刻""烂""吹到""野草"是重音，声音要实，态度立场坚定，"青青的野草"可略延长来表达赞美。

第五节:情绪要饱满浓烈,达到高潮。"下场""很高"是一组对比,是两种不同的人的结局,态度要鲜明。结尾的第二个"很高"处,声音要实,可略延长。

【要点小结】

1. 停连

停,指停顿;连,指连接。有停顿有连接,才能更好地表情达意。

2. 停连运用原则

标点符号是参考,语法关系是基础,情感表达是根本。

3. 停连的处理方法

落停、扬停、直连、曲连。

第二节 重 音

在朗诵创作的表情达意中,每个词语的地位和作用不尽相同,有的重要些,有的次要些。对于那些重要的、占主要地位的关键词语,朗诵时要着重强调,以突出明晰地表达具体的言语目的和思想感情。那些要着重强调的词语就是重音。

重音的运用,要以突出语言目的为首要标准,综合考虑思想感情和逻辑关系的需要,也要符合语流的变化。我们要从内容的高度着眼,精细地分析语句的实质,联系上下文,明确语句目的,然后根据遣词造句的情况,来确定重音的位置。做到主次分明,符合听说的正常习惯,自然流畅不生硬。

一、重音原则

在朗诵创作中,重音的处理原则主要包括两个方面,即重音的运用原则和重音的选择原则。

(一)重音的运用原则

重音的运用原则共有四点,即"少而精,有对比,讲分寸,多变化"。

1. 少而精

精,是指精准,要准确无误地抓住语义关键词。如果重音太多,反而成了没有重点。重音包括主要重音、次要重音、非重音,不同轻重程度可以运用不同的语言表达技巧。

2. 有对比

为了凸显语句内涵,遇到重音就要敢拎敢放,加大重音与非重音的对比,避免用力平均,毫无重点,语言平淡。

3. 讲分寸

避免重音表达的刻意僵化,不能一味地为了加强对比而去强调或者弱化某个词,突兀的起落变化会显得很不自然。一切表达都要服从语流自然变化的规律。

4. 多变化

在确定了重音之后,不同的重音,轻重的表达程度也是不同的。只有这样语言才是流动的、灵动的。

重音的选择,是建立在正确理解语句意思、明确语句目的的基础之上的。我们在选择重音词时,尤其要注意陈述事实的核心词语、体现逻辑关系的词语、抒发情绪感受的词语、有特殊含义的主要词语。

(二)重音的选择原则

在朗诵创作中,重音的选择原则有以下四点。

1. 陈述事实的核心词语

在朗诵作品中,一些能够交代主要信息点的词语、展现作者态度和判断的词语、能够揭示语句本质意义的占主导地位的词语,以及能够鲜明准确地传达语句目的的词语,需要做不同层次的重音处理。

2. 体现逻辑关系的词语

语句中常常会出现表示转折、对比、并列、递进、前后呼应等逻辑关系的词语,这些词语的重音表达,是保证语句意思准确清晰的基础。

3. 抒发情绪感受的词语

朗诵者要抓住一些起到修饰、描写、说明、限定作用的词语,尤其是一些用比喻、夸张等修辞手法,或者拟声词、象声词等来渲染气氛和意境的词语,以重音的方式进行展开表达,从而加强情绪情感的表达效果。

4. 有特殊含义的主要词语

在言语表达中,有时会有"言外之意""弦外之音",或者表达的是完全相反的意思。朗诵者要准确抓住具有特殊含义的词语,理解并表达出它的引申意义和相反意义。朗诵者只有对全篇内容有整体把握和深刻理解，才能准确表达这些特殊词语的深层内涵。

确定重音以后，想要恰当地表达出语句目的，还需要掌握重音的表达方法。强调重音并不是单纯地加重加强声音，一味地"硬砸"声音，朗诵中的重音要避免单调生硬。重音的表达方法是朗诵创作的重要处理技巧，主要有高低强弱法、快慢停连法、虚实结合法。

二、高低强弱法

在朗诵创作中，声音高低、轻重的不同层次变化是表达的重要手段。朗诵者要以对比手法为核心，欲高先低，欲强先弱，低后渐高，弱中渐强，这就是重音的高低强弱法。

我是你的十亿分之一，是你九百六十万平方的总和；你以伤痕累累的乳房喂养了迷惘的我、深思的我、沸腾的我；那就从我的血肉之躯上去取得你的富饶、你的荣光、你的自由——祖国啊，我亲爱的祖国！

——《祖国啊，我亲爱的祖国》

已经85天了，一条鱼也没有打到，老人已经精疲力竭了。

最近几天，没有雷雨，天气以晴为主。

任何困难都不能阻止他前进的步伐。

第二次上课，不但他没有来，而且全部男生都没有来，这下可把老师给气坏了。

三、快慢停连法

在朗诵创作中，把次重音或非重音快速带过去，就是"快"处理；遇到重音时，放慢或延长音节，就是"慢"处理。在强调重音时，可以在重音的前后运用停顿或连接。这种运用声音的长短、缓急、停连等变化来强调重音的方法就是快慢停连法。

听听，那冷雨。看看，那冷雨。嗅嗅闻闻，那冷雨，舔舔吧，那冷雨。

——《听听那冷雨》

这些石刻狮子，有的母子相抱，有的交头接耳，有的像倾听水声，千姿万状，惟妙惟肖。

——《中国石拱桥》

一面做,一面想。做,要靠想来指导;想,要靠做来证明。想和做是紧密地联结在一起的。

——《想和做》

他悄悄走到她的身后,一把抓起她挎在肩上的皮包,飞快地冲了出去。

四、虚实结合法

在朗诵创作中,声音的虚实变化是情感表达的主要手段。运用虚声、实声、虚实声的不同层次变化来强调重音的方法,就是重音表达的虚实结合法。

屋瓦上响起了哗哗哗的声音,击打在人的心上。

——《红岩》

风,呼呼地刮着。雨,哗哗地下着。黑暗笼罩着大地。

——《草地夜行》

云中的神啊,雾中的仙,神姿仙态桂林的山。山几重啊,水几重,水绕山环桂林城。

——《桂林山水歌》

执手相看泪眼,竟无语凝噎。念去去,千里烟波,暮霭沉沉楚天阔。

——《雨霖铃·寒蝉凄切》

宴酣之乐,非丝非竹,射者中,弈者胜,觥筹交错,起坐而喧哗者,众宾欢也。苍颜白发,颓然乎其间者,太守醉也。

——《醉翁亭记》

重音的处理和运用是朗诵创作中语言传情达意的基础,它直接关系语句目的的突出和情绪感受的呈现,在运用时要牢牢抓住语句目的和内在情绪,把握全篇,主次分明。重音的处理技巧灵活多样,在实际创作中各种方法并不是单独使用的,而是综合运用的,需要创作者用心体会语言表达中的千变万化。

【作品训练】

未选择的路
弗罗斯特

未选择的路

黄色的林子里有两条路,
很遗憾我无法同时选择两者

身在旅途的我久久站立
对着其中一条极目眺望

直到它蜿蜒拐进远处的树丛。

我选择了另外的一条,天经地义,
也许更为诱人
因为它充满荆棘,需要开拓;
然而这样的路过
并未引起太大的改变。

那天清晨这两条小路一起静卧在
无人踩过的树叶丛中

哦,我把另一条路留给了明天!
明知路连着路,
我不知是否该回头。

我将轻轻叹息,叙述这一切
许多许多年以后:
林子里有两条路,我——
选择了行人稀少的那一条
它改变了我的一生。

(选自《未选择的路·弗罗斯特诗选》)

背景分析

弗罗斯特是美国著名的现代诗人。他自幼喜好文学,自学写诗,20岁时在《纽约独立报》发表第一首诗歌《我的蝴蝶》。弗罗斯特的诗风创新了传统诗歌形式,他称之为"以旧形式表达新内容"。他擅长以象征性的手法描写自然景观和意象,成为美国最受欢迎的诗人之一。

本诗的创作灵感来自一个英国好友的善意玩笑,其中其实暗含些许讽刺,但被处理得非常巧妙。诗人明知写作这条路艰难,却依然执着地选择了诗歌创作的道路。本诗韵律优美,充满优雅的音乐感,文字朴实,传递出诗人对人生的深刻思考与感悟。

基调用声

本诗言语朴实、清新隽永、寓意深刻。朗诵基调应为宁静恬淡的,表达出诗人在面对选择时的踌躇、思索和丝丝遗憾,也传达了诗人对人生的思索。声音虚实结合,用声不宜过高,吐字轻柔,气息舒缓。

朗诵指导

全诗总共分为四节,每五行为一节。

第一节:写诗人在林间的分岔路口踌躇,充满沉思犹豫以及无奈无助之感。"两"是重音,强调路有两条,为后文诗人纠结选择哪一条路做铺垫;"极目眺望"读出视线的延伸感,可适当加些虚声。

第二节:写诗人选择了诱人而未知的一条路,语气坚定,暗含遗憾。"开拓"是重音,诗人选择的这条路困难重重,但诗人对自身的选择坚定不移。

第三节:写诗人踏上了自己选择的路,开始了艰难跋涉,但他对另一条未选择的路也仍有眷恋,语气要带着对过去的留恋不舍和对未来的担忧。

第四节:诗人遥想将来回顾往事,寄寓着无限的人生感慨,具有深刻的象征性和哲理性。这部分的朗诵应当带着惆怅深沉之感,抒发对人生的思索和叹息,意味深长,引人深思。"轻轻叹息"语气轻缓,略带虚声,表现惆怅感和些许无奈;"改变了"后停顿,重音;"我的一生"语速放缓,略微延长,意蕴深远。

【要点小结】

1. 重音的运用原则

少而精,有对比,讲分寸,多变化。

2. 重音的选择原则

(1)陈述事实的核心词语

(2)体现逻辑关系的词语

(3)抒发情绪感受的词语

(4)有特殊含义的主要词语

3. 重音的表达方法

(1)高低强弱法

(2)快慢停连法

(3)虚实结合法

第三节 语 气

在日常对话中,任何言语都会伴随一定的口气和语调,或平静陈述,或疑惑质问,或真切恳求,或由衷感叹。运用不同的语气变化,可以将同一句话表达出截然不同的意思。如"他走了"一句,可以变化语气色彩来表达陈述、疑惑、欢乐、悲伤、紧张、轻松等不同情感色彩。

一、语气内涵

我们常常用"口气""语调"代指"语气",它们的确有相近之处。在现代汉语中,句子有种种口气,例如肯定与否定、强调与委婉、活泼与迟疑等,都用于思想感情色彩的表达。句子的口气,与修辞、语法密切相关。而语调是语音学范畴的术语,语调形态与句子感情特点密切相关。在现代汉语中,句子里这种用来表达意思和感情的抑扬顿挫的调子,叫作语调。

对于朗诵创作来说,口气与语调的有机结合才能满足丰富的思想感情表达的需要。语气帮助朗诵者进行态度感情的表露。在朗诵创作中,语气是指"思想感情运动状态支配下语句的声音形式"。第一,具体的思想感情是语气的灵魂,在语气中处于支配地位。我们要把握语句所蕴含的思想感情,作为语气表达的内在依据。第二,声音形式是语气的外形,是具体思想感情的载体。语气的表达更加注重声音的外化和听觉的可感,强调准确而丰富的曲折变化。第三,语气以句子为单位。一篇文章会由多个句子组成,每个句子都有特定的意义,句子之间有区别也有联系,我们不仅要把握每个句子的共性语气,更要体现各句子的区别——个性语气,从而使语气表达更准确恰当、富有变化。

> 朋友,你到过天山吗?天山是我们祖国西北边疆的一条大山脉,连绵几千里,横亘准噶尔盆地和塔里木盆地之间,把广阔的新疆分为南北两半。远望天山,美丽多姿,那长年积雪高插云霄的群峰,像集体起舞时的维吾尔族少女的珠冠,银光闪闪;那富于色彩的连绵不断的山峦,像孔雀正在开屏,艳丽迷人。
>
> 天山不仅给人一种稀有美丽的感觉,而且更给人一种无限温柔的感情。它有丰饶的水草,有绿发似的森林。当它披着薄薄云纱的时候,它像少女似的含羞;当它被阳光照耀得非常明朗的时候,又像年轻母亲饱满的胸膛。人们会同时用两种甜蜜的感情交织着去爱它,既像婴儿喜爱母亲的怀抱,又像男子依偎自己的恋人。
>
> ——《天山景物记》

本段的感情色彩较为细腻,朗读语气要亲切,声音形式表现为气息平稳,轻而不着力,虚实结合,平中有变,平而不淡,追求声音在细微变化中的层次感。同时,需要注意语句中的逻辑语气和交流语气。

二、感情色彩

朗诵创作中的语气,包含语气的感情色彩和分量。把握恰当的语气,主要从语气的感情色彩和分量两个方面入手。

语气的感情色彩主要指作品中的是非和爱憎。是非,指具体的态度,如肯定、否定、严肃、活泼、支持、反对、赞扬、批评、坚定、犹豫等。爱憎,指具体的感情,如欢喜、悲伤、热爱、憎恨、热情、冷漠等。

朗诵中对于语气感情色彩的把握要准确贴切、丰富有个性。一方面,要把握不同语句之间感情色彩的差别,以及相似语气感情色彩的微妙细腻的差异。另一方面,朗诵创作中的语气既是作者作品的客观要求,也是朗诵者主观创作的能动追求,可以适当结合朗诵者的个性风格和创作特色。

①又是秋天,妹妹推着我去北海看了菊花。②黄色的花淡雅,白色的花高洁,紫红色的花热烈而深沉,泼泼洒洒,秋风中正开得烂漫。③我懂得母亲没有说完的话。④妹妹也懂。⑤我俩在一块儿,要好好儿活……

——《秋天的怀念》

以上是《秋天的怀念》的最后一段,主要表现在经历了双腿瘫痪和母亲病逝后"我"的转变。纵观全篇感情色彩,本段反映了作者从逃避、抵制生活到能够平静面对生活的心理变化,其中①②句可以用喜悦、轻松、活泼的感情色彩来表现;而③④句在平和的基础上,又增添了怀念和感悟的色彩;第⑤句增添了对生活信念的坚定之感。

三、语气分量

把握朗诵中的语气分量,主要有两个方面:一是对文字本身所包含的语气色彩浓淡的把握,二是对语句色彩在全篇整体中的主次分量的把握。在朗诵创作中,语气的浓淡和主次应尽量细化处理。语气分量的浓淡可以分为重度、中度、轻度等不同程度,语气分量的主次可以分为首要、次要、非重要等不同层级。朗诵者应该提升自身的语感敏锐度,将朗诵的语气表达处理得细腻、准确、到位。

军长轻轻地拂去战士肩上的积雪,猛然发现他身上竟然穿得那样单薄,单薄得就像一张纸。"棉衣,棉衣呢?为什么没有发给他棉衣?"军长两眼发红:"军需处长呢?"警卫员在发愣。"给我找军需处长。"还是没有人应声。"快,快给我找军需处长!"

——《军礼》

军长因战士被冻死而愤怒急迫,而且情绪不断增强,朗诵要抓住人物心理演变推进的不同层级变化,把握具体语句的个性语气分量。

【作品训练】

旅夜书怀
杜 甫

细草微风岸,危樯独夜舟。

星垂平野阔,月涌大江流。

名岂文章著,官应老病休。

飘飘何所似,天地一沙鸥。

(选自《全唐诗》)

背景分析

《旅夜书怀》作于唐代宗永泰元年。是年正月,杜甫辞去节度参谋职务,返回成都草堂。永泰四月,友人严武去世,杜甫在成都失去依靠,遂携家由成都乘舟东下,经嘉州、渝州,后抵达忠州创作了这首诗。在漂泊不定的夜里,诗人以此诗抒怀,抒发对自己身世际遇的感慨。

基调用声

本诗寄情于景,烘托出一个独立于天地之间的飘零形象,意境雄浑,弥漫着深沉凝重的孤独感。本诗的朗诵基调应该是沉郁顿挫、悲凉惆怅的。用声低沉,虚实声结合,气息低缓,语势多下降,节奏沉缓。

朗诵指导

第一联:微风吹拂着江岸上的细草,竖着高高桅杆的小船在月夜孤独地停泊着。诗人辞去官职,在成都赖以存身的好友也逝去,在凄苦无依之境,无奈离开成都。朗诵时要抓住"独"字,寓情于景,表达出诗人的孤独愁苦之情。

第二联:诗人通过辽阔的平野、浩荡的大江、灿烂的星月,反衬自身孤苦渺小的形象和颠沛无靠的凄怆心情。朗诵时要抓住"阔""涌"两字,注重刻画广阔壮大的情景,以此来抒发诗人漂泊无依的凄苦之情。

第三联:诗人运用了反话,朗读时抓住"岂"字,产生自嘲的情绪,抒发诗人素有远大政治抱负而长期被压制不得施展的不平。

第四联:诗人将自己比作沙鸥,表现自身的渺小。朗诵时"何"的语气要上升,最后的"沙鸥"要有停顿,语气呈下降减弱的趋势。

【作品训练】

假如生活欺骗了你
普希金

假如生活欺骗了你,
不要悲伤,不要心急!

忧郁的日子里须要镇静:
相信吧,快乐的日子将会来临!

心儿永远向往着未来；
现在却常是忧郁。
一切都是瞬息,一切都将会过去；

而那过去了的,就会成为亲切的怀恋。

（选自《普希金诗集》）

背景分析

普希金(1799年—1837年),俄国诗人、小说家,19世纪俄国浪漫主义文学的主要代表,现实主义文学的奠基人,现代标准俄语的创始人,被誉为"俄国文学之父""俄国诗歌的太阳"。普希金还被高尔基誉为"一切开端的开端"。

该诗写于1825年,是普希金被流放时同当地总督发生冲突后,被押送幽禁期间所作。时值俄国革命如火如荼,诗人却被迫与世隔绝,倍感孤独寂寞。在这样的处境下,诗人仍没有丧失希望与斗志,他热爱生活,执着地追求理想,相信光明必来,正义必胜。本诗表达了他积极乐观而坚强的人生态度。

基调用声

本诗的朗诵基调是积极热情的,朗诵节奏是轻快型的。用声虚实结合,以中声区为主,语气恳切,气息顺畅,以表现积极乐观、热诚坦率之感,抒发诗人积极向上的生活态度和真切的生活感受。

朗诵指导

第一部分:前四行,表达对悲伤困苦的人的安慰。以假设性的话语开篇,"假如"后停顿,语气轻柔,不宜过重;两个"不要"要有层次处理,前者略重,后者略轻,以表达不因困难而消沉、不因生活欺骗而愤慨的心情。"忧郁""快乐"形成对比,突出乐观积极的态度,"忧郁"语气低沉,节奏较缓,可弱读;"快乐"语气积极上扬,节奏可适当加快,偏实声。

第二部分:后四行,解释了悲伤和泪水都是独特的记忆。"未来"是重音,声音偏实,语气坚定,展现一种面向未来的生活观,在困境中依然保持温和平静。"瞬息""过去"是重音,虚实结合。"亲切的怀恋"是重音,语气温和有力量,可适当延长,以气托声,表达对苦难的豁达从容。只有历经风雨才能见彩虹,才能体会到重重磨难之后的人生幸福。

【要点小结】

1. 语气内涵

思想感情运动状态支配下语句的声音形式。

2. 感情色彩:是非和爱憎
3. 语气分量:浓淡和主次

第四节　语　势

　　语气的表达不仅要对内在情感进行准确把握,而且要强调其外部呈现,就是要通过具体的声音形式把内在的东西展现出来,让人听到、感受到。声音形式是情感的物质载体,是人们感知创作主体内心情感状态的重要媒介。朗诵创作要把握好思想感情与声音形式的关系:一方面是把握不同语气色彩声音形式的具体特点;另一方面是认识和把握整体语流中语句和语句之间的声音形式的动态变化。

　　人的心理变化必然会导致或影响生理的变化,表现在声音上就是气随情动,声随气变,以声传情。情绪的变化导致声音和气息的变化,而声音和气息的不同状态又反映了情感的不同特点。声音形式由口腔状态、气息状态、声音状态三方面构成。

　　爱的感情——气徐声柔:口腔宽松,气息深长;
　　憎的感情——气足生硬:口腔紧窄,气息猛塞;
　　悲的感情——气沉声缓:口腔如负重,气息如尽竭;
　　喜的感情——气满声高:口腔似千里轻舟,气息似不绝清流;
　　惧的感情——气提声凝:口腔似冰封,气息如倒流;
　　欲的感情——气多声放:口腔积极敞开,气息力求畅达;
　　急的感情——气短声促:口腔似弓箭,飞剑流星,气息如穿梭;
　　冷的感情——气少声平:口腔松软,气息微弱;
　　怒的感情——气粗声重:口腔如鼓,气息如椽;
　　疑的感情——气细声黏:口腔欲松还紧,气息欲连还断。①

　　在准确把握语气的基础上,如何将语气变化形之于声?语势,是语气的外部呈现。"语势,是指一个句子在思想感情的运动状态下声音的态势,或者说是有声语言的发展趋势。"②从声音高低的角度可以对语势的类型进行归纳。在朗诵创作中,语势大致可分为四种基本类型,即上山类、下山类、波峰类、波谷类。

---

① 张颂.朗读学[M].北京:北京广播学院出版社,1999:229.
② 张颂.播音创作基础:第三版[M].北京:中国传媒大学出版社,2011:179.

一、上山类

上山类，是指句首到句尾语势逐渐上升，一层高过一层，声音的走势是由低到高的。但并不是所有上山类的语势都呈直线上升的趋势，也有些是曲折盘旋上升的。

让暴风雨来得更猛烈些吧！

——《海燕》

你有你的铜枝铁干，像刀，像剑，也像戟。

——《致橡树》

俱往矣，数风流人物，还看今朝。

——《沁园春·雪》

乱石穿空，惊涛拍岸，卷起千堆雪。

——《念奴娇·赤壁怀古》

她有拨开历史风尘的睫毛，她有看透岁月篇章的瞳孔。

——《相信未来》

在上山类语势中，有一种情况是语势上升到一半声音停止，不再继续向上，也被称为"半起类"语势。这类语势往往是声停气未尽，给人话没有说完，或者等待别人回答的感觉。如：为什么西湖的名声特别高，吸引着特别多的游人？

二、下山类

下山类，是指语势句首高起，逐渐下降，句尾最低，声音的走势是由高到低的。有些是字字下行，有些是曲折下行。

先天下之忧而忧，后天下之乐而乐。

——《岳阳楼记》

山回路转不见君，雪上空留马行处。

——《白雪歌送武判官归京》

国破山河在，城春草木深。感时花溅泪，恨别鸟惊心。

——《春望》

当蜘蛛网无情地查封了我的炉台，当灰烬的余烟叹息着贫困的悲哀。

——《相信未来》

春花秋月何时了？往事知多少。小楼昨夜又东风，故国不堪回首月明中。

——《虞美人·春花秋月何时了》

三、波峰类

波峰类，是指句首和句尾语势较低，句子中间较高，声音的走势是由低向高在向低的。一般来说，重音落在句子中间时，多出现波峰类的语势。

抬望眼，仰天长啸，壮怀激烈。

——《满江红·写怀》

忽如一夜春风来，千树万树梨花开。

——《白雪歌送武判官归京》

问君能有几多愁？恰似一江春水向东流。

——《虞美人·春花秋月何时了》

为什么我的眼里常含泪水，因为我对这土地爱得深沉。

——《我爱这土地》

妈妈，请你把这颗心收回去吧，我不要它了。

——《我的心》

四、波谷类

波谷类，是指句首和句尾语势较高，句子中间较低，声音的走势是由高到低再向高的。一般来说，重音落在句首和句尾时，多出现波谷类的语势。

黑夜给了我黑色的眼睛，我却用它寻找光明。

——《一代人》

那榆阴下的一潭，不是清泉，是天上虹。

——《再别康桥》

靖康耻，犹未雪；臣子恨，何时灭？

——《满江红·写怀》

予谓菊，花之隐逸者也；牡丹，花之富贵者也；莲，花之君子者也。

——《爱莲说》

野草，根本不深，花叶不美，然而吸取露，吸取水，吸取陈死人的血和肉，各各夺取它的生存。

——《野草》题辞

我们虽然归纳了四种语势的类型,但在朗诵创作中,语势的运用灵活且复杂多变。语势变化的中心是作品思想感情的发展变化。朗诵者应该明确以下几点。

第一,波浪语势,千变万化,灵活丰富。

语势是呈波浪式前进的,有高潮,有低谷。在朗诵创作中,多种语势类型不断变化组合贯穿其中。而每一种语势波形都可能引申出无数个不尽相同的走势形态。朗诵者需要根据每句话的具体特点进行语势的变化处理。

第二,综合变化,立足全篇,整体把握。

语势的变化是由口腔、气息和声音状态的综合变化来呈现的,口腔的松紧、前后、开闭,气息的深浅、快慢、多少,声音的高低、强弱、明暗、虚实,都要在语流的行进中发声变化,这样才能形成相应的语势。同时,在朗诵作品中,一句话的语势如何,不能仅仅看孤立的一个句子,而要把句子放在全篇作品中来看它的作用和主次关系。也就是说,朗诵者虽是在吐字归音,但要时时心系作品内涵。

第三,语无定势,风格各异,百花齐放。

同样的作品,同样的语句,不同的朗诵者表达可能效果截然不同。这种不同可能体现在语势的处理上。一句话用什么语势,句与句之间怎样衔接转换,并没有一个标准答案,只要能体现出相应的思想感情变化,符合人们的听觉需要即可。虽然说"语无定势",但我们可以截取部分语句进行语势分析,以便更好地把握语势的特点和类型。朗诵创作本无标准,因为艺术创作鼓励百家争鸣,百花齐放。

【作品训练】

将进酒

李 白

君不见,黄河之水天上来,奔流到海不复回!
君不见,高堂明镜悲白发,朝如青丝暮成雪!
人生得意须尽欢,莫使金樽空对月。
天生我材必有用,千金散尽还复来。
烹羊宰牛且为乐,会须一饮三百杯。
岑夫子,丹丘生,将进酒,杯莫停。
与君歌一曲,请君为我倾耳听。
钟鼓馔玉不足贵,但愿长醉不复醒。
古来圣贤皆寂寞,惟有饮者留其名。
陈王昔时宴平乐,斗酒十千恣欢谑。

主人何为言少钱,径须沽取对君酌。

五花马,千金裘,

呼儿将出换美酒,与尔同销万古愁。

(选自《全唐诗》)

背景分析

李白(701年—762年),字太白,号青莲居士,是屈原之后最具个性、最伟大的浪漫主义诗人,有"诗仙"的美誉,与杜甫并称为"李杜"。他的诗以抒情为主,表现蔑视权贵的傲岸精神以及对人民疾苦的深切同情。李白的诗雄奇豪放,想象极为丰富,语言流转自然,音律和谐多变,善于从民间神话传说中汲取营养,达到盛唐诗歌艺术的巅峰。

《将进酒》是李白在饮酒高歌、借酒消愁时所作,非常形象地表现了李白桀骜不驯的性格:一方面,他充满自信,孤高自傲,藐视权贵;另一方面,他虽政治前途遇阻,但依然能纵情享乐、具有豁达的胸怀。而在豪饮行乐中,也暗含着诗人的怀才不遇之情。全诗气势豪迈,感情奔放,语言流畅,具有很强的感染力。

基调用声

本诗的朗诵基调应该是豪迈豁达、奔放不羁的。用声高亢有力,语势起伏跌宕,吐字结实有力,情绪大起大落,气息酣畅。

朗诵指导

朗诵好《将进酒》的关键,是找到酩酊大醉时抒发内心悲苦的癫狂状态,情态非比常人,语势跌宕,大起大落,敢于变化。

第一、二行:黄河源远流长,落差极大,如从天而降,一泻千里,东走大海。如此波澜壮阔的景象是作者的幻想图景,言语带有夸张。大河之来,势不可挡;大河之去,势不可回。一涨一消,舒卷往复。接着,诗人悲叹人生苦短,用"高堂明镜悲白发"将徒呼奈何的神态表现得宛如画出,将人的一生说成"朝""暮"之事。诗人借黄河奔流写时光流逝,抒发人生苦短,生命渺小之感叹,语势起伏要大,情绪一泄如注,处理要大胆。

第三、四行:先写及时行乐的人生表象,再用乐观好强的口吻肯定人生,肯定自己。"必有用"是重音,透露出深藏的怀才不遇而又渴望入世的积极态度。借金樽美酒来解忧,这是李白式的悲哀:悲而能壮,哀而不伤,愤慨而又豪放,表达要极为自信、洒脱。

第五、六行:描绘了一场盛筵上饮酒享乐的情景。"三百杯"是夸张的写法,展现痛快和狂放,朗诵时要表现出酩酊大醉的情态。"岑夫子,丹丘生,将进酒,杯莫停"几个短句节奏加快,调整诗歌的情绪,让人仿佛听到了诗人在席上频频的劝酒之声。

第七行至第十一行:诗中的神来之笔,包含众多典故内涵。抓住"长醉""饮者""对君酌"几个重音。诗人在醉态中的真情吐露,口气甚大,快人快语,狂放至极。

结尾句:诗人不惜用名贵宝物来换美酒,只图个一醉方休。"呼儿""与尔",口气甚大;"万古愁"与开篇之"悲"呼应,意境深远,凸显诗人奔涌跌宕的感情激流。

【要点小结】

1. 语势

一个句子在思想感情的运动状态下声音的态势,或者说是有声语言的发展趋向。

2. 语势的类型

(1)波峰类,(2)波谷类,(3)上山类,(4)下山类。

第五节 节 奏

在自然界和社会生活中,节奏无处不在。节奏的内涵包罗万象,在古希腊语中,节奏表示程度、程序、匀称的意思。公元前6世纪末,古希腊的毕达哥拉斯学派提出了"美是和谐"的观点,认为事物的性质是由某种数量关系决定的,万物按照一定的数量比例而构成和谐的秩序,音乐的和谐由高低长短轻重不同的音调按照一定的比例组成,节奏就是指一切均匀而有规律的运动。

节奏是艺术创作的重要元素。我国古代音乐文献《乐记》中说:"乐者,心之动也;声者,乐之象也;文采节奏,声之饰也。君子动其本,乐其象,然后治其饰。"由此可见,艺术创作的核心目的是抒情,艺术节奏与人的情感紧密相关。所以我们认为,情感的起伏才是艺术节奏的实质。至于各个门类艺术中所表现出来的轻重、缓急、强弱、长短、快慢、明暗、虚实、粗细、浓淡、疏密以及力度、幅度、层次等,都是艺术节奏的表现形式。

在朗读中,节奏是由整个文本生发出来的,创作主题思想感情的波澜起伏所造成的抑扬顿挫、轻重缓急的声音形式的回环往复。回环往复,是指相似声音形式的呼应、反复;抑扬顿挫、轻重缓急,是指声音形式的多重组合和变化,有变化有律动,朗读才有生命。

我们把朗读的节奏分为六种基本类型,即轻快型、凝重型、低沉型、高亢型、舒缓型、紧张型。不同类型节奏的表达技巧是本节的重点。

一、轻快型

多扬少抑,声轻不着力,语流中少顿挫,而且顿挫时间较短,语速较快,轻巧明丽,有一定的跳跃感。全篇重点处的基本语气、基本转换,都比较轻快。

朋友送我一对珍珠鸟。放在一个简易的竹条编成的笼子里,笼内还有一卷干草,那是小鸟舒适又温暖的巢。有人说,这是一种怕人的鸟。我把它挂在窗前,那儿还有一盆异常茂盛的法国吊兰。我便用吊兰长长的、串生着小绿叶的垂蔓蒙盖在鸟笼上,它们就像躲进深幽的丛林一样安全;从中传出的笛儿般又细又亮的叫声,也就格外轻松自在了。

阳光从窗外射入,透过这里,吊兰那些无数指甲状的小叶,一半成了黑影,一半被照透,如同碧玉;斑斑驳驳,生意葱茏。小鸟的影子就在这中间隐约闪动,看不完整,有时连笼子也看不出,却见它们可爱的鲜红小嘴从绿叶中伸出来。

——《珍珠鸟》

二、凝重型

多抑少扬,音强而着力,色彩多浓重,语势较平稳,顿挫较多,且时间较长,语速偏慢。重点处的基本语气和转换都显得分量较重。

天下着鹅毛大雪。一支红军队伍在零下三十多度的酷寒中艰难地行进着。突然,队伍中有人喊起来:"有人冻死啦!"。

军长一震,急步向前跑去。松树下,一位战士倚着树干,坐在雪窝里,一动也不动。他的左手夹着半截用树叶卷成的烟,小心地放在胸前,仿佛在最寒冷的时刻还在渴望一支烟的温暖。他的右手握着一个小纸包,脸上还挂着一丝早已冷却的笑容。军长用颤抖的双手打开小纸包,一只红辣椒跳进了军长的眼帘。军长轻轻地拂去战士肩上的积雪,猛然发现他身上竟然穿得那样单薄,单薄得就像一张纸。

——《军礼》

三、低沉型

声音偏暗偏沉,语势多为下山类,句尾落点多显沉重,语速较缓。基本语气和转换多偏于沉重。

  天灰蒙蒙的,又阴又冷。长安街两旁的人行道上挤满了男女老少。路那样长,人那样多,向东望不见头,向西望不见尾。人们臂上都缠着黑纱,胸前都佩着白花,眼睛都望着周总理的灵车将要开来的方向。一位满头银发的老奶奶拄着拐杖,背靠着一棵洋槐树,焦急而又耐心地等待着。一对青年夫妇,丈夫抱着小女儿,妻子领着六七岁的儿子,他们挤下了人行道,探着身子张望。一群泪痕满面的红领巾,相互扶着肩,踮着脚望着,望着……

——《十里长街送总理》

四、高亢型

声音多明亮高昂,语势多为上山类,峰峰紧连,扬而更扬,势不可遏,语速偏快。

  这是一声,砸向旧世界的锤头撞击,合着十月革命惊天霹雳,从上海望志路,到南湖的红船发力,锻造出一个民族,驶向复兴彼岸的航迹。这是一道,划出新纪元的镰刀壮举,一群不甘被压迫的工农兄弟,从星火燎原的乡村,向井冈山聚集,把憧憬新生活的渴望,和秋收一起高扬天际。

  从那时起,信仰就是我们队伍高扬的战旗;从那时起,信仰就如血脉融入党的肌体。就能解释,为什么万里长征,每一公里都有倒下的红军战士绝杀的战骑;这就能理解,为什么浴血抗战,每次战斗都是共产党员,身先士卒,为国捐躯;这就能懂得,为了解放全中国,铁流滚滚会师南下的大军里,有多少的生命,默默融进新中国的霞光里。

——《信念永恒》

五、舒缓型

声音多明朗轻松,略高但不着力,语势有跌宕,但多轻柔舒展,语速徐缓。

  人们都说:"桂林山水甲天下。"我们乘着木船荡漾在漓江上,来观赏桂林的山水。我看见过波澜壮阔的大海,观赏过水平如镜的西湖,却从没看见过漓江这样的水。漓江的水真静啊,静得让你感觉不到它在流动;漓江的水真清啊,清得可以看见江底的沙石;漓江的水真绿啊,绿得仿佛那是一块无瑕的翡翠。

——《桂林山水甲天下》

六、紧张型

声音多扬少抑,多重少轻,语速快,气息急促,顿挫短,语言密度大。

风猛烈地摇撼着路旁的白桦树。我顺着林荫路望去,看见一只小麻雀呆呆地站在地上,无可奈何地拍打着小翅膀。它嘴角嫩黄,头上长着绒毛,分明是刚出生不久,从巢里掉下来的。

猎狗慢慢地走近小麻雀,嗅了嗅,张开大嘴,露出锋利的牙齿。突然,一只老麻雀从一棵树上飞下来,像一块石头似的落在猎狗面前。它扎煞起全身的羽毛,绝望地尖叫着。

——《麻雀》

在朗诵创作中,节奏的呈现是通过对比变化实现的。这些变化体现在声音的高低、轻重、快慢、强弱、明暗、虚实等不同的组合中。语言转换要注意以下几点。

第一,欲扬先抑,欲抑先扬。

"扬"和"抑"来自朗诵创作中情感的纵与收,体现在声音的高和低上。情感"扬"则声音走势渐高,情感"抑"则声音走势渐低。"扬"和"抑"是相对而言的,根据情感变化应有不同层次的细腻处理。

第二,欲快先慢,欲慢先快。

朗诵语流中的快与慢,是由吐字时长、停顿次数和停顿时长来决定的。快与慢的层次也是很丰富的,快与慢是交替进行的。快,不能局促不清楚;慢,不能拖沓拽拉。要做到"快而不乱,慢而不拖"。

第三,欲重先轻,欲轻先重。

轻与重,是由吐字力度、口腔松紧、气息强弱和音色虚实决定的。吐字力度小,口腔较松,气息较弱,音色较虚,声音则轻;吐字力度强,口腔较紧,气息较强,音色较实,声音则重。朗诵中的轻与重是重叠变化的,重中有轻,轻中有重,实中有虚,虚中有实。

【作品训练】

我愿意是急流
裴多菲

我愿意是急流

我愿意是急流,山里的小河,
在崎岖的路上、岩石上经过……

只要我的爱人是一条小鱼,
在我的浪花中快乐地游来游去。

我愿意是荒林，在河流的两岸，
对一阵阵的狂风，勇敢地作战……
只要我的爱人是一只小鸟，
在我稠密的树枝间做窠，鸣叫。

我愿意是废墟，在峻峭的山岩上，
这静默的毁灭并不使我懊丧……
只要我的爱人是青青的常春藤，
沿着我荒凉的额，亲密地攀援上升。

我愿意是草屋，在深深的山谷底，
草屋的顶上饱受风雨的打击……
只要我的爱人是可爱的火焰，
在我的炉子里，愉快地缓缓闪现。

我愿意是云朵，是灰色的破旗，
在广漠的空中，懒懒地飘来荡去，
只要我的爱人是珊瑚似的夕阳，
傍着我苍白的脸，显出鲜艳的辉煌。

（选自《裴多菲诗选》）

背景分析

裴多菲·山陀尔(1823年—1849年)，匈牙利的爱国诗人和英雄，匈牙利民族文学的奠基人。他出生在匈牙利一个贫苦家庭，少年时期过着流浪生活。他15岁开始写诗，一生共计写下八百多首抒情诗。他的政治抒情诗语言犀利，感召力强，对匈牙利民族解放运动产生影响。裴多菲为反抗外敌入侵，追求自由和解放，积极投身于解放战争。1849年，他在瑟克什堡大血战中英勇牺牲，年仅26岁。

《我愿意是急流》是裴多菲献给恋人的一首抒情诗。时年23岁的裴多菲在舞会上结识了伯爵的女儿尤丽娅，面对身份地位的重重阻力，裴多菲为尤丽娅写下了一首首情诗，终于，他们的爱情峰回路转、柳暗花明。为了爱，诗人愿意奉献所有，愿意为爱坚守一生，这爱是无比厚重和深切的。

基调用声

本诗的朗诵基调应该是深情美好的，朗诵节奏是舒缓与沉重相交织的。用声优美，吐字圆润，气息畅达，语气温柔深情。

朗诵指导

第一节：抓住"小河""小鱼""浪花""快乐地游来游去"几个意象，以轻快活泼的节奏开篇。

第二节：前面抓住"荒林""狂风""作战"几个词，节奏稍显沉重；后面"小鸟""做窠"节奏是轻盈美好的。

第三节：前面"废墟""毁灭""懊丧"节奏是低沉的；后面，"常春藤""亲密地攀援"节奏是舒缓的。

第四节：前面"草屋""山谷底""打击"节奏是低沉的；后面"火焰""炉子""闪现"

节奏是轻快的。

第五节:"云朵""飘荡""夕阳""辉煌"节奏应该是高亢的,扬而更扬,达到全篇高潮。

【要点小结】

1. 节奏

由整个文本生发出来的,创作主题思想感情的波澜起伏所造成的抑扬顿挫、轻重缓急的声音形式的回环往复。

2. 节奏的类型

(1)轻快型,(2)凝重型,(3)低沉型,(4)高亢型,(5)舒缓型,(6)紧张型。

3. 节奏的运用

(1)欲扬先抑,欲抑先扬;(2)欲快先慢,欲慢先快;(3)欲重先轻,欲轻先重。

第六章　古诗词朗诵

"诗歌和散文,在体裁上,犹如一盘棋。诗歌如中国象棋,而散文则类似围棋。"① 诗歌的格律规则和散文的结构笔法,恰如棋盘的格式和规则,明确而严格。但是,谋篇布局、攻守用兵,每一步每一子都格外重要。诗歌的一字恰如象棋的一子,字字精炼而意蕴深远。

第一节　古诗词朗诵技巧

中国古典诗词,历经岁月更迭、千锤百炼,大浪淘沙,去粗取精,才有了今天极为精美的格局呈现。古诗词也被称为格律诗词,是按照一定的格式和规则写作而成的诗歌作品,其行数、每句字数以及平仄、韵脚、句式等都有严格规则。我国古代诗词主要有"律诗""绝句""词"等。了解古诗词的文体规则,是朗诵好古诗词的前提。有的人不会朗诵古诗词,没有韵味感,就是因为没能理解和掌握古诗词的文体特征。古诗词的朗诵技巧可总结为16个字,即"格律语节,炼字押韵,抑扬顿挫,规中求变"。

一、格律语节

掌握古诗词的格律语节,是朗诵的第一步骤。任何一首格律诗都有一定的字数和平仄等规则。在掌握格律规则的基础上,划分古诗词的"语节",也就是单独表意的词语单位。语节一定,在古诗词的格律上表现为词的疏密度大体相近。五言诗的语节一般为二一二,或二二一。例如,"春眠|不|觉晓,处处|闻|啼鸟。夜来|风雨|声,花落|知|多少。"七言诗的语节一般为二二二一,或二二一二。例如,"君问|归期|未有|期,

---

① 张颂.朗读美学:修订版[M].北京:中国传媒大学出版社,2010:111－117.

巴山|夜雨|涨|秋池,何当|共剪|西窗|烛,却话|巴山|夜雨|时。"

我们会发现,在按照相应的语节朗诵时,自然而然地就读出了古诗词的节拍感。正是这种节拍感,有助于朗诵者更好地抓住古诗词朗诵的音律感和韵味感。

二、炼字押韵

炼字押韵,对古诗词朗诵提出了两方面的要求:既要能够炼字到位,又要押住古诗词的韵脚。古诗词的字数有限,用词精炼,往往一个字就表达了一层含义,非常讲究炼字。因此,对于古诗词中的每一个字都要理解透彻,在朗诵时注意吐字清楚,并用相应的声音形式表现其内涵意义。比如"千里江陵一日还"中,"一"字表现了水路虽远,但行舟之快的畅快之感。"一"字就要加重延展上扬,表示时间之短,旅行之快,做到炼字到位。

押住韵脚,是指在朗诵古诗词时要抓住作为韵脚的几个字,适当地比其他音节读得更响亮、更饱满一些,来营造一种韵脚呼应的感觉。押住韵脚,能明确语气的色彩,烘托诗歌的基调,有利于形成一种回环往复的节奏感。正是因为押韵,古诗词的音韵才如此美妙,富于节奏感。比如"好雨知时节,当春乃发生。随风潜入夜,润物细无声"中,"生"和"声"都是押韵字,朗读时需要将韵母拉开立起,充分立字,强调字调,句尾稍扬,押住韵脚,充分体现古诗词的韵味感。

三、抑扬顿挫

抑扬顿挫,是指朗诵时声音有高低、停顿、转折的不断变化。古诗词讲究平仄规律。平,是指阴平、阳平两个声调。仄,是指上声、去声两个声调。格律诗对平仄的要求相当严格,本句交替、对句对立、上下相粘。抑扬,要求韵律高低错落,音韵起伏优美。顿挫,要求声韵停顿有力,转折恰当,体现古诗词的力度与重点。抑扬顿挫,是古诗词内容表达的需要,是语气感情色彩的需要,让受众感受到强烈的情感,让诗歌韵味得到充分散发。

抑扬顿挫的变化,可以渐变,也可以突变。抑扬变化有多种表现方式,包括先抑后扬,先扬后抑,扬起再抑然后更扬,落下再扬然后更抑等。古诗词朗诵的抑扬变化,要做到"高低有依据,起落有层级"。

抑扬变化的幅度可以用语势图来表示。朗诵者根据自身音域范围,取中音位置,确定一个声音基线。以这个基线为中间线,上行五度,下行五度,朗诵的所有高低起落都以画线的方式体现在这个范围之中,这就是古诗词朗诵的语势图。每一首诗中的每一句,都应该有专属的语势图,它是独一无二的,是朗诵者在深刻理解和分析诗句内涵的基础上设计的。

朗诵者要学会画语势图,掌握古诗词的语势起伏跌宕变化。例如,"俱往矣,数风流人物,还看今朝",是典型的低起高走,起点在基线以下,渐渐上扬,"还看""今朝"连续两次上扬。再如,"待到山花烂漫时,她在丛中笑",前半句语势明显高于后半句,逐渐下降,从高起向低走。又如,"举头望明月,低头思故乡",第一句"举头"语势逐渐升高,第二句"低头"语势逐渐降低。

在古诗词朗诵中,抑扬顿挫的运用容易出现这样几个问题。一是不理解古诗词的内涵,为了语势变化而变化,声音不能表意,以致故弄玄虚,哗众取宠;二是采用一种语势套路贯穿所有诗歌,看似有变化起伏,实则形成了朗诵的"固定腔调";三是语势变化不足或过分变化,初学时主要是变得不足,程度不够,因此训练时不要怕表现得过分,要大胆、夸张地进行练习。

语流的抑扬顿挫高低变化,就像大江大河波浪滚滚,常伴有大起大伏。没有起伏就没有流动,没有流动就没有生命。即使是潺潺的小溪、涓涓的细流,也同样有微妙细腻的流动感和起伏感。

四、规中求变

规中求变,是指朗诵创作时在古诗词的基本规律中寻求变化和突破,"循规"却不"蹈矩"。古诗词是古典格律的再现,而古诗词朗诵不仅要遵循古诗词的格律,还要在此基础上努力追求朗诵表现的多样性和创新性。

按照格律语节规律,炼字押韵到位,抑扬顿挫鲜明,这样可以达到古诗词朗诵创作的基本标准。古诗词朗诵处理准确到位,却不免四平八稳,难以达到"一鸣惊人"的效果。因此,古诗词朗诵要求创作者能够在古诗词的格律中寻求变化和突破,找到"变"的位置和方法。

变的位置,一般会落在中心句、关键词、高潮点、转折点等处,变的位置要少而准,具体到某个字或词上,准确判断,大胆变化,体现对比。

变的方法,分为表达技巧和用声技巧两个方面。表达技巧包括停连、重音、语气、节奏等不同层次的变化;用声技巧包括音高、音强、音色、音长、共鸣位置、吐字力度等不同层次的变化。

【作品训练】

望 岳

杜 甫

岱宗夫如何？齐鲁青未了。
造化钟神秀，阴阳割昏晓。
荡胸生曾云，决眦入归鸟。
会当凌绝顶，一览众山小。

（选自《杜工部集》）

背景分析

《望岳》是杜甫年少时在出游齐赵的途中所作的诗歌。诗人意气风发，结交了不少朋友，登临五岳之首的泰山，借山言志，豪放不羁。本诗热情赞美了泰山高大巍峨的气势和神奇秀丽的景色，流露出诗人对祖国山河的热爱之情，表达了其不怕困难、勇攀高峰的雄心气概和卓然独立、兼济天下的豪情壮志。

基调用声

本诗的朗诵基调应该是豁达自信、振奋激昂的。声音高亢有力，以实声为主，语势多上扬，跌宕起伏，气息饱满充沛，吐字清楚有力。

朗诵指导

第一行：表现诗人望见泰山后的喜悦、惊叹与仰慕之情。"夫如何"应语势上扬，反问语气强烈。"齐鲁青未了"语势下降，语气肯定。

第二行：泰山景色神奇秀丽，山前山后仿佛被从中割断一般，云霞明灭一昏一暗，形成截然不同的景象。"钟"突出泰山神奇秀丽，仿佛大自然有了情感。"割"形象贴切，赋予高山生命力，突出形象。

第三行："生"表现诗人看见山中云气层出，心胸亦为之荡漾。"入"微妙传神，像小鸟从远处徐徐来去，可见山腹之深远。

第四行："凌"字加重语势，声音渐高渐强，表现诗人登临的决心和豪迈的壮志。"一览众山小"适当放缓节奏，给人雄浑大气之感，衬托泰山的高大，抒发诗人不怕困难、敢于攀登、俯视一切的豪迈气概，既表达了诗人的远大抱负，也激励人们在人生的道路上勇攀高峰，引起人们的强烈共鸣。

【作品训练】

次北固山下

王湾

客路青山外,行舟绿水前。
潮平两岸阔,风正一帆悬。
海日生残夜,江春入旧年。
乡书何处达?归雁洛阳边。

(选自《全唐诗》)

背景分析

王湾(约693年—约751年),号为德,唐代诗人,洛阳人。参与集部编撰工作,因功授任洛阳尉。作为开元初年的北方诗人,王湾往来于吴楚之间,为江南清丽山水所倾倒,写下了一些歌咏江南山水的作品。

冬末春初,诗人泛舟东行于青山绿水之间,前往江南一带。途中停泊在北固山下,见到潮平岸阔、残夜归雁的江南早春景色,不禁有感而发。诗人孤身漂泊在外,西北而望,不觉乡愁盈怀,欲托"归雁"传书,以慰藉漂泊羁旅之念。

基调用声

此诗融写景、抒情、说理于一体,流露诗人浓厚的思乡之情和积极昂扬的人生态度。朗诵基调应该是宁静美好与愁苦思念相交织的。用声以中声区为主,音色明亮饱满,气息通达充沛,虚实声结合,适当地使用虚声以抒思念之愁绪。

朗诵指导

第一行:以平实之笔开篇,描述山青水绿的江南初春时节,漂泊他乡的游子已经踏上旅途。语气宁静美好,音色明亮通达,朗诵时画面感较强,如身临其境。

第二行:积雪慢慢融化,江面汇集了千山万壑之雪水愈发宽广,船帆高高挂起,长江两岸愈显阔大。朗诵时要想象壮阔的大江和行船的画面。吐字有力,声音扎实,语调上扬,情绪高昂,体现恢宏开阔的气势。

第三行:夜色将尽,海上旭日东升,驱尽残夜的黑暗。新年未至,江上景物春意已现,闯入旧年,赶走严冬。朗诵节奏放缓,声音拉开延展,虚实声结合,给人自由遐想的空间,去思考昼夜更替、新旧相接的生活哲理。语势先上扬后下降,以抒发思归盼归之情思。

第四行:家书既已寄出,会被送往何处?语势上扬,表达强烈的思乡之情。希望北归大雁,送到洛阳之边,寄托了诗人的美好愿望。

【作品训练】

爱莲说

周敦颐

爱莲说

水陆草木之花,可爱者甚蕃。晋陶渊明独爱菊;自李唐来,世人盛爱牡丹;予独爱莲之出淤泥而不染,濯清涟而不妖,中通外直,不蔓不枝,香远益清,亭亭净植,可远观而不可亵玩焉。

予谓菊,花之隐逸者也;牡丹,花之富贵者也;莲,花之君子者也。噫!菊之爱,陶后鲜有闻;莲之爱,同予者何人?牡丹之爱,宜乎众矣。

(选自《周元公集》)

背景分析

周敦颐(1017年—1073年),字茂叔,谥号元公,世称濂溪先生。北宋五子之一,宋朝儒家理学思想的开山鼻祖,文学家、哲学家。周敦颐提出的无极、太极、阴阳、五行、动静、主静、至诚、无欲、顺化等理学基本概念,为后世的理学家反复讨论和发挥,构成理学范畴体系的重要内容。

《爱莲说》通过对莲花的爱慕与礼赞,表明作者对美好理想的憧憬,对高尚情操的崇奉,对庸劣世态的憎恶。第一段对莲花高洁的形象极尽铺排描绘之能事,第二段则揭示了莲花的比喻义,分别评论三种花的意义,并以莲花自比,抒发了作者对高洁品质的向往。

基调用声

朗诵时要表达出作者对于莲花的深爱,对于莲花高洁品格的肯定和敬仰。用声高度适中,情感浓淡相宜,重音鲜明准确,带着冷静思考的说理语气。

朗诵指导

第一段:夸奖莲花,朗诵要表达出作者对于莲花的赞美和喜爱,同时注意语气不可过于轻佻。抓住重音"菊""牡丹""莲""君子"等。

第二段:将莲花与其他花卉进行对比,朗诵要突出各花的不同之处,以及作者内心对于各花的态度。最后两句表达无同行之人的无奈与悲伤。抓住重音"隐逸""富贵""君子"等。

【要点小结】

1. 格律语节
2. 炼字押韵
3. 抑扬顿挫
4. 规中求变

第二节 经典篇目指导

一、长相思（其一）

李 白

长相思，在长安。
络纬秋啼金井阑，微霜凄凄簟色寒。
孤灯不明思欲绝，卷帷望月空长叹。
美人如花隔云端。
上有青冥之长天，下有渌水之波澜。
天长路远魂飞苦，梦魂不到关山难。
长相思，摧心肝。

（选自《全唐诗》）

背景分析

李白（701年—762年），字太白，号青莲居士，又号"谪仙人"，是唐代伟大的浪漫主义诗人，被后人誉为"诗仙"，与杜甫并称为"李杜"。他为人豪爽大方，爱饮酒作诗，喜交友。李白早年就有济世的抱负，初到长安时，也有过短暂的得意。后来李白遭受排挤离开长安，于沉思中回忆往日，写下此诗。

这首诗是诗人政治追求的寄托。本诗在豪放飘逸的风格中兼有含蓄隽永，通过对秋虫、秋霜、孤灯等景物的描写体现凄凉孤独的心境和浓烈的相思之苦，寄托了诗人对政治理想的追求和梦想无法实现的不得志与忧伤。

基调用声

本诗的朗诵基调应该是沉郁悲凉的，用声偏低，语调多下降，气息较沉闷，抒发相思之苦以及政治上不得志的苦闷之情。

朗诵指导

第一行:开门见山表达对长安城的深切思念。朗诵语速稍缓,语气较为深沉,声音延展。

第二行:秋夜里纺织娘在井栏啼鸣,微霜寒冷,竹席上充满寒气,诗人难以入眠。朗诵声低语轻,"簟色寒"稍重,要带有凄凉惨淡之感,语势下降。

第三行:孤灯昏暗思情无限浓烈,卷起窗帘望明月仰天长叹。诗人内心充满思念之苦。"孤灯不明""卷帷望月"后停顿,"绝""叹"是重音,体现诗人的撕心裂肺又无可奈何。

第四行:亲爱的人相隔在九天云端。"美人如花"后停顿,"云端"稍慢展开,以体现相隔之远。理想同远在云端的美人一样遥不可及,绝望惆怅。

第五行:上面有长空一片渺渺茫茫,下面有清水卷起万丈波澜。"长天""渌水""波澜"为重音,体现高天的幽远难极,渌水的波澜动荡,读出壮阔的气势。节奏起伏跌宕,传达无限感慨。

第六行:天长地远日夜跋涉多艰苦,梦魂也难飞越这重重关山。"天长路远""梦魂不到"后停顿,"苦""难"为重音,语速稍慢,表现绵延不断的关山迢递的愁情和思念的愁苦感。

第七行:日日夜夜地思念,相思之情痛断心肝。"心""肝"为重音,要展开延长以突出诗人的执着、沉重与悲恸,是"思欲绝"在情绪上的进一步发展。沉重感叹,回应篇首,悲恸至极,语势下降。

二、行路难(其一)

李 白

金樽清酒斗十千,玉盘珍羞直万钱。
停杯投箸不能食,拔剑四顾心茫然。
欲渡黄河冰塞川,将登太行雪满山。
闲来垂钓碧溪上,忽复乘舟梦日边。
行路难,行路难,多歧路,今安在?
长风破浪会有时,直挂云帆济沧海。

(选自《全唐诗》)

背景分析

唐玄宗天宝元年(742年),李白奉诏入京,担任翰林供奉。李白本积极入世,才高志大,立志像管仲、张良等人物一样干一番事业,可却没得到唐玄宗重用,还受到权臣的谗毁排挤,被"赐金放还",撵出长安。《行路难》为诗人离开长安时所作。

本诗反映了黑暗污浊的政治现实对诗人的宏大理想抱负的阻遏,表达了诗人怀才不遇的强烈苦闷和不平,突出表现了诗人的倔强、自信和对理想的执着追求,展示了诗人力图从苦闷中挣脱出来的强大精神力量。

基调用声

本诗的朗诵基调应该是激昂豪放、不甘愁苦、坚定自信的。政治抱负落空,半生努力付诸东流,哀愁缠绵是自然的,但李白却以"天生我材必有用,千金散尽还复来"体现了自己豪放豁达的精神气魄。

朗诵指导

第一行:运用夸张手法,描述酒宴的奢侈。"十千""万钱"为重音,强调宴会的豪华。

第二行:欢乐的时候想到壮志难酬,表达了诗人迷惘与悲愤的心情。"不能食""心茫然"稍慢,声调微降、弱收,情绪稍显抑郁。

第三行:渡黄河、登太行,奸佞当道,仕途艰难。朗诵时带着沉重的力量。"塞川""满山"为重音。

第四行:引用典故,表明自己对前途仍充满希望,语气稍缓,带着平和向往之情,抒发美好寄托。强调"忽复",表达诗人希望有朝一日实现抱负的强烈愿望。"梦"要带着美好憧憬的语气,虚声展开,"日边"句尾上扬。

第五行:现实和理想的距离让李白进退两难,倍感痛苦。两个"行路难"语气渐升渐强,表现出情绪的递进变化,激昂愤慨。"安"要以反问强调,体现诗人无路可走之心境。

第六行:意象宏伟阔大,直抒诗人的自信和胸襟,情绪递进,达到高潮。"长风破浪"拉长展开,目光辽远。"会有时"短促而激昂。"直挂云帆"吐字有力,声音通达放出。"济沧海"语势上扬,语气高昂。

三、梦游天姥吟留别

李 白

海客谈瀛洲,烟涛微茫信难求;
越人语天姥,云霞明灭或可睹。

天姥连天向天横,势拔五岳掩赤城。
天台四万八千丈,对此欲倒东南倾。
我欲因之梦吴越,一夜飞度镜湖月。
湖月照我影,送我至剡溪。
谢公宿处今尚在,渌水荡漾清猿啼。
脚著谢公屐,身登青云梯。
半壁见海日,空中闻天鸡。
千岩万转路不定,迷花倚石忽已暝。
熊咆龙吟殷岩泉,栗深林兮惊层巅。
云青青兮欲雨,水澹澹兮生烟。
列缺霹雳,丘峦崩摧。
洞天石扉,訇然中开。
青冥浩荡不见底,日月照耀金银台。
霓为衣兮风为马,云之君兮纷纷而来下。
虎鼓瑟兮鸾回车,仙之人兮列如麻。
忽魂悸以魄动,恍惊起而长嗟。
惟觉时之枕席,失向来之烟霞。
世间行乐亦如此,古来万事东流水。
别君去兮何时还?且放白鹿青崖间。须行即骑访名山。
安能摧眉折腰事权贵,使我不得开心颜!

(选自《全唐诗》)

背景分析

李白一身傲骨,不肯与权贵同流合污,又因醉中命高力士脱靴,得罪了权贵,唐玄宗也对他不满,将他"赐金放还"。李白离开长安后,与杜甫、高适一同去山东游览,到兖州不久,杜甫西入长安,李白南下会稽(绍兴),这首诗就是他行前写的。"吟"是古诗的一种体式,内容大多是悲愁慨叹,形式上自由活泼,不拘一格。"梦游天姥吟留别"就是把梦中游历天姥山的情形写成诗,留给东鲁的朋友作别。

基调用声

这是一首记梦诗,也是游仙诗。诗写梦游仙府名山,变化莫测虚无缥缈的描述寄寓着生活现实。内容丰富曲折,形象辉煌流丽,富有浪漫主义色彩。整体基调跌宕变幻、热情振奋;用声宽阔有力、明亮豪放、富于变化。

朗诵指导

全诗共分三层。

第一层:第一至四行,交代入梦缘由,朗诵时带着遐想感和奇幻色彩。第三、四行极写天姥山高大巍峨,语气加重有力。"东南倾"达到惊叹的小高潮,感情夸张而饱满。

第二层:第五至十九行,景物变幻,梦境一步步开展。"我欲"一句,声虚语轻,体现虚幻梦境之感。从飞渡镜湖一夜登上天姥山顶,一路走来,幻想的色彩加浓。正面展开一个迷离恍惚、光怪陆离的神仙世界。朗诵节奏趋于平缓舒畅,感情逍遥而陶醉。细节描写的朗诵要生动富于变化。

"熊咆"一句,要读出山中百兽吼声的震撼和生机。朗诵节奏逐渐加快,用声渐强。情绪放纵开阔,体现诗人狂喜狂叹的酣畅。"訇然中开"要带着奇伟的气派,达到全诗最高潮。

第三层:第二十行至末尾,心惊梦醒,一声长叹,枕席依旧,烟霞不在。全诗在最高潮处戛然而止,只觉感情由激昂亢奋急转为失落长叹,语势渐弱渐低。"世间行乐"一句浮现全诗主旨,诗人感慨人生世事无常,想要求仙问道,遁离浊世。节奏悠缓,心情郁郁,与前文形成鲜明对比。"安能"两句,显示诗人一扫颓然,傲骨铮铮,直言对权贵的蔑视,感情畅达坚韧,豪放不羁,一吐心中郁结之气!

四、水调歌头·明月几时有

苏 轼

水调歌头·
明月几时有

(丙辰中秋,欢饮达旦,大醉,作此篇,兼怀子由。)

明月几时有?把酒问青天。

不知天上宫阙,今夕是何年。

我欲乘风归去,又恐琼楼玉宇,高处不胜寒。

起舞弄清影,何似在人间。

转朱阁,低绮户,照无眠。

不应有恨,何事长向别时圆?

人有悲欢离合,月有阴晴圆缺,此事古难全。

但愿人长久,千里共婵娟。

(选自《东坡乐府》)

背景分析

苏轼(1037年—1101年),字子瞻,号东坡居士,眉州眉山人,北宋著名的文学家,书法家,唐宋散文八大家之一。他学识渊博,多才多艺,在书法、绘画、诗词、散文各方面都有很高造诣。他的词气势磅礴,风格豪放,与南宋辛弃疾并称"苏辛"。

本篇是苏轼在密州时所作。苏轼因为与变法者王安石等人政见不同,自求外放,辗转各地为官。中秋之夜,面对当空皓月,苏轼酒兴正酣,想起七年未见的弟弟苏辙,心潮起伏,挥笔写下了这首词,表达了他对亲人的深切思念,对世人的美好祝福,以及看透阴晴圆缺的豁达的胸怀。

基调用声

这首词的朗诵基调应该是豪放旷达的,语气形式是丰富多变的。用声适中,节奏舒缓,韵味深长,理性的思考与感性的抒情相结合。

这首词是中秋望月怀人之作,看似演绎物理,实则阐释人事。笔致错综回环,虚实交错,情韵兼胜,境界壮美,极富哲理与人情。全词基调清丽雄阔,旷达高远;用声柔和抒情,气息深长。

朗诵指导

序言:全篇的铺垫,交代时间事件和作者醉中思念弟弟的背景,要用朴实的陈述语气来表达。

上阕:醉中望月,既怀逸兴壮思,高接混茫,又脚踏实地,自具雅量高致。

第一行:开篇以青天为友,把酒问月,充满对明月的赞美、向往和对宇宙造化的惊叹。有微醺畅达之感。朗诵语气直接、迫切、强烈,带着豪放与气魄,语势上扬。

第二行:登仙思想的正反转折,表露词人对生活的热爱和入世态度。进一步赞美和向往天上明月,带着思考、疑问和关切的语气。

第三行:写作者向往天堂又留恋人间的矛盾心理,一正一反,体现他留恋人世、热爱生活的豁达胸襟,语势先上扬再下降。

第四行:与其飞往高寒的月宫,还不如留在人间趁着月光起舞呢!作者再一次写热爱人间,所以,"何似在人间"是毫无疑问的肯定,情感强烈。

下阕:月光移转,映照无眠之人。由中秋的圆月联想到人间的离别,感念人生的离合无常。

第一行:写怀念弟弟,不能与亲人团聚,难以入眠。诗人埋怨明月故意与人为难,给人增添忧愁。语气低缓,气沉声缓。

第二行:明月不该有什么怨恨吧,为什么总在离别时才月圆呢?用埋怨的语气,加强离别的愁苦。

第三行:从人写到月、从古写到今。为月亮开脱,自我排解,体现作者的旷达,月有圆时,人也有相聚之时。语气上带着肯定和感叹。

第四行:突破时空,在朗朗清辉下与相思之人心灵相通,末句表达了祝福、思念和旷达之情。既然人间的离别难免,那么只要亲人健在,即使远隔千里,也可以共享明月,沟通心灵。感情积极饱满,充满希望。表现了作者结合时空的哲理思考,带着由衷的祝愿,气息畅达深长。

五、念奴娇·赤壁怀古

苏 轼

大江东去,浪淘尽,千古风流人物。故垒西边,人道是:三国周郎赤壁。乱石穿空,惊涛拍岸,卷起千堆雪。江山如画,一时多少豪杰。

遥想公瑾当年,小乔初嫁了,雄姿英发。羽扇纶巾,谈笑间樯橹灰飞烟灭。故国神游,多情应笑我,早生华发。人间如梦,一樽还酹江月。

(选自《东坡乐府》)

背景分析

本篇是苏轼贬官黄州后的作品。作者触景生情,面对滚滚波涛,感到历史的流逝有如东去的江水,不禁引起对历史英雄人物的缅怀。周瑜少年得志,深受孙权信赖,年轻时便能建功立业,而自己虽有抱负,但有志难伸,毫无作为,相比之下,生出无限感慨。

基调用声

作品从大处落笔,风格气势磅礴,诵读基调应大气豪迈,感情饱满,略带无奈感慨之感,用声宽阔有力。

朗诵指导

上阕:第一句,要有远望感,有气势,"东"是重音、延长;第二句,有力陈述,以三国周瑜自比,引出对三国战事的回忆;第三句,再现赤壁之战的宏伟场面,节奏激昂有气魄;第四句,语气稍缓,带有美感和时代纵深感。

下阕:第一句,声音稍虚渐弱,有回忆之感;第二句,声实气足,意气风发;第三句,面对大好河山,缅怀心情由激昂奋发转入消极苦闷;第四句,"梦"声虚延长,情绪转为低沉悲愤,带着无奈和感叹。

六、苏幕遮 · 怀旧

范仲淹

碧云天,黄叶地,秋色连波,波上寒烟翠。
山映斜阳天接水,芳草无情,更在斜阳外。
黯乡魂,追旅思。夜夜除非,好梦留人睡。
明月楼高休独倚,酒入愁肠,化作相思泪。

(选自《全宋词》)

背景分析

范仲淹(989年—1052年),字希文,北宋杰出的思想家、政治家、文学家。

这首词写于范仲淹在西北边塞主持防御西夏军事之时。该词以借景抒情手法描写羁旅乡愁,情景交融,用绚丽多彩的笔墨描绘出江野辽阔苍茫的景色,勾勒出一幅清旷辽远的秋景图,抒写了诗人夜不能寐、高楼独倚、借酒浇愁、怀念家园的深情。

基调用声

全词凄凉哀婉,又不失沉雄清刚之气。上阕着重写景,宏大浑厚,意境深远。下阕重在抒情,直抒胸臆,意致深婉。以沉郁雄健之笔力抒写低回婉转的愁思。朗诵基调是苍凉凄婉、深沉宁静的。用声柔和绵延,音色较暗,节奏偏慢,气息深匀,整体语势下降。

朗诵指导

第一行:开篇写景,朗诵时要充分情景再现,想象作者描写的凄凉无边的秋景,注意景物转换的表达变化,生动形象,凄婉清冷。

第二行:日暮时分,芳草无情,离愁别绪更浓。"无情"二字要走心强调。

第三行:天涯孤旅,只有在美好梦境中才能暂时泯却乡愁,愁绪进一步深化。"好梦"稍虚稍轻,寄托片刻美好。

第四行:梦醒望月,反添怅然,想借酒浇愁,却更添相思。"休独倚"达到情绪高潮,语势上扬再降。"相思泪"声虚气弱,悲苦之情至极。

七、登高

杜 甫

风急天高猿啸哀,渚清沙白鸟飞回。
无边落木萧萧下,不尽长江滚滚来。
万里悲秋常作客,百年多病独登台。
艰难苦恨繁霜鬓,潦倒新停浊酒杯。

（选自《全唐诗》）

背景分析

《登高》是唐代伟大诗人杜甫于大历二年秋天在夔州所作的一首七律。前四句写景,述登高见闻,紧扣秋天的季节特色,描绘了江边空旷寂寥的景致。首联为局部近景,颔联为整体远景。后四句抒情,写登高所感,围绕自己的身世遭遇,抒发了穷困潦倒、年老多病、流寓他乡的悲哀之情。

基调用声

这首诗主要在于表达诗人当时的穷困潦倒的悲哀之情,用声低沉厚重,气息沉缓无力。朗诵时需要努力体会诗人当时的心情。同时,诗中所描绘的景色事物大多开阔浩大,要注意突出空间广阔之感。

朗诵指导

第一行:描绘景色,通过景色与动物状态反衬自身潦倒,带着苦闷抑郁之情,语势下降,声音暗淡沉闷,气息沉缓。

第二行:描绘的都是开阔浩大的景色,情绪加强,节奏加快,声音逐渐有力,拉开延展,跌宕起伏。

第三行:抒发浓浓的悲凉孤独之情,节奏稍缓,声音稍沉,带着无限感慨,朗诵时有无奈叹气之感。"独"字突显孤独凄凉,吐字有力,用实声展现。

第四行:概况了自身诸多不幸,抒发了极度的悲伤和无可奈何。朗诵时"繁霜鬓""浊酒杯"要突出画面感,生动细腻。

八、赋得古原草送别

白居易

离离原上草,一岁一枯荣。
野火烧不尽,春风吹又生。
远芳侵古道,晴翠接荒城。
又送王孙去,萋萋满别情。

(选自《全唐诗》)

背景分析

白居易(772年—846年),字乐天,号香山居士,又号醉吟先生,是唐代伟大的现实主义诗人,唐代三大诗人之一。白居易与元稹共同倡导新乐府运动,世称"元白"。白居易的诗歌题材广泛,形式多样,语言平易通俗。

《赋得古原草送别》是其成名作。此诗通过对古原上野草的描绘,抒发送别友人时的依依惜别之情。它是一曲野草颂,也是对生命的歌颂。

基调用声

这是一首咏物诗,朗诵基调应该是热情赞扬、留恋不舍的。用声扎实有力,语势上扬,气息充沛,情感饱满,兼顾热情与不舍之感。

朗诵指导

第一行:原上青草茂盛,每年秋冬枯黄,春来复生。抓住"草""荣"二字,歌颂野草的生命力,语气昂扬向上。

第二行:野火只能烧掉干叶,春风吹来大地又是一片新绿。朗诵节奏加快,情感逐渐高涨,抓住"不尽""又生"两个词,表现出赞扬、坚毅之感。

第三行:野草蔓延淹没古道,艳阳下草地尽头是你的征程。"远方""晴翠"要充分展开,带着较强的画面感,生动细腻。语势上扬延展。

第四行:又一次送走好友,茂密的青草代表我的深情。"萋萋"一句语势下降,声低语轻,虚实声结合,以抒发离别不舍之情。

九、临江仙·滚滚长江东逝水

杨 慎

滚滚长江东逝水,浪花淘尽英雄。

是非成败转头空，

青山依旧在，几度夕阳红。

白发渔樵江渚上，惯看秋月春风。

一壶浊酒喜相逢，

古今多少事，都付笑谈中。

（选自《廿一史弹词》）

背景分析

杨慎（1488年—1559年），字用修，号月溪、升庵等，明朝著名文学家，明代三才子之首。其诗沉酣六朝，揽采晚唐，词风渊博靡丽，造诣深厚，独立于当时风气之外。

这首词上阕感叹江水不息，青山常在，而一代代英雄人物却无一不是转瞬即逝。下阕抒发词人高洁的情操和旷达的胸怀，把历代兴亡作为谈资笑料以助酒兴，表现了词人鄙夷世俗、淡泊洒脱的情怀。全词慷慨悲壮，荡气回肠，令人回味无穷、感慨万千。

基调用声

这首词从大处落笔，气势恢宏磅礴，充满洒脱阔达之感。朗诵基调应大气豪迈，感情饱满，既有对于历史的思考与感慨，又要体现洒脱与胸怀。用声应宽阔有力，气息厚实饱满，节奏沉缓，吐字有力。

朗诵指导

上阕：滚滚长江一去不返，多少英雄如浪花消逝，是非成败都不长久，只有青山依旧，日升日落。抓住"淘尽""空""青山""红"几个重点词。

下阕：江上白发渔翁，早已看惯四时变化，与友痛饮，古往今来的纷纷扰扰都成笑谈。"秋月春风""多少""笑谈"几个词要展开延长，用声稍虚。"喜相逢"语势上扬，喜悦酣畅，达到高潮。

十、忆秦娥·娄山关

毛泽东

西风烈，

长空雁叫霜晨月。

霜晨月，

马蹄声碎，喇叭声咽。

雄关漫道真如铁,
而今迈步从头越。
从头越,
苍山如海,残阳如血。

(选自《毛泽东诗词》)

背景分析

这首词是毛泽东于1935年创作的。上阕写景,下阕抒情,从内到外勾勒出一幅雄浑壮阔的冬夜行军图,描画了红军长征中征战娄山关的紧张激烈场景,表现了作者面对失利和困难从容不迫的气度和博大胸怀。

基调用声

作品从大处落笔,气势磅礴。朗诵基调应大气豪迈,感情饱满,有从容不迫之感,用声宽阔有力。

朗诵指导

上阕:西风凛冽,大雁鸣霜,晓月当空,马蹄纷杂,军号低回。朗诵时抓住"烈""霜""碎""咽"几个字,突出战场的残酷悲凉之景,语气沉重,节奏沉缓。

下阕:即使群山起伏难以逾越,我们也要重整旗鼓向前奋进。茫茫青山如海,夕阳光华如血。朗诵时抓住"铁""越""海""血"几个字,表达面对失败却从容不迫的无畏与豪情。节奏稍快,语气加重,语势渐起,充满力量。

十一、桃花源记

陶渊明

桃花源记

①晋太元中,武陵人捕鱼为业。缘溪行,忘路之远近。忽逢桃花林,夹岸数百步,中无杂树,芳草鲜美,落英缤纷,渔人甚异之。复前行,欲穷其林。

②林尽水源,便得一山,山有小口,仿佛若有光。便舍船,从口入。初极狭,才通人。复行数十步,豁然开朗。土地平旷,屋舍俨然,有良田美池桑竹之属。阡陌交通,鸡犬相闻。其中往来种作,男女衣着,悉如外人。黄发垂髫,并怡然自乐。

③见渔人,乃大惊,问所从来。具答之。便要还家,设酒杀鸡作食。村中闻有此人,咸来问讯。自云先世避秦时乱,率妻子邑人来此绝境,不复出焉,遂与外人间隔。问今是何世,乃不知有汉,无论魏晋。此人一一为具言所闻,皆叹惋。余人各复延至其家,皆出酒食。停数日,辞去。此中人语云:"不足为外人道也。"

④既出,得其船,便扶向路,处处志之。及郡下,诣太守,说如此。太守即遣人随其往,寻向所志,遂迷,不复得路。

⑤南阳刘子骥,高尚士也,闻之,欣然规往。未果,寻病终,后遂无问津者。

(选自《陶渊明集》)

背景分析

陶渊明,字元亮,又名潜,私谥"靖节",世称靖节先生,浔阳柴桑(今江西省九江市)人,东晋末至南朝宋初期伟大的诗人、辞赋家。他曾任建威参军、镇军参军等职。出仕彭泽县令八十多天他便弃职而去,从此归隐田园。他是中国第一位田园诗人,被称为"古今隐逸诗人之宗"。

《桃花源记》是《桃花源诗》的序言。桃花源虽是虚构的世外仙境,但由于作者采用写实手法,虚景实写,给人以真实感。全文以武陵渔人行踪为线索,像小说一样描述了溪行捕鱼、桃源仙境、重寻迷路三段故事,把现实和理想境界联系起来。文章通过对桃花源的安宁和乐、自由平等生活的描绘,表现了作者追求美好生活的理想和对当时现实生活的不满。

基调用声

本文的朗诵基调应该是平和美好的。以中声区为主,吐字力度轻巧,气息均匀稳定,语气平缓,风格清丽,少大起大伏,节奏轻快,可适当变化。

朗诵指导

第一段:交代事件起因,以讲述语气开篇,带着引人之感。抓住"忘""忽逢""甚异""欲穷"四个词,揭示武陵渔人一连串的心理活动。"芳草鲜美,落英缤纷"乃写景妙笔,要有身临其境之感,充分再现色彩绚丽之美景。

第二段:先描述发现仙境的经过,语气要有发展推进之感,节奏渐快,语势渐升。"一山""有光"为重音。"豁然开朗"有种柳暗花明的欣喜之情,上扬展开。进入桃源仙境之后看到的是一幅理想的田园生活图景,人们往来耕作,怡然自乐,和谐美好。语气喜悦,节奏明快。

第三段:写桃源人见到渔人的情景,"大惊"为重音,由热情款待到临别叮嘱,洋溢着浓郁的生活气息。情真意切,质朴讲述,生动细腻。

第四段和第五段:明写仙境难寻,暗写桃源人不愿外人再来。此段概括性强,抓住"出""志""及""诣""说""寻""迷"几个动词。自此,世俗之人再无寻访者。

十二、岳阳楼记

范仲淹

①庆历四年春,滕子京谪守巴陵郡。越明年,政通人和,百废具兴。乃重修岳阳楼,增其旧制,刻唐贤今人诗赋于其上。属予作文以记之。

②予观夫巴陵胜状,在洞庭一湖。衔远山,吞长江,浩浩汤汤,横无际涯;朝晖夕阴,气象万千。此则岳阳楼之大观也,前人之述备矣。然则北通巫峡,南极潇湘,迁客骚人,多会于此,览物之情,得无异乎?

③若夫淫雨霏霏,连月不开,阴风怒号,浊浪排空;日星隐曜,山岳潜形;商旅不行,樯倾楫摧;薄暮冥冥,虎啸猿啼。登斯楼也,则有去国怀乡,忧谗畏讥,满目萧然,感极而悲者矣。

④至若春和景明,波澜不惊,上下天光,一碧万顷;沙鸥翔集,锦鳞游泳;岸芷汀兰,郁郁青青。而或长烟一空,皓月千里,浮光跃金,静影沉璧,渔歌互答,此乐何极!登斯楼也,则有心旷神怡,宠辱偕忘,把酒临风,其喜洋洋者矣。

⑤嗟夫!予尝求古仁人之心,或异二者之为,何哉?不以物喜,不以己悲;居庙堂之高则忧其民;处江湖之远则忧其君。是进亦忧,退亦忧。然则何时而乐耶?其必曰"先天下之忧而忧,后天下之乐而乐"乎。噫!微斯人,吾谁与归?

⑥时六年九月十五日。

(选自《范文正公集》)

背景分析

范仲淹(989年—1052年),字希文,北宋杰出的思想家、政治家、文学家,谥号"文正",世称范文正公。范仲淹政绩卓著,文学成就突出,曾出任参知政事,发起了"庆历新政"。

《岳阳楼记》是范仲淹应好友滕子京的邀请,为重修岳阳楼所写。通过写岳阳楼的景色、自然界的晦明变化,揭示了"不以物喜,不以己悲"的古仁人之心,也表达了作者"先天下之忧而忧,后天下之乐而乐"的爱国情怀,对后世影响深远。全文将记叙、写景、抒情、议论融为一体,文辞简约,音节和谐。

基调用声

《岳阳楼记》是一篇借景抒怀的说理散文,展现了自然界壮阔秀美与晦明变化,抒发了忧国忧民的忘我情怀,揭示了"不以物喜,不以己悲"的道理。因此,朗诵基调应该是饱满高亢与深沉思索相结合的。朗诵用声要兼顾高昂明亮与低沉有力,有大起大落,具备声音的张力。

朗诵指导

全篇四字一句较多,千万不要四字一停,避免播散。朗诵者要突破标点符号的限制,规中求变,把句子连成语流,一个意思一气呵成,使表达流畅完整。

第一段:交代写作背景,是全文的铺垫和基础,在朗诵时要注重清楚的讲述感,有耐心、有韵味地引导和带入。

第二段:再现巴陵郡洞庭湖的壮观美景,形象生动,使人仿佛身临其境。情绪更加振奋积极,感情要随景象变化推进,充分运用情景再现。

第三段:描写的是览物之悲。情绪由明转暗,表现出阴风冷雨的伤感凄凉,可用叹气来表现感慨之情。朗诵节奏渐慢,语势下降,悲伤之情至极。音色暗淡消沉,气息沉缓微弱。

第四段:描写的是览物之喜。情绪由暗转明,表现出由悲到喜的情感转变。作者用流光溢彩的文辞展现了春和景明之美,朗诵节奏加快,语势上扬,喜悦之情累加积聚至高潮。音色明亮高亢,气息通达顺畅。

第五段:全篇的中心和重点。"先天下之忧而忧,后天下之乐而乐"和"不以物喜,不以己悲"是中心句。抓住重音"先""后"二字。因为滕子京是被诬陷而被贬的,作者含蓄规劝他要"不以物喜,不以己悲",试图以乐观精神和济世情怀感染老友。本段以议论为主,朗诵时要有说理之感,带着规劝的语气。

第六段:落款处要有一种朗读碑文的感觉。

十三、阿房宫赋

杜 牧

①六王毕,四海一;蜀山兀,阿房出。覆压三百余里,隔离天日。骊山北构而西折,直走咸阳。二川溶溶,流入宫墙。五步一楼,十步一阁;廊腰缦回,檐牙高啄;各抱地势,钩心斗角。盘盘焉,囷囷焉,蜂房水涡,矗不知其几千万落!长桥卧波,未云何龙?复道行空,不霁何虹?高低冥迷,不知西东。歌台暖响,春光融融;舞殿冷袖,风雨凄凄。一日之内,一宫之间,而气候不齐。

②妃嫔媵嫱,王子皇孙,辞楼下殿,辇来于秦,朝歌夜弦,为秦宫人。明星荧荧,开妆镜也;绿云扰扰,梳晓鬟也;渭流涨腻,弃脂水也;烟斜雾横,焚椒兰也。雷霆乍惊,宫车过也;辘辘远听,杳不知其所之也。一肌一容,尽态极妍,缦立远视,而望幸焉;有不得见者,三十六年。

③燕、赵之收藏，韩、魏之经营，齐、楚之精英，几世几年，摽掠其人，倚叠如山。一旦不能有，输来其间。鼎铛玉石，金块珠砾，弃掷逦迤，秦人视之，亦不甚惜。

④嗟乎！一人之心，千万人之心也。秦爱纷奢，人亦念其家；奈何取之尽锱铢，用之如泥沙？使负栋之柱，多于南亩之农夫；架梁之椽，多于机上之工女；钉头磷磷，多于在庾之粟粒；瓦缝参差，多于周身之帛缕；直栏横槛，多于九土之城郭；管弦呕哑，多于市人之言语。使天下之人，不敢言而敢怒；独夫之心，日益骄固。戍卒叫，函谷举；楚人一炬，可怜焦土。

⑤呜呼！灭六国者，六国也，非秦也。族秦者，秦也，非天下也。嗟乎！使六国各爱其人，则足以拒秦；使秦复爱六国之人，则递三世可至万世而为君，谁得而族灭也？秦人不暇自哀，而后人哀之；后人哀之而不鉴之，亦使后人而复哀后人也。

（选自《樊川文集》）

背景分析

杜牧（803年—852年），字牧之，号樊川居士。唐代杰出的诗人、散文家，与李商隐并称"小李杜"。杜牧的诗歌以七言绝句著称，内容以咏史抒怀为主，其诗英发俊爽，在晚唐成就颇高。

《阿房宫赋》通过对阿房宫兴建及毁灭的描写，生动形象地总结了秦朝统治者骄奢亡国的历史教训，向唐朝统治者发出了警告，表现出一个正直文人忧国忧民、匡世济俗的情怀。文章语言精练，工整而不堆砌，富丽而不浮华，气势雄健，风格豪放。

基调用声

本篇文章重在劝诫帝王，论述历史兴衰的道理。朗诵基调是沉稳大气的。用声低沉，气息深厚扎实，吐字强劲有力，节奏稳劲，语气坚定，带着对忧国忧民的慨叹。

朗诵指导

第一段：描写阿房宫兴建营造的非同凡响，体现秦始皇一统天下的豪迈气概。从全景到本体构筑，写尽阿房宫的雄伟壮观。"阿房出"为重音，是全文中心词。自"骊山北构而西折"起，节奏可加快变化，语势起伏细腻，体现阿房宫依山傍水、巧夺天工的气派。

第二段：描写阿房宫里的美人和珍宝，揭露秦朝统治者奢侈的生活，为下文的议论设伏。作者一连用"明星荧荧，开妆镜也"等多组排比句，表现宫女命运的悲惨，也揭示秦始皇生活的骄奢淫逸。

第三段：由被欺辱的人写到被践踏的物。"秦人视之，亦不甚惜"，带着惋惜痛心的语气。

第四段：由描写转为议论，表达出作这篇赋文的本意。"嗟乎"是感叹词，可带着叹气处理。六组比喻句排比，尽情地揭露了秦王朝的奢靡给人民带来的深重灾难。抓住重音"一人""千万""锱铢""泥沙""不敢言而敢怒""日益骄固""焦土"等词。

第五段：总结六国和秦灭亡的历史教训，向当世统治者发出警告。抓住重音"六国也""秦也""爱其人""万世""哀之而不鉴之"，体现强烈的说理感和逻辑性。语气刚强，节奏加快，达到高潮。

十四、春江花月夜

张若虚

春江花月夜

①春江潮水连海平，海上明月共潮生。
滟滟随波千万里，何处春江无月明！
江流宛转绕芳甸，月照花林皆似霰；
空里流霜不觉飞，汀上白沙看不见。
②江天一色无纤尘，皎皎空中孤月轮。
江畔何人初见月？江月何年初照人？
人生代代无穷已，江月年年望相似。
不知江月待何人，但见长江送流水。
③白云一片去悠悠，青枫浦上不胜愁。
谁家今夜扁舟子？何处相思明月楼？
可怜楼上月徘徊，应照离人妆镜台。
玉户帘中卷不去，捣衣砧上拂还来。
④此时相望不相闻，愿逐月华流照君。
鸿雁长飞光不度，鱼龙潜跃水成文。
昨夜闲潭梦落花，可怜春半不还家。
江水流春去欲尽，江潭落月复西斜。
⑤斜月沉沉藏海雾，碣石潇湘无限路。
不知乘月几人归，落月摇情满江树。

（选自《全唐诗》）

背景分析

张若虚（约647年—约730年），扬州人，初唐诗人。曾任兖州兵曹，与贺知章、张旭、包融并称为"吴中四士"。

他的诗仅存二首,收录于《全唐诗》中。其中《春江花月夜》是一篇脍炙人口的名作。诗人融诗情、画意、哲理为一体,凭借对春江花月夜的描绘,尽情赞叹大自然的奇丽景色,讴歌了人间纯洁的爱情,从对游子思妇的同情之心延展到对人生哲理和宇宙奥秘的探索,从而汇成一种情、景、理交融的优美意境。该诗被誉为"孤篇盖全唐"。闻一多先生评价其为"诗中的诗,顶峰上的顶峰"。

基调用声

该诗结构严谨,字雕句琢,从景色描写到人生感悟,展现了作者对宇宙意义的哲学思考,堪称文学经典。朗诵基调深沉宁静,哀而不伤。用声虚实结合,柔和自然,节奏以舒缓型为主,将景色充分情景再现,带着抒情与哲思意味。

朗诵指导

第一部分:开头勾勒了一幅春江月夜的壮丽画面——江潮连海,月共潮生,朗朗千万里,何处不皎洁。朗诵时强调"生"字,突出明月与潮水的生命力。第三、四行,着力写月光皎洁,营造出幽美恬静的氛围。要注意把握诗人细腻的描写,如梦如幻的感情。

第二部分:聚焦"月",突出"孤",抒发对人生与宇宙奥义的探寻,朗诵时注意把握连问两个"何"中思索与情感的递进,整体基调哀而不伤。第七、八行写人生虽短暂,人类却长存,前两句充满欣和畅达之味。江水与明月在等待谁?后两句笔锋一转,引出下文的相思别恨,感情开始有离愁之意。

第三部分:写在夜中的思妇与游子的两地思念之情。"谁家""何处"二句互文见义,一种相思,牵出两地离愁,朗诵时要表现出一往一复中曲折有致、相互呼应的思念情绪。第十一和十二行写思妇对离人的怀念。"徘徊"把明灭不定的"月"拟人化,对思妇心怀怜悯。"卷"和"拂"两个痴情的动作,表现出思妇内心的惆怅和迷惘。朗诵时要注意把握这些细腻的感情变化。

第四部分:月光也映照着远方的爱人吗?但共望月光而无法相知,向以传信的鱼雁也无法传递音讯。相思愁苦之情更甚。第十五和十六行写游子思归。落花、流水、残月,朗诵时要注意体会这些意象和景物为游子带来的触目伤怀、心有戚戚之感。

第五部分:"沉沉"和"无限路"加深了孤寂与乡思。"摇情"一句,游子、思妇、诗人不绝如缕的思念之情交织成一片,洒落在江树。朗诵时要重点体会诗中复杂深重的相思情感,语言有孤清梦幻、如痴如醉之感。

十五、少年中国说(节选)

梁启超

①天地苍苍,乾坤茫茫,中华少年,顶天立地当自强。

少年中国者,则中国少年之责任也。

故今日之责任,不在他人,而全在我少年。

②少年智则国智,少年富则国富;

少年强则国强,少年独立则国独立;

少年自由则国自由,少年进步则国进步;

少年胜于欧洲则国胜于欧洲,

少年雄于地球则国雄于地球。

③红日初升,其道大光。河出伏流,一泻汪洋。

潜龙腾渊,鳞爪飞扬。乳虎啸谷,百兽震惶。

鹰隼试翼,风尘吸张。奇花初胎,矞矞皇皇。

干将发硎,有作其芒。天戴其苍,地履其黄。

纵有千古,横有八荒。前途似海,来日方长。

④美哉我少年中国,与天不老!

壮哉我中国少年,与国无疆!

(选自《饮冰室合集》)

背景分析

梁启超(1873年—1929年),字卓如,号任公,清朝光绪年间广东新会人,近代中国启蒙思想家,资产阶级改良主义政治家,教育家、史学家和文学家,戊戌变法运动领袖之一。他学习了康有为的思想学说,走上改良维新的道路,人称"康梁"。

《少年中国说》写于1900年梁启超流亡日本之时。在戊戌变法失败的背景下,作者极力歌颂少年的朝气蓬勃,指出封建统治下的中国是"老大帝国",热切希望出现"少年中国",振奋人民的精神。文章不拘格式,多用形象的比喻,具有强烈的鼓舞性和进取精神,寄托了作者对"少年中国"的热爱和期望。

基调用声

该诗以四言和七言语句居多,具有鲜明的格律和语节,注意朗诵处理要做到"规中求变",多用节奏、速度、音高的变化推进诗歌情感,展现朝气蓬勃、振奋人心的精神气魄。朗诵基调是高亢激昂的,用声厚实有力,气息扎实饱满,充分发挥低音共鸣与高音共鸣的结合。注意诗中意象的情景再现,节奏张弛多变。

朗诵指导

第一部分:以天地为背景开篇,点出"中华少年""顶天立地"的主题思想。对天地景色要想象再现,声音由虚到实,由弱渐强。抓住重音"顶天立地""责任""少年",声音结实有力。

第二部分:以一系列排比句展现中国少年的责任与意义,要注意排比句的变化处理,分别用高低、强弱、快慢、松紧等不同程度的变化来层层推进。"欧洲""地球"两句要递进升高,情绪加强,体现广博的胸怀与无限的力量。

第三部分:红日升起,道路布满霞光。黄河奔涌滚滚,潜龙腾跃而起,小老虎的吼叫让所有野兽惊慌。雄鹰振翅欲飞,奇花孕育蓓蕾。干将剑新磨,闪射出光芒。头顶着苍天,脚踏着大地。中国历史悠久,疆域辽阔,前途如海般广阔,未来无限可期。朗诵时要抓住"红日""一泻""鳞爪""百兽""鹰隼""奇花""芒""皇""千古""方长"几个重点词,充分进行想象和情景再现。

第四部分:对我"少年中国"发出赞叹,语气充满自豪和欣赏,情绪递进,语势上扬,"与天不老""与国无疆"达到全篇高潮。

第七章 现代诗朗诵

与古体诗不同,现代诗打破了格律限制,力求文字的自由与意境的统一。现代诗仿佛是流淌在古体诗与散文之间的一湾活水,清冽而自由。现代诗无拘无束,常常让朗诵者无从下手,寻不到规律。本章我们一起来探讨现代诗的朗诵创作技巧。

第一节 现代诗朗诵技巧

现代诗,也被称为自由诗。与格律诗的特征相反,现代诗的表现形式完全打破了格律诗体的种种规则限制,字数、句数、小节都没有固定规律。现代诗的格式特点是句无定字、行无定数、篇无定句、长短不一、参差错落。

现代诗具有概括性、跳跃性和音乐性的特点。第一,现代诗是现代社会生活的高度集中的概括和映射。现代诗不像散文和小说那样,能用较长的篇幅对社会生活做全面细致的描绘,而是抓取某个特定事物或生活片段来抒发诗人的思想感情。第二,现代诗的篇幅较短,语句凝练,字斟句酌,在表意中思维的转换速度快,具有较强的思维跳跃性,跳跃的意象串联起诗歌脉络,从而呈现诗人的思想感情和艺术感受。第三,现代诗讲究节奏和音律的美感,诗歌情感的起伏跌宕和音律和谐的特点,为现代诗朗诵提供了得天独厚的创作基础。

现代诗的朗诵创作首先要抓住诗歌中的重要意象词语,挖掘意象的引申意义,串联意象形成诗歌的思路脉络。在掌握诗歌的音韵特点和情感节奏的基础上,朗诵者要深入作者、自己和听者的心灵,做到朗诵创作的"走心"。在真正的朗诵创作过程中能够设身处地、感同身受地纵情自我,用真我诠释诗人的心境。本书把现代诗的朗诵技巧总结为:意象脉络,节奏韵律,深入心灵,纵情真我。

一、意象脉络

诗歌的世界有别于我们的日常世界,它是诗人独特情感和思想逻辑的世界。跳跃的意象、模糊的语义、无序的表达,都成了诗歌理解和朗诵创作的难点。诗歌是诗人思想感情的寄托,它由一些精炼、跳跃性强的意象串联而成。

要想把握诗歌的情感和主题,关键就是抓住诗歌的"意象"。现代诗的朗诵创作,先要挖掘这些意象的深层内涵,再把它们串成思想脉络,这就基本形成了一首诗歌的情感脉络。意象脉络的整理过程较为复杂,需要朗诵者结合亲身经历,调动理解力和感受力具体充分地展开。只有抓住并理解诗歌的具体意象,理清创作脉络,才能对诗歌有一个清晰明了的认识。朗诵者在诗歌思想脉络的统领下,确定诗歌朗诵的整体基调,兼顾重点意象的内涵变化,又不失各个意象之间的关联与衔接,做到朗诵创作整体与具体的统一与变化。

二、节奏韵律

文似看山不喜平,诗歌创作亦是如此。蕴含在文字中的高低、强弱、快慢、远近、明暗、刚柔等内涵共同构成了诗歌的节奏韵律。朗诵者要细致揣摩现代诗歌的节奏律动,用声音的不同层次的对比变化,展现诗歌的节奏韵律之美。

节奏是诗歌朗诵的生命。一些现代诗没有整齐的格式,句式长短不一,行数不等。这样的诗歌也需要朗诵者把握住节奏的变化。首先,要根据诗歌主题内容确立全诗的整体节奏。其次,要划清全诗的段落、层次、句群,把诗歌语句看成诗歌的"步子",由于步子的大小不同,跨度和容量也不一,朗诵者在驾驭有声语言的过程中,需要步步相随,遇到重要标志,要相互呼应对称。

一些现代诗具有明显的语节和诗节,每一小节的字数行数相等,句式规整,或排比或反复。这样的现代诗往往朗朗上口,音律和谐,很容易形成朗诵节奏的回环往复,音律余音不绝于耳。但要注意这样有规律的诗歌节奏很容易陷入固定模式,朗诵时要勇于打破固定腔调,避免语势重复。例如余光中的诗歌《乡愁》是由很规整的四节短诗构成的,虽然每节都是由三个字开头,但"小时候""长大后""后来啊""而现在"四个词所包含的人生阅历和时间跨度的内涵是丰富而深刻的,需要做不同类型的节奏处理。

三、深入心灵

诗歌朗诵的最终目的是传递情感。因而朗诵要做到深入心灵,感同身受。具体来讲有三个方面:深入作者的心灵,理解作者的写作心境,与作者产生情感共鸣;深入朗诵者自身的心灵,让朗诵走心而由衷;深入听者的心灵,感染感动听者。

(一)深入作者的心灵——理解

朗诵者要弄清作者的创作冲动点,理清诗歌的创作源泉和情感变化。一方面,要从诗歌本身探寻,了解作品的内容、形式、结构、情感表达方式等;另一方面,从作者、作品的有关材料中获得,了解作者的生平、创作思想、创作背景、有关介绍、评论、文集等。

(二)深入朗诵者的心灵——走心

朗诵者要深入自己的心灵,就要字字走心,言而由衷,把作者的文字变成自己的话。可以从理性上找共鸣,调动相关的个人积累和认知,求得与作者心境的共通;也可以从感性上抓刺激,调动相关的形象记忆和情绪记忆,从而刺激自己的情绪状态。

(三)深入听者的心灵——感动

深入听者的心灵是朗诵的最终目标。朗诵者要让听者准确地领悟到诗作的内涵、立意和意境等,并给听者强烈的情感引导,以情感人。

四、纵情真我

对于现代诗歌的意象脉络、节奏韵律和深入心灵的分析与处理,都是朗诵创作的"前期准备",也就是说在朗诵开口之前,朗诵者要将这些案头工作准备充分。而在真正的朗诵开口之时,一切准备应达到纯熟的状态,自然融于朗诵表达之中,不刻意不留痕,不显山不露水。这样才能让朗诵者在开口之时卸下一切技巧包袱,纵情其中,真我流露。舞台表演的现场感会给朗诵者难得的情感刺激,让朗诵者更容易达到纵情真我的状态。

【作品训练】

雪花的快乐

徐志摩

①假如我是一朵雪花,
翩翩的在半空里潇洒,
我一定认清我的方向
飞扬,飞扬,飞扬,
这地面上有我的方向。

②不去那冷寞的幽谷,
不去那凄清的山麓,

也不上荒街去惆怅
飞扬,飞扬,飞扬,
你看,我有我的方向!

③在半空里娟娟的飞舞,
认明了那清幽的住处,
等着她来花园里探望
飞扬,飞扬,飞扬,
啊,她身上

有朱砂梅的清香!

④那时我凭借我的身轻,
盈盈地,
沾住了她的衣襟,
贴近她柔波似的心胸。
消溶,消溶,消溶,
溶入了,
她柔波似的心胸。

(选自《志摩的诗》)

背景分析

徐志摩(1897年—1931年),浙江海宁人,新月派代表诗人、散文家。1921年赴英国留学,入伦敦剑桥大学当特别生,研究政治经济学。在剑桥时,他深受西方教育的熏陶及欧美浪漫主义和唯美派诗人的影响。1921年,徐志摩开始创作新诗。1931年初,与陈梦家、方玮德创办《诗刊》季刊,被推选为笔会中国分会理事。同年11月19日,由南京乘飞机到北平,因遇雾在济南附近触山,机坠身亡。

1924年,诗人徐志摩爱恋上了富有才情的陆小曼,同年底写下这首诗。诗人借雪花的纯洁、飘逸、潇洒等特点,表达自己的爱恋之情,抒写对美好生活的执着追求和向往。诗人运用借物抒情、对比、拟人等表达手法,把对理想和爱情的追求等主观感情与客观的自然景象交融互渗,化实景为虚境,创造出一个优美的意境,显示了飞动飘逸的艺术风格。

基调用声

本诗朦胧柔美,飘逸潇洒,婉约含蓄,朗诵基调清丽柔和,表达诗人对美好生活的执着追求和向往,却也笼罩着淡淡的忧伤。声音虚实结合,用声不宜过高,音色柔和清新,吐字轻柔,语势起伏连绵。

朗诵指导

本诗共分为四节,韵律和谐,富有音乐美、绘画美。

第一节:诗的开头,诗人以雪花自喻,以潇洒飞扬的雪花为意象,表达在追求美的过程中感受自由、热爱的快乐。"假如"后停顿,"翩翩的"语气轻柔有朦胧感,情绪美好;三个"飞扬"语势渐高,有音律美,语势可逐级递增,情绪逐层加深,表达出诗人的坚定欢快和对轻松自由的执着。

第二节:诗人通过叙述特殊意象,强调雪花要向自由的方向飞翔。抓住"冷漠""凄凉""荒街"几个词,语气较低沉,两个"不去"要注意情绪的递进加强;三个"飞扬"语势可由高到低,语气较沉缓,渲染淡淡的忧愁,但仍对自由充满向往;"我的"是重音,语气坚定,表明这是我的自由的方向。

第三节:"娟娟的""飞舞"要有飘舞的动态感,可略微延长,可用虚声;"等着她"后停顿;三个"飞扬",韵律轻快,情绪中蕴含着对于神圣爱情的追求,描绘出一幅深邃的灵魂图画,朗诵时需用心体会诗人心境;"她的""清香"是重音,这是诗人想象中的情人,背后蕴藏诗人的神圣的爱情,巧妙地传达了诗人追求爱情的执着和美好理想的心声。

第四节:诗人对爱情的见解都体现在此。"盈盈地"充满轻盈感,情绪轻柔缥缈,可略微延长;"贴近她"后停顿,"柔波似"读出温柔感,语气柔和,可用虚声,细腻生动;三个"消溶"韵味十足,如同一层层溶入诗人的心胸,在朗诵时情绪是逐渐深刻且充满美好的,两人因爱情合为一体,你中有我,我中有你,表达了诗人对爱情最美的向往。

【作品训练】

在天晴了的时候
戴望舒

在天晴了的时候

①在天晴了的时候,
该到小径中去走走:
给雨润过的泥路,
一定是凉爽又温柔;
炫耀着新绿的小草,
已一下子洗净了尘垢;
不再胆怯的小白菊,
慢慢地抬起它们的头,
试试寒,试试暖,
然后一瓣瓣地绽透;
抖去水珠的凤蝶儿
在木叶间自在闲游,
把它的饰彩的智慧书页
曝着阳光一开一收。

②到小径中去走走吧,
在天晴了的时候:
赤着脚,携着手,
踏着新泥,涉过溪流。
新阳推开了阴霾了,
溪水在温风中晕皱,
看山间移动的暗绿——
云的脚迹——它也在闲游。

(选自《戴望舒诗选》)

背景分析

"雨巷诗人"戴望舒的《在天晴了的时候》让人感受到雨后扑面而来的清爽无比的乡土气息。此诗写于1944年6月抗战即将胜利之际,诗人有着顽强的斗争精神,正直不屈,歌唱光明和解放,希望抗战胜利能赶快到来。

基调用声

本诗寓意深刻,韵律和谐,自由超脱,情趣盎然。朗诵基调是欢快喜悦的,表达诗人对大自然的热爱和赞美,以及对战争即将胜利的喜悦之情。声音虚实结合,用声以中音区为主,吐字轻柔,气息舒缓。

朗诵指导

本诗分为两节,一韵到底,富有强烈的节奏感,每节均描绘了不同雨后乡村的景象,无比清新活泼,令人陶醉向往,表达了诗人对大自然的喜爱和对抗战必胜的坚定信念。

第一节:诗人描绘了一系列的雨后乡村景象,情绪是美好可爱的,语气自然,节奏欢快。着重描绘了雨后放晴的美景,"泥路"是温柔的,"小草"在炫耀,"小白菊"大胆地试寒试暖,"凤蝶儿"在悠然地闲游。诗人通过拟人化的手法,用动态化的表达方式,为我们绘出了一幅幅雨后放晴的乡村画卷。朗诵时可略带孩童般的天真口吻,节奏欢快,表达诗人对光明即将到来的渴望。

第二节:诗人走在小径上看见溪流、新阳和云,意境深远,表现出诗人对闲适生活的向往之情。"踏着新泥,涉过溪流",心情喜悦,语气活泼,节奏轻快,诗人的两个动作透出内心的迫不及待。雨后乡景分外美好,雨水不仅洗净世间尘埃,更洗涤了诗人内心的混沌,表达了诗人对大自然的赞美和喜爱之情。

【作品训练】

我孤独地漫游,像一朵云
华兹华斯

①我孤独地漫游,像一朵云
在山丘和谷地上飘荡,
忽然间我看见一群
金色的水仙花迎春开放,
在树荫下,在湖水边,
迎着微风起舞翩翩。

②连绵不绝,如繁星灿烂,
在银河里闪闪发光,

它们沿着湖湾的边缘
延伸成无穷无尽的一行;
我一眼看见了一万朵,
在欢舞之中起伏颠簸。

③粼粼波光也在跳着舞,
水仙的欢欣却胜过水波;
与这样快活的伴侣为伍,
诗人怎能不满心欢乐!

我久久凝望,却想象不到

这奇景赋予我多少财宝,——

④每当我躺在床上不眠,

或心神空茫,或默默沉思,

它们常在心灵中闪现,

那是孤独之中的福祉;

于是我的心便涨满幸福,

和水仙一同翩翩起舞。

（选自《抒情歌谣集》）

背景分析

威廉·华兹华斯,19世纪英国浪漫主义诗人的杰出代表,英国最早的浪漫主义作家之一。他早年受到法国启蒙主义思想影响,卢梭"回归自然"思想对他影响较大。在战争爆发后,他归隐湖畔,致力于诗歌创作,被称为湖畔派诗人。湖畔派诗人喜爱大自然,厌恶资本主义的城市文明和冷酷的金钱关系,他们远离城市,隐居在湖区。

本诗写于1804年,诗人与妹妹一起外出游玩时深深被大自然的美丽所吸引,于是写下此诗,体现了诗人"平静中回忆起来的情感"这一诗学主张。

基调用声

全诗节奏鲜明,情景交融,洋溢着对大自然的赞美喜爱之情,揭示了大自然与人类融为一体的主题,传达了诗人的浪漫主义自然观。声音虚实声结合,用声以中声区为主,吐字轻柔,情感缥缈浪漫,气息舒缓。

朗诵指导

全诗一共四节,分为两个部分。上半部分写景,下半部分抒情。

第一部分:①②段。开篇以第一人称叙述,诗人将自己比作云,"漫游""飘荡"可虚声,读出云一般的飘荡感,暗示诗人有一种排遣孤独、向往自由的心情。"水仙花""起舞翩翩"是重音,表现诗人在孤独中遇见美丽的水仙花的惊喜之情,情感由孤寂转为惊喜。接着描写了水仙花的唯美,带着赞美、喜爱、享受的情感,语气积极上扬。

第二部分:③④段。描写诗人在看见水仙花后心情转变为喜悦美好。"跳着舞""胜过"是重音,将水仙花翩翩起舞的姿态和自身愉悦的心情联系在一起,诗人也跟着水仙花"舞蹈"起来,愁云消散,带着欢快、兴奋的感情,朗诵节奏明快,语气热烈喜悦。

第④段描写了水仙花带给诗人的宝贵财富,情感升华,语气幸福美好。"孤独""福祉"形成对比,"涨满幸福""翩翩起舞"可加适当虚声,表现诗人身处一片幸福美好、平静恬适的意境中。

【要点小结】

1. 意象脉络
2. 节奏韵律
3. 深入心灵
4. 纵情真我

第二节 经典篇目指导

一、在那山道旁

徐志摩

①在那山道旁,一天雾蒙蒙的朝上,
初生的小蓝花在草丛里窥觑,
我送别她归去,与她在此分离,
在青草里飘拂,她的洁白的裙衣。

②我不曾开言,她亦不曾告辞,
驻足在山道旁,我暗暗的寻思,
"吐露你的秘密,这不是最好时机?"——
露湛的小草花,仿佛恼我的迟疑。

③为什么迟疑,这是最后的时机,
在这山道旁,在这雾茫的朝上?

收集了勇气,向着她我旋转身去:——
但是啊,为什么她这满眼凄惶?

④我咽住了我的话,低下了我的头,
水灼与冰激在我的心胸间回荡,
啊,我认识了我的命运,她的忧愁,——
在这浓雾里,在这凄清的道旁!

⑤在那天朝上,在雾茫茫的山道旁,
新生的小蓝花在草丛里睥睨
我月送她远去,与她从此分离 ——
在青草间飘拂,她那洁白的裙衣!

(选自《志摩的诗》)

背景分析

《在那山道旁》透过初恋的羞怯,写出了一对青年男女的情怀,又暗示了那个破坏他们幸福爱情、造成他们痛苦分离的魔影。小蓝花代表着作者徐志摩心中爱情的萌芽。

基调用声

本诗柔和细腻,含蓄内敛,情感真挚又忧郁落寞。朗诵基调应缓和轻柔,表达出诗人因外界因素致使爱情分离的痛苦之情,情真意切。声音偏虚声,用声不宜过高,吐字沉缓,气息舒缓。

朗诵指导

全文共分为五节,前半部分轻快抒情,后半部分语气渐强,情感逐渐从羞怯变成伤心与无奈。

第一节:诗的开头描述了爱情的羞涩和美好。"小蓝花"是重音,代表了诗人坚强的爱情萌芽;"飘拂"代表着爱情的朦胧美好,语速放缓,略柔和;"洁白的"停顿。

第二节:两个"不曾"要加强语气;"暗暗的"声音轻柔,可用虚声;第三句反问,语气强烈。

第三节:进入情绪转变,两个"为什么"语气加强;"但是啊"可略带虚声,语势下降,表达对爱情被破坏的痛苦惋惜之情。

第四节:"咽住""低下"两个动词体现了诗人沉郁的心情,语气可适当放缓。"水灼""冰激"均为意象词,语气起伏可适当增大,可重音,表达内心的情绪激荡;"凄清",情绪苦楚凄凉,节奏放缓。

第五节:"雾茫茫"表现了情绪的忧郁无奈,节奏放缓延展。首尾呼应,结尾出现的"小蓝花",惋惜之情愈加浓烈。结尾段语气加强,语势上扬,音律延展,情意绵长。

二、再别康桥

徐志摩

再别康桥

①轻轻的我走了,
正如我轻轻的来;
我轻轻的招手,
作别西天的云彩。

②那河畔的金柳,
是夕阳中的新娘;
波光里的艳影,
在我的心头荡漾。

③软泥上的青荇,
油油的在水底招摇;
在康河的柔波里,
甘心做一条水草!

④那榆荫下的一潭,
不是清泉,是天上虹;
揉碎在浮藻间,
沉淀着彩虹似的梦。

⑤寻梦?撑一支长篙,
向青草更青处漫溯;
满载一船星辉,
在星辉斑斓里放歌。

⑥但我不能放歌,
悄悄是别离的笙箫;

夏虫也为我沉默，
沉默是今晚的康桥！

⑦悄悄的我走了，

正如我悄悄的来；
我挥一挥衣袖，
不带走一片云彩。

（选自《志摩的诗》）

背景分析

《再别康桥》是徐志摩的代表作品。康桥，是指英国剑桥大学的所在地。1928年诗人回母校重游，遗憾的是他的英国朋友一个也不在，他只好在熟悉的康桥上默默等待，一幕幕过去的生活图景，重新展现在眼前。在归途中，徐志摩写下了这首脍炙人口的《再别康桥》。

全诗以离别康桥时的感情起伏为线索，抒发了对康桥依依惜别的深情。语言轻盈柔和，形式精巧纯熟，用虚实相间的手法，描绘了一幅幅流动的画面和美妙的意境，将诗人对康桥的爱恋、对往昔生活的憧憬、对眼前的无可奈何的离愁，表现得真挚、浓郁、隽永。

基调用声

本诗的朗诵基调应该是优美凄婉的，朗诵节奏应该以舒缓型为主，兼顾轻快与紧张的节奏变化，以抒发诗人对康桥的留恋之情、惜别之情以及理想幻灭后的感伤之情。用声轻柔明朗，气息轻快，吐字轻巧柔美，语气热情亲切。

朗诵指导

第一节：节奏舒缓，动作轻盈，情意缠绵，又带着淡淡的哀愁。"轻轻的招手"要有一种远望感。

第二节：节奏稍稍轻快，表现对美景的陶醉和欣赏，柳树表现了留别惜别之情。朗诵要带着留恋和牵挂，注意"荡漾"要充分展开抒情。

第三节：展现宁静与自由，表现爱心与理想，节奏继续舒缓展开。"甘心"二字是重音，要深情而坚定。

第四节：虚实结合，表现美梦破碎后的消沉，节奏稍稍紧张，语气加强。"彩虹似的梦"美丽而短暂，"梦"字要轻柔展开，声音较虚，体现虚幻与美好。

第五节：对往昔生活的回忆、留恋。回忆曾经的希望满怀，热情高涨，节奏紧张，达到高潮。"寻梦"要带着强烈的疑问语气，"放歌"要带着矛盾的心理，想大声放歌却不能。

第六节：表现对过去的感伤和不舍，节奏变缓，安静下来。

第七节：表现对康桥理想的惜别和惆怅之情，与第一节呼应，但这里离别愁苦之情更浓，节奏是沉缓的。"云彩"有象征意味，代表彩虹似的梦，它倒映在水中却不被带走。

三、无怨的青春

席慕蓉

无怨的青春

在年轻的时候,如果你爱上了一个人,
请你,请你一定要温柔地对待他。
不管你们相爱的时间有多长或多短,
若你们能始终温柔地相待,那么,
所有的时刻都将是一种无瑕的美丽。
若不得不分离,也要好好地说声再见,
也要在心里存着感谢,感谢他给了你一份记忆。
长大了以后,你才会知道,在蓦然回首的刹那,
没有怨恨的青春才会了无遗憾,
如山冈上那轮静静的满月。

(选自《无怨的青春》)

背景分析

席慕蓉(1943年—),当代画家、诗人、散文家,台湾师范大学艺术系毕业后,赴比利时深造。1966年,她以第一名的成绩毕业于布鲁塞尔皇家艺术学院。她曾出版诗集、画册、散文集及选本等五十余种。她的作品多写爱情、人生、乡愁,饱含着对生命的挚爱真情,伴随了许多人的成长历程。主要作品有诗集《七里香》《无怨的青春》,散文集《成长的痕迹》《画出心中的彩虹》《有一首歌》。

基调用声

本诗情感真挚热烈,意蕴澄明且充满人生哲思。朗诵基调应为热烈真挚的,表达诗人对过往爱情的见解与思考,对未来人生的希望。声音虚实声结合,用声不宜过高,吐字明朗,气息舒缓。

朗诵指导

这是一首关于青春与感情的赞歌,描述了一个纯洁少女对完美青春的期许,是对青春与感情的升华之作。朗诵节奏快慢得当,营造出纯粹唯美、充满真善美的氛围。

"如果你爱上了一个人"语势上扬,语气轻柔;两个"请你"要有层次变化,前者较弱,虚声较多,后者较实,语气更为坚定;"多长""多短",两者在表达上可区分开,前者语调拉长,后者语调可较短促;"无暇的美丽"是重音,语气温柔,可加虚声,表现青春

感情的美好;"静静的满月"可加些虚声,略微延长,表达出对青春美好感情的升华。在朗诵时,围绕完美、无憾的期许,注重感性的抒发。

四、一棵开花的树
席慕蓉

①如何让你遇见我
在我最美丽的时刻
为这
我已在佛前求了五百年
求它让我们结一段尘缘

②佛于是把我化作一棵树
长在你必经的路旁
阳光下慎重地开满了花

朵朵都是我前世的盼望

③当你走近
请你细听
颤抖的叶是我等待的热情
而你终于无视地走过
在你身后落了一地的
朋友啊,那不是花瓣
是我凋零的心。

(选自《七里香》)

背景分析

诗人在坐火车经过苗栗山间时,看到山坡上有一棵油桐开满了白色的花。但火车一转弯,树就立刻消失了。这棵真实且充满生命力的油桐,让诗人念念不忘,这便是《一棵开花的树》的创作由来,全诗表达淋漓尽致,情真意切,震撼人心。

本诗真挚动人,情感浓烈,充满了田园式的情调和舒缓的音律之美。席慕蓉的诗多写爱情、人生、乡愁,写得淡雅剔透、抒情灵动,饱含着对生命的挚爱真情和对人情、爱情、乡情的领悟。

基调用声

本诗朗诵虚声偏多,意象新颖,温柔美好。朗诵基调是舒缓柔和的,表达了诗人追求的真挚爱情,意境深远。气息绵长,吐字柔和,节奏舒缓。

朗诵指导

这首诗娓娓道来,饱含真情,诗人自述这是写给自然界的一首情诗,但有些人解读成男女间的情诗。我们在朗诵时可进行适当的想象,形成画面感和故事感。

第一节:诗的开篇刻画出少女内心,表达她对爱情的美好期盼,疑问句语气强烈可略带虚声。"最美丽""五百年"是重音,语气真挚,表现出对佛的赤诚之心。"尘缘"是重音,体现一位少女渴慕生命中的美好爱情。

第二节:"佛"后停顿,"一棵树""必经的路旁"是重音,语气真挚,节奏舒缓,可略微延长,此处将少女痴痴等待意中人的心境写得十分美好。"慎重地"是重音,细腻刻画出少女的痴情之心。

第三节:不仅表达对爱情和美好事物的向往与执着,还表达了少女爱而不得的失落心境,极具画面感和意象美。"无视地走过"表达出如怨如慕、如泣如诉的心境,语势下降。"不是"是重音,与后文对比,"是我"后停顿,"凋零的"是重音,语气低沉,此种凄凉之状,催人泪下,令人动容。

这是一首精致感人的美丽小诗,虽然没有一个"爱"字,热烈执着的爱却跃然纸上。

五、致橡树
舒 婷

①我如果爱你——
绝不像攀援的凌霄花
借你的高枝炫耀自己;
我如果爱你——
绝不学痴情的鸟儿
为绿荫重复单调的歌曲;
也不止像泉源,
常年送来清凉的慰藉;
也不止像险峰
增加你的高度,
衬托你的威仪。
甚至日光,
甚至春雨。

②不,这些都还不够!
我必须是你近旁的
一株木棉,
作为树的形象
和你站在一起。
根,紧握在地下,
叶,相触在云里。
每一阵风过,
我们都互相致意,
但没有人
听懂我们的言语。
你有你的铜枝铁干,
像刀,像剑,
也像戟;
我有我红硕的花朵,
像沉重的叹息,
又像英勇的火炬。

③我们分担寒潮、风雷、霹雳;
我们共享雾霭、流岚、虹霓。
仿佛永远分离,
却又终身相依。
这才是伟大的爱情,
坚贞就在这里:
爱——
不仅爱你伟岸的身躯,

也爱你坚持的位置,　　　　　　　　　足下的土地。

（选自《双桅船》）

背景分析

《致橡树》是舒婷创作于1977年3月的一首爱情诗,也是朦胧诗派的代表作之一。诗人以橡树和木棉树做比喻,通过木棉树对橡树的"内心告白",来否定世俗的、不平等的爱情观,呼唤自由平等独立、风雨同舟的爱情。

基调用声

本诗唯美大气,朗诵基调应该是大气沉稳、端庄优雅的。朗诵节奏是沉缓型的。用声宽阔优美,气息厚实饱满,吐字圆润有力。

朗诵指导

第一节:表现木棉既不想高攀对方、借对方的显赫来炫耀自己,也不想一厢情愿地淹没在对方的浓荫下。凌霄花和鸟儿,代表攀缘和依附。朗诵时,语气要温柔中带着坚定。

第二节:"不""不够"是重音,语气要加重有力。"木棉"代表着平等独立的形象,"站在一起"表达要铿锵有力,说明木棉要打破爱情中不平等的围栏,坚决不当对方的陪衬和点缀,而要与对方站在同等的地位上。"根"要扎实有力,"叶"要轻柔美好。"互相致意"这句,要表现出恋人之间心心相印的美好,语气要温婉多情,甜蜜羞涩。"刀""剑""戟"要表现出男性伟岸挺拔、刚强不屈的气概,用声力度强。"红硕的花朵"要表现出女性健康美丽、深沉坚韧的气质,用声稍显柔和。

第三节:"寒潮、风雷、霹雳"要表现出共患难的坚定,"雾霭、流岚、虹霓"表现出同甘苦的美好。"也爱你坚持的位置",诗人进一步把对方的信念和理想也纳入自己的爱情理念。双方站在同一阵地,有着共同的生活信念。"爱"字要表现得深沉大气,"土地"要说得扎实而厚重。

六、我的记忆

戴望舒

①我的记忆是忠实于我的
忠实甚于我最好的友人。

②它生存在燃着的烟卷上,
它生存在绘着百合花的笔杆上,

它生存在破旧的粉盒上,
它生存在颓垣的木莓上,
它生存在喝了一半的酒瓶上,
在撕碎的往日的诗稿上,

在压干的花片上，
在凄暗的灯上，
在平静的水上，
在一切有灵魂没有灵魂的东西上，
它在到处生存着，
像我在这世界一样。

③它是胆小的，
它怕着人们的喧嚣，
但在寂寥时，
它便对我来作密切的拜访。
它的声音是低微的，
但它的话却很长，很长，
很长，很琐碎，而且永远不肯休；
它的话是古旧的，
老讲着同样的故事，
它的音调是和谐的，

老唱着同样的曲子，
有时它还模仿着爱娇的少女的声音，
它的声音是没有气力的，
而且还挟着眼泪，夹着太息。

④它的拜访是没有一定的，
在任何时间，在任何地点，
时常当我已上床，朦胧地想睡了；
或是选一个大清早，
人们会说它没有礼貌，
但是我们是老朋友。

⑤它是琐琐地永远不肯休止的，
除非我凄凄地哭了，
或者沉沉地睡了，
但是我永远不讨厌它，
因为它是忠实于我的。

（选自《戴望舒诗集》）

背景分析

戴望舒（1905年—1950年），名承，字朝安，小名海山，浙江杭州人，中国现代派象征主义诗人、翻译家，因诗作《雨巷》，一度被称为"雨巷诗人"。

《我的记忆》创作于1927年大革命失败后。当时的青年身处黑暗，看不到希望和出路，陷入一种苦闷彷徨、逃避现实的精神状态。诗人通过咀嚼过去生活的记忆，体现出一种心酸而幸福的心境。本诗把记忆拟人化，用具体生动的意象来表达抽象的情绪，极富自由体诗的散文美。

基调用声

本诗构思独特，迷茫惆怅，回忆诉说感十足，内在韵律丰厚。朗诵基调是深沉缓和的。声音虚实结合，用声不宜过高，气息沉稳，情绪表达深沉却不过分强烈。

朗诵指导

第一节：全诗的概括，把记忆当成无限忠实的好友，整首诗都贯穿着"友人"的特征，赋予抽象的记忆以情感色彩。"记忆""友人"是主要重音，"忠实"为次要重音，语速均匀轻缓,注重交流感。

第二节:写记忆几乎无处不在,诗人用一系列细微的事物,连接过去与现在的时空,充满生活气息,亲切感十足。诗中采用多种具象化的排比,如"燃着的烟卷上""绘着百合花的笔杆上""破旧的粉盒上"等,各种意象代表了诗人不同的经历和情感,朗诵时要眼中有物、心中含情。

第三节:描写记忆到来时的状态。朗诵者要体会"胆小""喧嚣""寂寥"的不同感受,注意区分层次。"低微""很长"可运用虚实声对比,体现两者的张力。"眼泪""太息"是重音,可略延长,表达忧愁之情。

第四节:要注意两个"任何"的层次感,"老朋友"为重音,此处蕴藏着诗人的态度,直抒胸臆。

第五节:结尾是以一种圆圈式抒情结构完成的,末尾与开篇交相呼应,情感更加深沉,更具力量,语势递进上升。看似轻松的字句,却隐喻了内心的忧愁痛苦。

七、我用残损的手掌

戴望舒

①我用残损的手掌
摸索这广大的土地:
这一角已变成灰烬,
那一角只是血和泥;
这一片湖该是我的家乡,
(春天,堤上繁花如锦障,
嫩柳枝折断有奇异的芬芳)
我触到荇藻和水的微凉;
这长白山的雪峰冷到彻骨,
这黄河的水夹泥沙在指间滑出;
江南的水田,你当年新生的禾草
是那么细,那么软……现在只有蓬蒿;
岭南的荔枝花寂寞地憔悴,尽那边,
我蘸着南海没有渔船的苦水……
②无形的手掌掠过无限的江山,
手指沾了血和灰,手掌粘了阴暗,
只有那辽远的一角依然完整,
温暖,明朗,坚固而蓬勃生春。
在那上面,我用残损的手掌轻抚,
像恋人的柔发,婴孩手中乳。
我把全部的力量运在手掌贴在上面,
寄与爱和一切希望,
因为只有那里是太阳,是春,
将驱逐阴暗,带来苏生,
因为只有那里我们不像牲口一样活,
蝼蚁一样死……那里,永恒的中国!

(选自《戴望舒诗集》)

背景分析

《我用残损的手掌》是戴望舒在 1942 年 7 月写的。时值抗日战争的中段,同年 4

月,诗人在香港参加抗日救亡运动,被投入监狱,受尽严刑拷打。1942年7月,诗人获得保释,摸着遍体鳞伤的自己,联想到祖国的河山,怀着对外族侵略的痛恨愤慨、对祖国和人民的同情爱怜,写下了这首诗。

基调用声

本诗低沉深切,愤慨悲痛,满怀爱国之情,开篇低沉,而后逐渐明朗坚定,情感起伏跌宕。朗诵声音偏实声,气息要扎实、铿锵有力,用声以中声区为主,高低音区为辅。

朗诵指导

本诗分为两部分,全诗节奏连贯,虚实结合,回忆和现实对比,强弱分明。前半部分表达诗人对沦陷时的中国的深切关注,应读得沉重、缓慢;后半部分充满对祖国强烈的期望和热爱之情,应读得激昂、饱满、高涨。

第一部分:开篇语气低沉,"残损的""广大"是重音,体现其隐藏的象征意义。"这一角""那一角"要有远近距离的方位感。"灰烬""血""泥"是重音,表现对彼时中国沦陷之悲痛和哀婉。"繁华""嫩柳""荇藻"是回忆家乡的美好,"现在只有蓬蒿"语势下降,语气低沉。幻想中的美好与狱中生活形成鲜明对比,以乐景衬哀情,表达诗人痛苦的内心。

第二部分:情绪逐渐转变为积极状态,充满力量,饱含爱国之情。"辽远""温暖""明朗""坚固"情绪积极向上,声音偏实声,可适当做延长处理。"驱逐阴暗,带来苏生"是重音,语气坚定,情绪饱满,表达对新中国的期盼与向往。"中国"是重音,语势向上,气息沉稳,表达诗人浓浓的爱国之情,情绪最为高涨饱满。

八、相信未来

食 指

相信未来

①当蜘蛛网无情地查封了我的炉台,
当灰烬的余烟叹息着贫困的悲哀,
我依然固执地铺平失望的灰烬,
用美丽的雪花写下:相信未来。

②当我的紫葡萄化为深秋的露水,
当我的鲜花依偎在别人的情怀,
我依然固执地用凝霜的枯藤,
在凄凉的大地上写下:相信未来。

③我要用手指那涌向天边的排浪,
我要用手掌那托起太阳的大海,
摇曳着曙光那支温暖漂亮的笔杆,
用孩子的笔体写下:相信未来。

④我之所以坚定地相信未来,
是我相信未来人们的眼睛——
她有拨开历史风尘的睫毛,
她有看透岁月篇章的瞳孔。

⑤不管人们对于我们腐烂的皮肉,
那些迷途的惆怅,失败的苦痛,
是寄予感动的热泪,深切的同情,
还是给以轻蔑的微笑,辛辣的嘲讽。

⑥我坚信人们对于我们的脊骨,
那无数次地探索、迷途、失败和成功,
一定会给予热情、客观、公正的评定,
是的,我焦急地等待着他们的评定。

⑦朋友,坚定地相信未来吧,
相信不屈不挠的努力,
相信战胜死亡的年轻,
相信未来,热爱生命。

(选自《食指的诗》)

背景分析

食指(1948年—),本名郭路生,朦胧诗的代表人物,被当代诗坛誉为"朦胧诗鼻祖""新诗潮诗歌第一人"。食指的诗基本上是四行一节,在轻重音的不断变化中,结合时间和空间元素,求得质朴而感人的效果。

"文化大革命"时期,诗人对命运的遭遇有了切身的感受,对眼前的现实有了清醒的看法。曾经热烈而单纯的理想,遭到了狂风暴雨般的冲刷,作者内心失落、迷茫和悲哀,但又不甘于轻易放弃。在希望与绝望的剧烈冲突中他写下了这首《相信未来》。这首诗也是当时批判现实的代表作。该诗优美的意境、深刻的思想、朗朗上口的文字,让人们感受到在逆境中的自我激励和矢志不渝。食指也因此拥有了"知青诗魂"的称号。

基调用声

在混乱迷惘的年代,诗人对命运有了更深的感悟,随即写下这首诗来自我鼓励,恪守对明天的承诺。本诗的朗诵基调应该是深沉坚定、充满希望的。朗诵节奏是沉缓有力的。用声低沉厚重,气息深沉,吐字铿锵有力,语势起伏跌宕。

朗诵指导

第一节:"蜘蛛网"往往落满灰尘,用声低沉。"我的炉台"是产生希望的地方,用声稍轻扬。"灰烬的余烟"指残留的希望,语气加重。"美丽的雪花"指纯洁质朴的心灵,语气细腻温柔。第一个"相信未来",要顺势带着美好和希望,语势上扬。

第二节:"紫葡萄"指成熟的果实,语气带着美好。"深秋的露水"代表失望的感情,句尾下降。"我的鲜花"指属于我的美好心情和成就,重音放在"我"上,与"别人"呼应对比。"凝霜的枯藤"指遭受的不幸,用声结实低沉。"凄凉的大地"指黑暗的现实。第二个"相信未来"语气要坚定,声音低沉有力。

第三节:"涌向天边的排浪"指无限的希望和力量。"托起太阳的大海"指一种雄浑博大的胸怀。两种意象的气魄一浪高过一浪。这里两句都在"手"后停顿,"指""掌"理解为动词。"摇曳"要表现出那种沐浴曙光的享受。第三个"相信未来"要用一种孩子般天真烂漫的语气来表达。

第四节:"未来人们的眼睛"与下文热情客观公正的评定呼应。诗人相信未来的人们能够拨开迷雾,保持理性,看到真理。本节要转为坚定自信的语气,充满对未来的憧憬与向往,句尾语势上扬。

第五节:相信困苦时期是短暂的过渡,这些苦难都会过去。朗诵时,可以与第六节结合起来,为第六节做铺垫。

第六节:语气愈发坚定,积累气势。

第七节:"朋友"一句要有感染力和号召力,也要发自内心。后面三句语势逐渐上台阶,到"热爱"最高,"生命"可以顺势而下,说得坚定、有力、踏实。

九、哭三弟恒
——三十年空战阵亡
林徽因

①弟弟,
我没有适合时代的语言
来哀悼你的死;
它是时代向你的要求,
简单的,你给了。
这冷酷简单的壮烈是时代的诗
这沉默的光荣是你。

②假使在这不可免的真实上
多给了悲哀,我想呼喊,
那是——你自己也明了——
因为你走得太早,太早了,
弟弟,难为你的勇敢,
机械的落伍,你的机会太惨!

③三年了,你阵亡在成都上空,
这三年的时间所做成的不同,
如果我向你说来,你别悲伤,

因为多半不是我们老国,
而是他人在时代中碾动,
我们灵魂流血,炸成了窟窿。

④我们已有了盟友、物资同军火,
正是你所曾经希望过。
我记得,记得当时我怎样同你
讨论又讨论,点算又点算,
每一天你是那样耐性的等着,
每天却空的过去,慢得像骆驼!

⑤现在驱逐机已非当日你最理想
驾驶的"老鹰式七五"那样——
那样笨,那样慢,
啊,弟弟不要伤心,
你已做到你们所能做的,
别说是谁误了你,
是时代无法衡量,

中国还要上前,
黑夜在等天亮。

⑥弟弟,
我已用这许多不美丽言语
算是诗来追悼你,
要相信我的心多苦,喉咙多哑,
你永不会回来了,我知道,
青年的热血做了科学的代替;
中国的悲怆永沉在我的心底。

⑦啊,你别难过,
难过了我给不出安慰。
我曾每日那样想过了几回:
你已给了你所有的,
同你去的弟兄也是一样,
献出你们的生命;
已有的年轻一切;
将来还有的机会,
可能的壮年工作,
老年的智慧;

⑧可能的情爱,家庭,儿女,

及那所有生的权利,喜悦,
及生的纠纷!
你们给的真多,都为了谁?
你相信
今后中国多少人的幸福
要在你的前头,比自己要紧;
那不朽中国的历史,
还需要在世上永久。

⑨你相信,你也做了,
最后一切你交出。
我既完全明白,
为何我还为着你哭?
只因你是个孩子
却没有留什么给自己,
小时我盼着你的幸福,
战时你的安全,
今天你没有儿女牵挂需要抚恤同安慰,
而万千国人像已忘掉,
你死是为了谁!
1934年,李庄

(选自《林徽因经典作品》)

背景分析

1941年的成都,日军利用恶劣天气,以诡异的云上飞行方式奇袭中国空军双流基地,一个年仅23岁的中国飞行员不顾日机的轰炸扫射,冒死登机,起飞迎战,在跑道尽头就被击中,壮烈殉国。这位牺牲的飞行员叫林恒,是林徽因的弟弟。三年后,林徽因在悲痛中写下了这首悲壮哀婉的诗篇《哭三弟恒》。

基调用声

本诗表达了诗人对弟弟牺牲的无比悲伤、痛心和惋惜之情。朗诵基调是沉重悲伤的,气息深长,多用虚声,吐字恳切,语调多下降,节奏跌宕起伏,饱含对生命无常、世事难料的感慨。

朗诵指导

本诗共九节,可分为三个部分。用词深沉有力量且掷地有声,让人深切地感受到那深深的悲哀。

第一部分:①至②节,诗人作为姐姐只能接受这沉默的光荣,但难以抑制心底的悲痛。"弟弟""时代""壮烈""时代的诗""不可免"是重音,气息深沉,语气低沉有力。两个"太早"可用实声和虚声来区别,以表现悲怆的情绪。

第二部分:③至⑤节,三年的光阴难以治愈心底的悲痛。"三年了""灵魂流血""窟窿"几个词是重音,语气愤慨,声音延展,气息凝滞。"盟友""物资""军火"语流高低起伏,节奏抑扬顿挫。三个"那样"节奏变化明显,可连贯处理,声断气不断。"中国""上前""天亮"语调上升,表达对未来的美好希望。

第三部分:⑥至⑨节,展现内心的哀悼,也是对生者的慰藉。"中国的悲怆""永沉""献出""生命"是重音。"年轻一切""壮年工作"等均不可能实现,要读出惋惜感。"情爱""家庭""儿女"等节奏加快,语气加强。"你死是为了谁!"是全诗的精髓所在,点明中心,反问语气强烈,情绪高涨,语势上扬。

十、昭君出塞

朱 湘

①琵琶呀,伴我的琵琶:
趁着如今人马不喧哗,
只听得啼声得得,
我想凭着切肤的指甲,
弹出心里的嗟呀。

②琵琶呀,伴我的琵琶:
这儿没有青草发新芽,
也没有花枝低桠;
在敕勒川前,燕支山下,
只有冰树结琼花。

③琵琶呀,伴我的琵琶:
我不敢瞧落日照平沙,
雁飞过暮云之下,

不能为我传达一句话
到烟霭外的人家。

④琵琶呀,伴我的琵琶:
记得当初被选入京华,
常对着南天悲咤,
那知道如今去朝远嫁,
望昭阳又是天涯。

⑤琵琶呀,伴我的琵琶:
你瞧太阳落下了平沙,
夜风在荒野上发,
与一片马嘶声相应答,
远方响动了胡笳。

(选自《草莽集》)

背景分析

朱湘(1904年—1933年),诗人、教育家,"清华四子"之一。1925年出版第一本诗集《夏天》。留学美国回国后,他生活动荡,曾任教于国立安徽大学(现安徽师范大学)外文系。1933年他在上海到南京的客轮上纵身跃入清波,自杀身亡。

朱湘是一位有民族气节的诗人,他对于侵略者蔑视中华民族的态度十分不满。作者只能以古喻今,写下了这首《昭君出塞》。王昭君选入汉宫中后被冷落数年,后来自愿请行匈奴。恰在这时,汉元帝发现了她盖世之美貌,但为时已晚,昭君只能出塞。

基调用声

本诗哀怨悲苦,孤独飘零。朗诵基调是悲凉哀怨的,朗诵节奏是沉缓型,用声以中声区为主,声音虚实结合,气息低沉凝滞,吐字有力,语势跌宕,大起大伏,有大漠荒凉之感。

朗诵指导

全诗分为五节,"琵琶呀,伴我的琵琶"作为每节的首句起到了串联全诗的作用,应注意情绪要逐渐由平缓哀怨到较为高昂,最后再到洒脱。

第一节:开头写内心的愁苦。"我"渐入孤寂,即将出塞,相伴的只有马蹄得得之声,积郁已久的苦闷能用琵琶来缓解吗?"蹄声得得""切肤""嗟呀"语气深沉,情绪愁苦细腻,略带虚声,以表达昭君心中的哀怨。

第二节:写死寂冷漠的氛围,昭君要去的北地"只有冰树结琼花"。故土的"青草发新芽""花枝低桠"与边塞的"冰树结琼花"形成对比。"敕勒川""燕支山"要带着画面感,表达空旷苍凉的情感。

第三节:以暖色写悲情,"落日照平沙"与"雁飞过暮云"渲染了昭君的浓浓乡愁。"我不敢瞧"后停顿,读出她的无奈思念之情,语气低沉,可略微延长。"落日""平沙""雁飞""暮云"均为思乡怀亲和羁旅伤感的经典意象,语气悲凉,可作为重音,情绪上要围绕着思乡的忧愁之情来表达。"一句话"用重音强调,情绪无奈,可加虚声,连简单一句话也无法传回遥远故乡,更能凸显此时昭君的浓浓乡愁。

第四节:昭君自述身世,悲苦无告,孤独无依。"当初"后停顿,有种怅然回忆感。"悲咤"是重音,语气悲凉,注意要围绕着昭君命运中的飘零感和虚幻感来表达。"昭阳"后重音停顿,"天涯"是重音,情绪悲上加悲,难以言说,可略带虚声,此时的悲伤之情应为全诗之最。

第五节:昭君已然变得洒脱,目的地即将到达,边塞生活刚刚开始。"你瞧"后停顿,"太阳""平沙""夜风""马嘶声"等意象词,描述了一片边塞之景,朗诵注意画面感的表达,此时昭君的心境略微释然,用声低沉,情绪略平复;"发""答"处节奏抑扬起伏,给人一种琵琶弹奏之感,更显环境恶劣与昭君的悲苦;"远方"后停顿,"胡笳"昭示了目的地的接近,也代表另一种生活的开始,可虚声,略延长,语气沉缓。

十一、死水

闻一多

①这是一沟绝望的死水,
清风吹不起半点漪沦。
不如多扔些破铜烂铁,
爽性泼你的剩菜残羹。

②也许铜的要绿成翡翠,
铁罐上绣出几瓣桃花;
在让油腻织一层罗绮,
霉菌给他蒸出些云霞。

③让死水酵成一沟绿酒,
漂满了珍珠似的白沫;

小珠们笑声变成大珠,
又被偷酒的花蚊咬破。

④那么一沟绝望的死水,
也就夸得上几分鲜明。
如果青蛙耐不住寂寞,
又算死水叫出了歌声。

⑤这是一沟绝望的死水,
这里断不是美的所在,
不如让给丑恶来开垦,
看他造出个什么世界。

(选自《闻一多诗集》)

背景分析

闻一多(1899年—1946年),本名闻家骅,字友三,湖北黄冈人,中国现代伟大的爱国主义者,坚定的民主战士,新月派代表诗人和学者。他致力于研究新诗格律化的理论,著有诗集《红烛》《死水》。

《死水》通过对半殖民地半封建社会的多角度、多层面描写,揭露和讽刺了腐败不堪的旧社会,表达对当时统治者的愤懑之情和深沉的爱国之情。1922年,诗人怀着报效祖国的志向去美国留学。在异国的土地上,诗人尝到了华人被凌辱和歧视的辛酸。1925年,诗人怀着一腔爱国之情和殷切的期望提前回国,却看到祖国令人极度失望的景象——军阀混战、帝国主义横行,诗人的感情由失望痛苦转至极度愤怒,因此写下了这首诗。

基调用声

本诗表达了诗人对旧中国腐败现实的激愤和对新中国的期望和向往。朗诵基调应为痛恨愤慨的,朗诵节奏是沉缓与激昂相结合的。用声不宜过高,以中音区为主,声音虚实结合,吐字深沉,发人深省。

朗诵指导

第一部分:第①节,表现诗人激愤中饱含着对美好事物的殷切希望。"死水"代指诗人对旧中国腐败现实的激愤之情。"绝望""死水"是重音,语速放缓,蕴含深意。"清风"是重音,是与"死水"相对立的事物。"破铜烂铁""剩菜残羹",情绪加强,声音偏实,表现看见"死水"的失望心情。

第二部分:②至④节,以反讽的方式揭露了旧中国腐朽颓败的社会现状。注意"翡翠""桃花""罗绮""云霞""绿酒""珍珠"等不同意象的寓意,在用声上加以区别。"绝望""歌声"是重音,声音偏实,情感加强。

第三部分:第⑤节,表达了诗人诅咒现实和改变现实的强烈愿望。"这里断不是美的所在"是对黑暗的中国社会的彻底否定,语气加重,用声稍高,情绪达到顶点。"开垦"是重音,"看他造出个什么世界"要注意语气的转变,诗人在绝望之中仍有一丝期望,表现了诗人深沉的爱国热情。

十二、山楂树之恋

佚 名

①想当年毛主席一声呼唤,
热情的我们下乡锻炼,
看到你的第一眼,如清风扑面,
大白兔奶糖在我手里攥了一整天。

②山楂树下的那条小河边,
我唱着洗衣歌,你跳着忠字舞,
在静静的傍晚,在那美丽的世外桃源,
我们小心地牵手,我们忐忑地爱恋。

③你送我一支金芯钢笔,
我为你编织了一条小金鱼儿,
你为我写下每一行诗,
那是你要我相信,
在这个世界上有那么一个人,
宁可死也不会对我出尔反尔。

④我不能等你一年零一个月了,
我也不能等你到25岁了,
但我会等你一辈子。
生死契阔,与子成说,
执子之手,与子偕老。

(作品源自网络)

背景分析

本诗是在美籍华人艾米所写的《山楂树之恋》小说基础上改编而来的。诗作以第一人称视角,以平和的笔调和质朴的语言,将一个普通人物的爱情故事描绘得有声有色,再现了 20 世纪 70 年代的一段刻骨铭心的爱恋。

基调用声

本诗爱意真挚,纯真美好,表达了对美好爱情的向往和因病不能陪伴恋人的苦楚。用声虚实结合,语气真挚,气息柔和。

朗诵指导

本诗共四节,分为两部分

第一部分:①至③节,讲述二人相遇的缘由,展现了恋爱初期的羞涩美好。"清风扑面"语气柔和,可加虚声,略微延长,充满甜蜜之情;"小心地牵手""忐忑地爱恋"体现出对爱情的小心珍重,带着对爱情朦朦胧胧的羞涩之意。

第二部分:第④段,抒发了矢志不渝的态度,情感集中升华。"死""出尔反尔"是重音,可略微延长;"一年零一个月""25 岁""一辈子"为重音,语气加强,最终落点应在"一辈子"上,表现出老三对爱恋的坚定;最后放慢语速,注重字词背后的意蕴。尽管因病无法陪伴,却希望爱人永远幸福,令人感动和叹惋。

十三、当你老了

叶 芝

①当你老了,头发白了,睡意昏沉,
炉火旁打盹,请取下这部诗歌,
慢慢读,回想你过去眼神的柔和,
回想它们昔日浓重的阴影;

②多少人爱你青春欢畅的时辰,
爱慕你的美丽、假意或真心,

只有一个人爱你那朝圣者的灵魂,
爱你衰老了的脸上痛苦的皱纹。

③垂下头来,在红光闪耀的炉子旁,
凄然地轻轻诉说那爱情的消逝,
在头顶的山上它缓缓踱着步子,
在一群星星中间隐藏着脸庞。

(袁可嘉译)

背景分析

威廉·巴特勒·叶芝(1865 年—1939 年),曾在都柏林大都会美术学院学习绘画,1887 年开始专门从事诗歌创作,于 1923 年获得诺贝尔文学奖。

《当你老了》创作于 1893 年。诗歌语言简明,情感丰富真切。诗人采用多种艺术表现手法再现了对茅德·冈忠贞不渝的爱恋之情,揭示了现实中的爱情和理想中的爱情之间不可弥合的距离。

基调用声

本诗表现了诗人对爱情的矢志无悔,情真意切却又略带哀伤。朗诵基调应深沉柔和,朗诵节奏为舒缓型。声音以虚声为主,用声以中低音为主,吐字轻柔,气息缓和。

朗诵指导

全诗共分三节,结构布局独具匠心,前后照应。

第一节:诗人想象若干年后与年迈的恋人在炉火旁阅读诗集的情景,朦胧生动,"老了""花白""昏沉""打盹"是重音,可略微延长,带着美好憧憬的情感。"眼神的柔和""浓重的阴影"表现诗人仿佛一直义无反顾地朝着自己假设的时空走去,如同走向一种信仰。

第二节:诗歌的中心,用对比巧妙表达自己的一片深情。"多少人""青春欢畅""美丽""一个人"为重音。"衰老""皱纹"要情感饱满真挚,透露出诗人之爱的深沉、真挚和忠贞。

第三节:描述了未来虚拟的意境,诗人的情绪更加复杂,爱情在现实中成了无望、无奈。"垂"字发音饱满,略带虚声,以气托声,体会"垂"的动作感。"缓缓""星星""脸庞"充满画面感,充分想象,语速放缓,情绪更为深沉,表现爱情并未消散,而是寄托于山顶、星星间,让人感觉到一种圣洁的美好,也拓展了诗歌的意境。

十四、我们,用我们的方式参战

付 程

①在封成孤岛的江城,
在瘟疫肆虐的武汉,
有我们的兄弟和姐妹
用我们的方式在顽强作战!
尽管你们的声音,
透着疲惫和喑哑;
尽管你们的嗓子,
早已发炎发干;
然而是战士就要冲锋,
在人民危难之时,
就要挺身上前线!

因为我们是人民的主持人,
因为我们是人民的播音员,
我们要用我们的方式参战,
冲锋向前!

②亲爱的战友啊,
你们同武汉的万千同胞一样,
早已成为我们时刻的担忧;
你们的安危,
你们的亲人,
早就让我们

须臾不舍地挂牵！
然而你们，
因为初心仍在，
因为使命在肩，
疫情就是命令，
你们奋蹄不待扬鞭。
用我们的方式主动出击，
英勇参战！
声音是我们的枪杆，
激情是我们的枪弹；
为党和政府分忧，
为人民披肝沥胆！
用豪情燃起熊熊斗志火；
用真诚唤起民众万万千！

③啊！
我们的好战友，
我们挚爱的兄弟姐妹，
人民的喉舌与人民同在，
打一场抗击冠毒的阻击战。

人无老幼皆战士，
地无南北莫等闲，
白衣天使和人民子弟兵，
可歌可泣逆火向前。
我们吹响进军的号角，
金声玉振摇旗呐喊。
与人民在一起，
我们力量无边。
与人民在一起，
我们身影矫健。
万众一心可填海，
众志成城可移山。
同心干，
同心干，
保卫神州，
保卫华中，
保卫大武汉，
不斩冠毒誓不还！

（作品源自网络）

背景分析

付程（1955年—），中国传媒大学教授，硕士生导师，曾任中国传媒大学播音主持艺术学院副院长，现任中国文化促进会主持人委员会顾问。

2020年，抗击新型冠状病毒肺炎疫情的"战役"在全国各地打响，在党中央的坚强领导下，全国人民团结一心，众志成城，筑起抗击疫情的钢铁长城。这其中有着数不清的记者和主持人的身影，他们用自己特有的方式英勇参战，展现共克时艰的信念和决心。作者创作并朗诵这首诗，表达对媒体工作者的敬意和抗疫必胜的信心。

基调用声

本诗以实声、强控制为主，高亢明亮、热情赞美却又饱含深情。吐字干脆，气息深厚稳劲，情绪饱满激昂，节奏明朗，带着真挚肯定和深情赞扬的语气。

朗诵指导

本诗歌颂了在新冠肺炎疫情阻击战中,奋战在一线的记者、主持人等所有媒体工作人员,赞扬他们对疫情防控工作的无畏付出。

第一节:交代诗歌背景和奋战在一线的"兄弟姐妹"——传媒工作者的工作状态,朗诵时情绪渐起,由弱渐强,不断积蓄。"顽强作战""疲惫""喑哑"是重音,体现所有抗疫人员对抗疫情时的顽强意志。"主持人""播音员""冲锋在前"是重音,情绪饱满,讲述了奋战的原因,即我们是属于人民的,我们的工作都是为了人民,点明诗歌的主旨。

第二节:赞美同行战友的英勇与无私。"亲爱的战友啊",语气真诚,节奏放缓,可略微延长,表达诗人的崇高敬意。两个"因为"连用,情绪递进高涨。"主动出击""英勇参战""声音""激情"是重音,声音较实,气息沉稳有力,表现抗疫的坚定信念。"用豪情""用真诚"要刚强坚毅,朗诵时可以前弱后强,节奏变化,增加层次。"万万千"要用豪迈的语气、深厚的气息和较实的声音,展现抗疫工作者的抗疫决心与必胜信心。

第三节:从媒体人讲到了所有奋战在一线的救援团体,感恩所有人在这场没有硝烟的战场上的付出。"人无老幼皆战士""地无南北莫等闲"是对仗句,要注意节奏上的变化处理;"力量无边""身影矫健"是重音,声音偏实;三个"保卫"情绪上逐层递进,节奏逐步加强,语气也更为恳切坚定;"誓不还"是重音,实声处理,情绪高涨,展现无数人对于抗疫必胜的决心。最后几句的重复与对仗,是诗歌情绪的最高点,可加入配乐渲染情绪,达到高潮。

十五、逆行的背影
——致勇敢的白衣天使
张金桥

①从来不知道你是谁,
也没有看清你的脸,
只看见白色防护服包裹着的背影,
当我们拼命远离病魔的时候,
你却逆向而行,
就像奔赴战场的勇士。
你有个美丽的名字
——天使,

不,也许天使还不及你,
你伸出美丽的白色翅膀,
把痛苦和悲伤挡在了我们身后,
把阳光和幸福留在了我们眼前。

②一切都是那么突然,
突然的让你甚至来不及说一声再见,
也许你的脚步是沉重的,

逆行的你毕竟与生命可能渐行渐远,
但你的脚步是坚决的,
坚决的脚步声回响到很远,很远。
不知道你是谁的家人,
但肯定有人日夜牵挂着你,
为了能把责任扛在肩上,
你把生命看淡,
把牵挂深埋心底。

③负重逆行,
只是为了让更多的人能活下去。
你的背影看着也许单薄,
但却是那样牢不可破,

病魔疯狂追赶我们的脚步,
最终在你的面前停了下来。
一切又归于平静,
你的背影成了一道美丽的分界线,
背影后留下的是一路阳光,岁月静好。

④我不认识你,
但我却记住了你,
你那逆行的背影,
深深地烙在了我的心底,
每当清晨的第一缕阳光升起,
在阳光里,
我就会看见最美丽的你!

(作品源自网络)

背景分析

张金桥,现任宜昌市三峡坝区人民检察院副检察长。

2020 年,新型冠状病毒肺炎疫情肆虐,在武汉疫情严峻的时候,全国各地的医疗工作者不顾自身安危,投身于战疫一线。本诗赞颂疫情期间奋斗在一线的医疗工作者,赞美其无私奉献的精神,对其表示崇高的敬意。

基调用声

本诗情真意切,满怀感激,表达了对医疗工作者由衷的赞美以及对那些逆行者的敬佩之情。吐字有力,气息深沉,虚实声结合,情绪真挚饱满,用声以中音区为主。

朗诵指导

本诗共分为四节,朗诵时语气真挚深情,表现对医护工作者的感激和赞颂。

第一节:交代了诗歌的背景、对象和情感主旨。开头语气低沉,注重讲述感。"背影"是重音,声音偏虚声,可略延长。"我们""你"表现出一种对比感,突出对白衣天使毅然决然奔赴战场的尊敬。"天使"语气温柔,情感纯粹,突出白衣天使行为的神圣。"身后""眼前"作为对比,可用虚实声来区别。

第二节:"那么突然"语势下降,声音偏虚,读出回忆感。"沉重的"语气低沉,节奏放缓,为后文情感的上扬做铺垫,增加表达张力。"坚决的"语气偏实,语势上扬,情感饱满肯定,与前文形成对比。两个"很远",可用虚实和快慢的变化来表达。"生命"是重音,加些虚声,节奏放缓,表达出医护工作者抗疫决心之坚定和舍小家为大家的高尚情操。"牵挂"后停顿且重音强调。

第三节:"负重前行"要深情饱满,"也许单薄""牢不可破"两者产生对比,可用重音和虚实声的变化来处理。"一路阳光,岁月静好"语气偏于柔和,情绪上充满力量却又深情款款,让人为之一振,充满希望。

第四节:是情感的升华,表达了美好的祝福和对未来的希望。"不认识""记住"要突出对比感,体现感恩与谢意。"深深地"语气轻柔,声音偏虚,节奏略缓。"最美丽的你"语气柔和,情感美好积极,可适当放缓节奏,突出对白衣天使美好真挚的祝愿。

第八章　散文朗读

从形式上看,散文犹如围棋,因势而行,以意而做,既要聚集,又要留白。散文有开篇、游走、点睛、结语等部分。形散而神聚是散文的自由性的体现,不管引向何处,落于何方,总有藕断丝连、盘根错节之处。

散文的朗读,总是给人一种稳如泰山的平静和力量。散文朗读的这种力量,需要朗读者在不显山不露水的表达控制中得以展现,这对于朗读者的语言功力和表现力具有较高的要求。本章我们一起来探讨散文朗读的技巧。

第一节　散文朗读技巧

散文,是指与诗歌、小说、戏剧文学并列的一类文学体裁。散文的种类众多,大体可分为记叙性散文、抒情性散文和议论性散文等。其中,记叙性散文主要以叙述性语言来记述人物、事件、经历等;抒情性散文主要以描写和抒情性语言来借景抒情、借物抒情;议论性散文主要以议论和说理性语言来说明事理、表达态度和观点。朗读时,不同类型的散文语言,我们要用不同语言样式进行表达。

与小说相比,散文的篇幅一般较短,它常常是作者亲身经历的生活片段和真实感受的具体写照。散文的写作特点是形散神聚,以小见大,真人真事真情,文辞细腻有文采,内容题材广泛多样。

本书把散文的朗读技巧总结为"形散而情真,细腻有文采,轻柔写意化,表达多样化"。

一、形散而情真

散文朗读创作要做到形散而情真。朗读者要理解散文"形散神聚"的特点,从而将"真情"贯穿在朗读始终。散文中经常会出现互不相关的几个片段或场景,看似零散,仔细探究却能理出其内在联系,找出其中的线索,摸出散文的神韵。而这种神韵正是来源于作者真实的写作心境和由衷的情感,朗读者要与作者的心境合二为一,产生强烈的情感共鸣,将真情贯穿于散文朗读之中,给看似形散的片段文字赋予灵魂。

例如,在泰戈尔的散文《金色花》中,作者将孩子比作金色花,描绘了孩子在读书、工作、散步等一系列场景中与母亲捉迷藏嬉戏的画面。朗读这些片段时,要带着孩子般的天真可爱和对母亲浓厚的依恋之情,让散文形散神聚而情真。

二、细腻有文采

散文朗读创作要做到细腻有文采。朗读要体味散文的文采特点,进而呈现散文的细腻感和层次感。散文的写作语言一般比较精致细腻,文辞凝练,讲究文采,富于音乐性和形象感。一些抒情性、记叙性散文常常运用对偶、排比、对仗等整齐的句式,让散文充满诗意音韵。而现代诗内容和意象的跳跃性较大,散文则更加注重局部细节的细腻和层次的描写,散文朗读也要通过细腻的音色变化来表现其文辞色彩。

例如,在朱自清的散文《春》中,作者通过句式重复和排比呈现不同景物的情态变化,体现对春天来临的急切盼望之情。朗读时要注意重复和排比句式在语气上的递进和加强,以及不同景色细腻的语气变化。

三、轻柔写意化

散文朗读创作要做到声音的轻柔化和人物语言的写意化。从用声特点上看,诗歌朗诵大多情感浓烈激昂,需要以较高强度的声音来表现节律和激情。而散文作品大多表现作者本人发自心底的真情实感,因此散文朗读的用声特点是:声低语轻,内在真挚,语气舒展,音量不大,表达轻柔化。

在散文中,有时会出现几句简短的人物语言。对于这种人物语言要进行写意化处理,总体展现人物的身份特点和精神风貌,适当兼顾体现特定的情绪和人物关系。也就是说,散文中的人物语言处理不需要刻意追求声音造型和情景的逼真生动,只求写意化表达,不宜浓墨重彩,以免破坏散文朗读的整体基调,陷入小说和戏剧情节之中。

四、表达多样化

散文朗读创作要做到语言表达的多样化。一篇散文的写作,往往需要叙事讲述、议论说理、抒情描写等多种语言样式的组合变化。在朗读处理上,叙述性语言要清楚自然，语气舒展，生动多变，避免平淡无味；议论说理性语言要条理清晰，重音明确，态度鲜明，带情而议，避免过于声高语硬；抒情性语言要内在真挚，有感而发，避免拖腔甩调和矫揉造作；描写性语言要细腻有层次，生动形象，变化万千。

在散文朗读中，要根据字句的不同进行语言样式表达的变化，该叙则叙，该论则论，不要形成固定腔调。

【作品训练】

都江堰（节选）

余秋雨

①我以为，中国历史上最激动人心的工程不是长城，而是都江堰。

②长城当然也非常伟大，不管孟姜女们如何痛哭流涕，站远了看，这个苦难的民族竟用人力在野山荒漠间修了一条万里屏障，为我们生存的星球留下了一种人类意志力的骄傲。长城到了八达岭一带已经没有什么味道，而在甘肃、陕西、山西、内蒙一带，劲厉的寒风在时断时续的颓壁残垣间呼啸，淡淡的夕照、荒凉的旷野溶成一气，让人全身心地投入对历史、对岁月、对民族的巨大惊悸，感觉就深厚得多了。

③但是，就在秦始皇下令修长城的数十年前，四川平原上已经完成了一个了不起的工程。它的规模从表面上看远不如长城宏大，却注定要稳稳当当地造福千年。如果说，长城占据了辽阔的空间，那么，它却实实在在地占据了邈远的时间。长城的社会功用早已废弛，而它至今还在为无数民众输送汩汩清流。有了它，旱涝无常的四川平原成了天府之国，每当我们民族有了重大灾难，天府之国总是沉着地提供庇护和濡养。因此，可以毫不夸张地说，它永久性地灌溉了中华民族。有了它，才有诸葛亮、刘备的雄才大略，才有李白、杜甫、陆游的川行华章。说得近一点，有了它，抗日战争中的中国才有一个比较安定的后方。

④它的水流不像万里长城那样突兀在外，而是细细浸润、节节延伸，延伸的距离并不比长城短。长城的文明是一种僵硬的雕塑，它的文明是一种灵动的生活。长城摆出一副老资格等待人们的修缮，它却卑处一隅，像一位绝不炫耀、毫无所求的乡间母亲，只知贡献。一查履历，长城还只是它的后辈。它，就是都江堰。

（选自《文化苦旅》）

背景分析

余秋雨（1946年—），中国当代作家、学者，1968年毕业于上海戏剧学院戏剧文学系，著有《文化苦旅》《山居笔记》《艺术创造论》《中国文化课》等文集。

本文通过对都江堰的描绘，赞美了"实实在在为民造福"的奉献精魂，给现代读者以强烈的人文启示。

都江堰是我国著名的古代水利工程，位于四川省成都平原西部的岷江上，今都江堰市城西。都江堰的规划、设计和施工方案都有高度的科学性和创造性，堪称世界水利工程史上罕见的奇迹。面对这一世所罕见的人文景观，作者不是单纯地描写其优美景色，而是从现代人的视角、以学者的眼光审视它在中国历史上的贡献以及给予人们的启示。

基调用声

本篇讲述了与长城相比，都江堰的历史积淀和地理特征，表达了对都江堰工程的赞美、敬佩之情，朗读基调应该是沉稳大气的。用声以中低声为主，气息扎实，吐字有力，语势沉稳跌宕，说理与议论感较强，逻辑条理明晰。

朗读指导

我们可以把选段分为两个部分处理。

第一部分：①至②段，描写长城的宏伟壮观景象。朗读时要抓住重音，"伟大""劲厉""惊悸"几个词语要宏大有力。"对历史、对岁月、对民族"要节奏紧凑，语气递进加强，语势上扬，激动感加强。

第二部分：③至④段，描绘都江堰的壮观伟大，带着崇敬和赞美之情。在作者的眼中，都江堰已经不是单纯的建筑，更是中华文化、华夏精神的载体，所以在朗读时，要注重气势，充分进行情景再现，把都江堰的雄伟景观展现在听者面前，让听者有身临其境之感，仿佛切身感受到了都江堰的气势以及厚重的历史。还要注意运用语气的对比：与长城相比，都江堰是"永久性地灌溉了中华民族"。

【作品训练】

金色花

泰戈尔

①假如我变成了一朵金色花，为了好玩，长在树的高枝上，笑嘻嘻地在空中摇摆，又在新叶上跳舞，妈妈，你会认识我吗？

②你要是叫道："孩子，你在哪里呀？"我暗暗地在那里匿笑，却一声儿不响。

③我要悄悄地开放花瓣儿，看着你工作。

④当你沐浴后，湿发披在两肩，穿过金色花的林荫，走到做祷告的小庭院时，你会嗅到这花香，却不知道这香气是从我身上来的。

⑤当你吃过午饭,坐在窗前读《罗摩衍那》,那棵树的阴影落在你的头发与膝上时,我便要将我小小的影子投在你的书页上,正投在你所读的地方。

⑥但是你会猜得出这就是你孩子的小小影子吗?

⑦当你黄昏时拿了灯到牛棚里去,我便要突然地再落到地上来,又成了你的孩子,求你讲故事给我听。

⑧"你到哪里去了,你这坏孩子?"

⑨"我不告诉你,妈妈。"这就是你同我那时所要说的话了。

(选自《新月集》)

背景分析

泰戈尔(1861年—1941年),印度作家、诗人、社会活动家,出身于加尔各答市名门望族,1878年赴英国留学,1880年回国专门从事文学活动。他的创作反映了印度人民在帝国主义和封建制度压迫下要求改变自己命运的强烈愿望,充满爱国主义和民主主义精神,含有深刻的宗教和哲学见解。泰戈尔一生共写有50多部诗集、12部中长篇小说、100多篇短篇小说、20多部剧本及大量文学、哲学、政治论著。1913年,他成为第一位获得诺贝尔文学奖的亚洲人。

《金色花》是泰戈尔散文集《新月集》的代表作。泰戈尔将孩子比作金色花,描绘了一幅孩子与母亲捉迷藏嬉戏的画面,展现孩子天真可爱、活泼机灵的性格,以及母亲沉静、温柔的形象,体现了孩子对母亲浓厚的依恋之情和母亲对孩子的包容爱护之情。金色花是印度圣树上的花,是受印度人民所尊敬的,诗人吟咏此花,也包含着对神的虔敬,创造了一种宗教氛围,同时也表现人类天性的美好与圣洁。

基调用声

本文纯真活泼,诙谐风趣,平实易懂,意蕴丰富,通过刻画一个可爱孩子的形象,表达出作者对人性美好圣洁的欣赏和一种拳拳的赤子之心。本文虽短,但情节完整,情节发展有起伏波澜。整篇散文的感情基调是欢乐光明的,朗读时要用稍快、喜悦、舒缓、温馨、深情的语气。同时要注意把握孩子和妈妈的不同个性特点,"我"作为一个与妈妈捉迷藏的孩子,是活泼可爱、天真调皮的,声音应该稚嫩,较为欢快,且语速稍快;妈妈是慈祥、温和、宽容的,声音温柔,语速缓慢。用声虚实结合,吐字清晰俏皮,情绪喜悦活泼。

朗诵指导

我们可以把全文分为三个部分处理。

第一部分，①至②段，写作者的一个假想，想象自己变成金色花后与母亲玩捉迷藏的情景。语气活泼可爱，表现孩子的跳脱天真。"金色花"是重音，朗读要带着神圣感。"暗暗地""一声儿不响"语气调皮而天真。

第二部分，③至⑦段，写了不同场景、不同时间下"我"与母亲玩耍的轻松快乐的想象。连用三个"当你"表现小孩子感受到的母爱，也暗含着孩子对母亲的依恋。"沐浴""祷告"，语气温柔，充满温馨、和谐、欢乐。

第三部分，⑧至⑨段，是母亲与"我"的对话。母亲带着包容和关心的语气，声音是温柔慈祥的。而"我"则带着调皮撒娇的语气，声音是稚嫩明朗的。

【作品训练】

与你无关

三浦绫子

①前一阵有一句流行的话"与你无关"。这是我不喜欢的一句话。我觉得这是一句粗鲁、冷漠的话，甚至觉得讲这话的人体内所流的血是冰冷的。

②若夸大地说，世上所有的人可能都与我们自己有关。我还在念小学时，听到一则难忘的故事。

③一位富家小姐在车内吃香蕉，发现香蕉腐烂不能吃，便随手扔到车窗外面。某贫穷人家的孩子经过那里，拾起那香蕉来吃，结果这孩子吃坏了肚子，发烧了。

④当天晚上，富家小姐父亲的工厂发生火灾，全部烧毁。因为当夜值班的警卫临时离开。原因是他的孩子吃了捡拾的香蕉而发烧了。

⑤这则故事使当时少女时代的我深深感到人与人之间的关系比我们所想象的更加密切。

⑥但事实上，我们在日常生活中与人们的关系不也如此紧密吗？

⑦那年，我们应台湾的邀请，预定到台湾演讲旅行三周。台湾方面为这次演讲会，做了许多准备。

⑧然而，我的父亲突然因病陷于危笃状态，因此，我们不得不取消台湾之行。也许以后还有机会去台湾，而父亲的临终对女儿来说，生涯中只有一次。

⑨在取消台湾之行后没几天，有人来找我们商量事情。我们极为同情地倾听对方的叙述，尽我们所能地予以开导、规劝、安慰。对方终于渐渐情绪稳定下来，找出自己要走的方向，最后他说：

⑩"假使今天没有和二位商量，我本来已经打算要带着孩子，开车从崖上冲下山谷。"

⑪我不由得凛然而栗。

⑫假使我的父亲身体健康,这时候我们正在台湾。假使我们去了台湾,这人想必已带着两个孩子开车冲下山谷了。

⑬这事再度使我感到人与人的关系是何等的紧密。此人和我的父亲只是泛泛之交而已,以他的立场而言,只是一个普通的老人生病,和他没有什么关系,但换个角度说,我父亲的危笃救了他一家三口的性命。

⑭那时我深深觉得我们绝不能断言"我是独自活下来的","我绝不会麻烦别人","我不需要人们的帮忙"。不论对任何人,我们都该抱持谦和诚恳的态度。完全陌生的人也可能突然变成关系密切的人,更何况亲人师友,关系更加深刻、复杂,不是我们所能预知的。人虽微小,但一个人的生活态度也可能影响许多人的命运。

(作品源自网络)

背景分析

三浦绫子(1922年—1999年),日本作家。她的作品一直以"原罪与神的宽恕"为中心思想,以探讨"人该如何活着"为主题,大多取材于日常生活,文笔朴实,赞扬爱情、宽容和自我牺牲精神,批评人的虚伪丑恶等阴暗面,字里行间流露出深厚的人文关怀。三浦绫子后半生一直面对着病魔的挑战,陆续患上心脏病和帕金森病等。在丈夫的鼓励下,她十分坚强,以病弱之躯坚持写作。

《与你无关》讲了富家小姐乱丢香蕉引发一场火灾,父亲因病耽误行程却意外拯救一个家庭的故事。两件小事十分巧妙地将人与人联系在了一起,并且产生了重要的影响,引发了作者对人生态度的深刻思考。没有人是一座孤岛,每个人都被无形地紧紧联系在一起,与爱为邻、与人为善的态度会影响很多的人。

基调用声

文章朴实真诚地讲述了作者的人生态度和思考,朗读基调应是自然真诚的,朗读节奏是舒缓型的。用声以中声区为主,音色柔和,以小而实的声音为主,语气亲切自然,娓娓道来。

朗读指导

我们可以把全文分为三个部分。

第一部分:①至⑥段。结构为由总到分,文章开头总述"与你无关"是冷漠的,作者不赞同这个观点,由此引出下文对这个观点的具体阐述。第一个故事讲述了富家千金乱丢的香蕉被父亲工厂夜间值班的警卫的孩子吃掉导致发烧,警卫离开岗位导致大火无人问津,工厂全部被毁。语气舒缓,带有讲述感,平稳又深刻,有发人深思的力量。

"不喜欢""粗鲁""冷漠""冰冷"是重音,表现出对"与你无关"的态度的否定。第⑥段是承上启下、引人思考的段落,问句语势上扬,语气坚定有力,发人深省。

第二部分:⑦至⑫段。讲述了自己计划好的行程因为父亲的病情取消了,而后开导前来办事的父亲的泛泛之交,挽救了一家人的性命的故事。语速舒缓,感情真诚动人,用亲身经历去感动读者,有力地表达出自己的观点:人与人之间往往有着紧密的联系,一句话都有可能拯救一个走上绝路的人。"不得不"是重音,有直击心灵的力量。"开导、规劝、安慰"三个词语要连续,绵延又紧凑,体现出"我们"的耐心和真诚。

第三部分:⑬至⑭段。总结思考了人与人之间的紧密联系,"深深""不能断言""都该""谦和诚恳"是重音,情感真实诚恳,是苦口婆心的劝导:希望大家知道人与人之间可能存在某种联系,一个举动、一句话,都会带来巨大的影响。呼吁大家不能再抱着"与你无关"的心态。

第二节 经典篇目指导

一、背影(节选)

朱自清

背影(节选)

①那年冬天,祖母死了,父亲的差使也交卸了,正是祸不单行的日子。我从北京到徐州,打算跟着父亲奔丧回家。到徐州见着父亲,看见满院狼藉的东西,又想起祖母,不禁簌簌地流下眼泪。父亲说:"事已如此,不必难过,好在天无绝人之路!"

②回家变卖典质,父亲还了亏空;又借钱办了丧事。这些日子,家中光景很是惨淡,一半为了丧事,一半为了父亲赋闲。丧事完毕,父亲要到南京谋事,我也要回北京念书,我们便同行。

③到南京时,有朋友约去游逛,勾留了一日;第二日上午便须渡江到浦口,下午上车北去。父亲因为事忙,本已说定不送我。但他终于不放心,终于决定还是自己送我去。

④我们过了江,进了车站。我买票,他忙着照看行李。行李太多了,得向脚夫行些小费才可过去。他便又忙着和他们讲价钱。我那时真是聪明过分,总觉他说话不大漂亮,非自己插嘴不可,但他终于讲定了价钱;就送我上车。他给我拣定了靠车门的一张椅子;我将他给我做的紫毛大衣铺好座位。他嘱我路上小心,夜里要警醒些,不要受凉。又嘱托茶房好好照应我。我心里暗笑他的迂;他们只认得钱,托他们只是白托!而且我这样大年纪的人,难道还不能料理自己么?唉,我现在想想,那时真是太聪明了!

⑤我说道:"爸爸,你走吧。"他往车外看了看说:"我买几个橘子去。你就在此地,不要走动。"我看那边月台的栅栏外有几个卖东西的等着顾客。走到那边月台,须穿过铁道,须跳下去又爬上去。父亲是一个胖子,走过去自然要费事些。我本来要去的,他不肯,只好让他去。我看见他戴着黑布小帽,穿着黑布大马褂,深青布棉袍,蹒跚地走到铁道边,慢慢探身下去,尚不大难。可是他穿过铁道,要爬上那边月台,就不容易了。他用两手攀着上面,两脚再向上缩;他肥胖的身子向左微倾,显出努力的样子,这时我看见他的背影,我的泪很快地流下来了。我赶紧拭干了泪。怕他看见,也怕别人看见。

(选自《朱自清散文全集》)

背景分析

朱自清(1898年—1948年),原名自华,号实秋,后改名自清,字佩弦,原籍浙江绍兴,后随父定居扬州。中国现代散文家、诗人、学者。

《背影》是朱自清于1925年所写的一篇回忆性散文。1917年,祖母去世,父亲差事也交卸了,办完丧事,父子同去南京,父亲送作者上火车北去。在特定的场合下,父亲对儿子的关怀、体贴、爱护,使儿子极为感动、经久不忘。1925年,作者有感于世事,便写了此文。散文叙述了作者离开南京去往北京大学,父亲送他到浦口火车站,照料他上车,并为他买橘子的情形。作者脑海里印象最深刻的是父亲替他买橘子时,在月台攀上爬下时的背影。

基调用声

文章以朴素的语言描述了父亲在火车站送行的故事,表达了作者对父亲的回忆和想念,带有淡淡的自责和自嘲。通篇基调是沉重的,节奏是舒缓型的,用声以中低声为主,音色柔和。

朗读指导

我们可以把选段分为两个部分处理。

第一部分:①至③段。叙述了"我"和父亲奔丧回家的事情,祖母去世,父亲工作不顺,家中一片萧条灰暗的景象。语气沉重,用声低沉,节奏缓慢,语势向下,以渲染沉重悲伤的气氛,奠定沉重的感情基调,表达出对祖母的想念和追忆,以及对父亲假装坚强、遭受打击的心疼。要注意抓住重音"簌簌地""很是惨淡""终于""自己"。

第二部分:④至⑤段。写父亲为"我"送行的情景。动作描写、外貌描写细腻生动,具体描写父亲对我的叮嘱、父亲为"我"买橘子时年迈的身影,重点表现父亲对儿子真挚的感情和深沉的爱。语气真诚深情,要表现出对当时不懂事、不理解父亲的愧疚。"我那时真是"一句,要带着一点自嘲和惭愧,惭愧自己当时不懂得父亲深沉又质朴的爱,"真是"是重音,加强自嘲语气。叙述父亲攀爬的场景时要有画面感,把一整套动作还原在听众的脑海中,注意强调重点的动词和形容词,突出父亲年迈、行动迟缓的特点,语速不宜太快,要读出父亲的迟缓和不容易,以及"我"对父亲的理解和心疼。

二、我的心

巴 金

①妈妈,近来,不知道什么缘故,我的这颗心痛得更厉害了,我要对你说:"妈妈,请你把这颗心收回去吧,我不要它了"。

②记得,你当初把这颗心交给我的时候,曾对我说过:"你的父亲,一辈子拿着它待人、爱人,他和平安宁地度过了一生,在他临死的时候,他把这颗心交给我,要我在你长成的时候交给你。他说,承受这颗心的人将永远正直、幸福并且和平安宁地度过一生。

③现在,你长成了,孩子,也就承受了这颗心,带着我和你父亲的祝福,孩子,到广大的世界中去吧。"

④是的,妈妈,这些年,我怀着这颗心走遍了世界,走遍了人心的沙漠和沼泽,可所得到的只是痛苦和痛苦的创痕,正直在哪里?幸福在哪里?安宁在哪里?这一切可怕的景象,哪一天才会看不到?这样可怕的声音,哪一天才会听不见?这样的可怕的悲剧,哪一天才不会上演?这一切的一切,就像箭一样射在我的心上。妈妈,我的心已布满了创痕,我的心痛得更厉害了!因此,我不要这颗心啦!

⑤因为,有了它,我不能闭目为盲;有了它,我不能塞耳为聋;有了它,我不能佘汤为哑;有了它,我不能在人群的痛苦中寻找我的幸福。有了它,我就不能和平地生活在这个世界上;有了它,我就不能活下去。妈妈,请你饶了我吧,这颗心不是我不想要,我是不能要啊!

⑥多年以来,我就下决心要放弃一切,让他们去竞争,让他们去残杀,让他们来虐待我、凌辱我,只要我的心,有一时的安息。

⑦可我的心不肯这样!它要使我看,使我听,使我说,看我所怕看的,听我所怕听的,说人所不愿意说的!于是,我苦苦地向它要求到,心啊,你去吧,你不要这样苦苦的恋着我,有了你,我无论如何不能活在这个世界上,所以,仅仅是为了我幸福的缘故,撇开我去吧!快离开我吧!可它没有回答,因为它知道,既然,它已被你的祝福拴在我的胸膛上,那么,也就只能由你的诅咒而分开!

⑧好吧,妈妈,请你诅咒我吧,请你鞭挞我吧,请你收回这颗心吧,让它毁灭吧!因

为,它不能活在这个世界上,而有了它,我也不能活在这个世界上了!妈妈,求你,把它带走吧!

⑨在这个大千世界的云海中,一个人,一颗心,算得了什么?他又能做什么?妈妈,请你诅咒我吧,请你收回儿子——这颗心吧,我不要它了。

⑩可是,我的母亲,已经死了多年了。

(选自《巴金散文集》)

背景分析

巴金(1904年—2005年),本名李尧棠,字芾甘,笔名巴金,四川成都人,中国当代作家、翻译家、社会活动家、无党派爱国民主人士。巴金出生于封建官僚家庭,五四运动后,巴金深受新潮思想的影响,开始了个人的反封建斗争。1923年巴金离家赴上海和南京等地求学,开始了他长达半个世纪的文学创作生涯。

《我的心》的创作于战争连连、血雨腥风的时代,但热爱人类、热爱和平,始终是巴金的梦想和追求。他的内心充满了矛盾、愤怒和哀伤。这是一篇声讨假丑恶的战斗檄文,是一道召唤真善美的心灵闪电,是一声警策世人的长鸣钟,更是作家爱心的一次放飞。散文结构严谨,饱含深情。

基调用声

作者用孩子的口吻向母亲、向祖国表达了他深切的痛楚,朗读基调是沉重悲壮的,节奏主要是高亢型的,声音虚实结合,既要有"悲"又要有"怒"。

朗读指导

我们可以把全文分为三个部分处理。

第一部分:①至③段。交代母亲说的话和母亲对自己的希望。第一段直接表达自己的痛苦与委屈,"更厉害""收""不要"是重音,表现自己的痛苦,"把这颗心收回去吧,我不要它了"要带有哀求的语气,语势上扬,语气加强。"正直""幸福""和平""安宁"是重音,用实声强调出母亲对孩子的祝福,"广大"要有空间感,用预期加强表现母亲对自己的希望。

第二部分:④至⑦段。诉说作者痛苦的遭遇。语气激昂、激动、埋怨。三个"在哪里"和三个"哪一天"这两组三个反问句是递进关系,要用质问、怀疑、绝望的语气,节奏紧凑,语速加快,要有力度,直击人心。六个"有了它"的句子节奏要有变化,感情递进,情绪逐渐向上推动。"我是不能要啊"语气延长,语势上扬,表现出无奈、痛苦。第⑦段要带着苦苦哀求的语气,达到文章的高潮,情绪最饱满。

第三部分:⑧至⑩段。作者向母亲以孩子的口吻哀求,诉说痛苦。有对逝去的母亲的思念,也有无人诉说痛苦的孤独、无奈、悲痛。语速放慢,语气低沉,结尾慢收,让情绪逐渐绵延。

三、《野草》题辞

鲁 迅

① 当我沉默着的时候,我觉得充实;我将开口,同时感到空虚。

② 过去的生命已经死亡。我对于这死亡有大欢喜,因为我借此知道它曾经存活。死亡的生命已经朽腐。我对于这朽腐有大欢喜,因为我借此知道它还非空虚。

③ 生命的泥委弃在地面上,不生乔木,只生野草,这是我的罪过。

④ 野草,根本不深,花叶不美,然而吸取露,吸取水,吸取陈死人的血和肉,各各夺取它的生存。当生存时,还是将遭践踏,将遭删刈,直至于死亡而朽腐。

⑤ 但我坦然,欣然。我将大笑,我将歌唱。

⑥ 我自爱我的野草,但我憎恶这以野草作装饰的地面。

⑦ 地火在地下运行,奔突;熔岩一旦喷出,将烧尽一切野草,以及乔木,于是并且无可朽腐。

⑧ 但我坦然,欣然。我将大笑,我将歌唱。

⑨ 天地有如此静穆,我不能大笑而且歌唱。天地即不如此静穆,我或者也将不能。我以这一丛野草,在明与暗,生与死,过去与未来之际,献于友与仇,人与兽,爱者与不爱者之前作证。

⑩ 为我自己,为友与仇,人与兽,爱者与不爱者,我希望这野草的死亡和朽腐,火速到来。要不然,我先就未曾生存,这实在比死亡与朽腐更其不幸。

⑪ 去罢,野草,连着我的题辞!

⑫ 一九二七年四月二十六日

⑬ 鲁迅记于广州之白云楼上

(选自《野草》)

背景分析

鲁迅(1881年—1936年),浙江绍兴人,字豫才,曾用名周樟寿,后改名为周树人。文学家、思想家、民主战士,新文化运动的重要参与者,中国现代文学的奠基人。1918年他用笔名"鲁迅"发表了《狂人日记》。鲁迅对于五四运动以后的中国社会思想文化发展具有重大影响,在韩国、日本思想文化领域也有重要的地位和影响。

《野草》题辞作于广州,当时正值上海"四一二"反革命政变和广州"四一五"反革命大屠杀发生后不久。这篇文章反映了作者在险恶环境下的悲愤心情和革命信念。本篇是"五四"退潮、新文化战线"布不成阵"后"荷戟独彷徨"的真实写照,但作者在朽腐的环境中感知到一个伟大力量的存在,预见了一个新的光明的到来。

基调用声

作品是对"旧思想"的总结和舍弃,对"新思想"的开启和希望。朗诵基调应是坚定激昂的,用声稍低沉,以实声为主,吐字有力,气息稳健深厚。节奏是低沉型和凝重型的,带着说理与论述的语气,抒发作者对国民党黑暗势力的强烈不满,以及同旧世界彻底决裂、渴望革命新时代迅速来到的心声。

朗读指导

我们可以把全文分为三个部分处理。

第一部分:①至③段。首段深警。沉默觉得充实,开口感到空虚,道出生活中常有而无人道出的体验,极富吸引力,也透出全文高屋建瓴、诡秘玄妙的气势,表达了作者的思想变化的经历,残酷的社会现实让他从民主主义转向了共产主义。语气坚定,语势下沉,"沉默""充实""开口""空虚"是重音,但是要注意区分具体的情感态度,用重音、停顿、语气的不同层次变化来表达。

第二部分:④至⑧段。情感愈演愈烈,逐渐达到高潮,语气坚定有力,要表现出对残酷现实的愤懑,在两个"欣然,坦然"上要带些感叹。"吸取露"指的是历史的"露",即中外的文学遗产;"水"是指"五四"的时代精神;"吸取陈死人的血和肉"指的是他自己的生命历程和他的战友以及青年的血和肉。"践踏""删刈"是重音,朗读时情绪应激愤慷慨,带有画面感。鲁迅渴望"地火"喷射而出,将"地面"上的一切全部烧掉,充分体现了他摧毁旧世界的决心以及对共产党领导的革命运动的信赖。第⑧段情绪最为饱满激烈,达到全文高潮。

第三部分:⑨至⑬段,体现了作者创作的目的,阐述了继续战斗的决心。语气沉重、理性,表现出对"新"的期待以及对"旧"的告别。朗诵时对"明与暗""生与死""过去与未来""友与仇""人与兽""爱者与不爱者"等每一个意象应有不同的态度和语气,注意对比和变化。文末要注意重音"野草""题辞"用声较实,语气坚定。

全篇文字凝练,铿锵有致,思想敏锐,言语深刻。多用一正一反和大量的意象比喻,理性辩证,发人深思。

四、艰难的国运与雄健的国民

李大钊

①历史的道路,不全是平坦的,有时走到艰难险阻的境界,这是全靠雄健的精神才能够冲过去的。

②一条浩浩荡荡的长江大河,有时流到很宽阔的境界,平原无际,一泻万里。有时流到很逼狭的境界,两岸丛山叠岭,绝壁断崖,江河流于其间,回环曲折,极其险峻。民族生命的进程,其经历亦复如是。

③人类在历史上的生活正如旅行一样。旅途上的征人所经过的地方,有时是坦荡平原,有时是崎岖险路。志于旅途的人,走到平坦的地方,因是高高兴兴地向前走,走到崎岖的境界,愈是奇趣横生,觉得在此奇绝壮绝的境界,愈能感到一种冒险的美趣。

④中华民族现在所逢的史路,是一段崎岖险阻的道路。在这一段道路上,实在亦有一种奇绝壮绝的景致,使我们经过这段道路的人,感到一种壮美的趣味。但这种壮美的趣味,没有雄健的精神是不能够感觉到的。

⑤我们的扬子江、黄河,可以代表我们的民族的精神,扬子江及黄河遇见沙漠、遇见山峡都是浩浩荡荡地往前流过去,以成其浊流滚滚、一泻万里的魄势。目前艰难境界,哪能阻抑我们民族生命的前进?我们应该拿出雄健的精神,高唱着进行的曲调,在这悲壮歌声中,走过这崎岖险阻的道路。要知在艰难的国运中建造国家,亦是人生最有趣味的事……

(选自《李大钊选集》)

背景分析

李大钊(1889年—1927年),字守常,河北乐亭人,中国共产主义运动的先驱,伟大的马克思主义者,杰出的无产阶级革命家,中国共产党的主要创始人之一。李大钊同志一生的奋斗历程,同马克思主义在中国传播、中国共产党创建和为中国人民谋幸福的历史紧密相连。

本文选自《李大钊选集》,原载于1923年《新民国》第一卷第二号。当时觉醒的知识分子一度陷于迷惘之中,走到了十字路口。封建军阀与帝国主义相勾结,加紧了对中国人民的压迫和对新文化的破坏。当时的中国千疮百孔,步履维艰。文章以大河奔流比喻民族生命的进程,以崎岖险路比喻中华民族所逢的史路,告诉我们即使在艰难困苦中也不能放弃,要对革命保持必胜的信念,要拥有豪壮雄健的气魄。全文流露出了革命的乐观主义精神和强烈的爱国主义感情。

基调用声

这是一篇说理散文，肯定了马克思主义的唯物史观和奋斗哲学，振奋了民族精神和坚定了民族自信心。文章的朗读基调应该是厚重激昂的，朗读节奏是凝重型与高亢型相交织的。语气坚定严肃，多用实声，吐字铿锵有力，气息扎实厚重，语速适中。

朗读指导

我们可以把全文分为三个部分处理。

第一部分：第①段，说明人类历史的道路是不平坦的，只有靠雄健的精神才能冲过艰难险阻的境界。语气坚定低沉，吐字有力，重音放在"雄健""精神""冲"几个词上，表现出历史道路的艰难和国民的勇敢坚韧。

第二部分：②至③段，以长江大河比喻民族生命，用旅途征人以冒险为美趣比喻"人类在历史上的生活"。长江大河有时在平原上一泻万里，有时却在丛山叠岭中回环曲折，极其险峻，民族生命的进程也一样。人类只有经过艰难曲折，奋斗流汗，才能深切体会到奋斗的意义、成功的乐趣。将人生比作长河与旅行，充满对生命的理性思考。朗读语速快慢相间，语势高低起伏，节奏多变。"很宽阔的境界"语势上扬，"宽阔""逼狭"是重音，要读出对比感、画面感。

第三部分：④至⑤段。中华民族现在正逢崎岖险阻，它让奋斗者有机会领略奇绝壮绝的景致。作者以扬子江、黄河比喻我们的民族精神，扬子江、黄河遇见沙漠、山峡都能浩浩荡荡地往前流过去，我们民族前进的脚步也是任何力量阻挡不住的。朗读时要带着崇敬自豪之感，语气坚定，气势磅礴。

全文层层推理，层层设喻，最后得出结论，让人信服。朗读者在推理过程中，应饱含感情，使受众受到感染，体会到作者在艰难困苦中毫不气馁，坚信革命必胜、民族必兴的革命的乐观主义精神和强烈的爱国主义感情。

五、为有牺牲多壮志（节选）

牛嵩峰　李翚

①1990年，中央警卫局在清理毛泽东同志的遗物时，无意中发现了一个小柜子，柜子里面装的是毛泽东亲手珍藏的毛岸英同志的几件衣物，有衬衣、袜子、毛巾和一顶军帽。这些物品不是身边的工作人员收拾的，甚至他们看都没有看到过。

②从毛岸英牺牲到毛主席逝世隔了26年，我们不知道，毛主席是在怎样的悲痛和寂寞中把儿子的这些衣物珍藏在身边的。这26年里，主席在北京的住处，至少搬了5次，我们也不知道，他是怎样瞒过所有的工作人员，没有让任何人经手过这些衣物。

③1950年9月,28岁的毛岸英赴朝鲜参战,34天之后,他牺牲了,在各种影视剧里,我们最熟悉的是这样的场景:当毛泽东得知岸英在朝鲜战场牺牲的消息,他沉默了很久,才对在场的工作人员说,战争嘛,总要有牺牲的,这没有什么。

④可这些衣物呢,夜深人静,等到所有人都离开,一个老年丧子的父亲,独自一个人,把孩子留在家里的衣物,一件一件地叠好,收起,放到衣柜深处。

⑤历史总是有太多令人心碎的巧合。当毛泽东悄悄藏起对儿子的思念时,他不知道的是几十年前,他的妻子杨开慧,也把对丈夫的牵挂,藏在了老家房子的砖缝里。

⑥在毛泽东1927年告别妻子之后,由于书信不通,独自抚养三个孩子的杨开慧,把对丈夫的思念和牵挂写成文字。她记下和丈夫相识相爱的过程,她也写下对丈夫无尽的牵念。文稿里有这么几句诗:足疾已否痊,寒衣是否备,念我远行人,何日,何日再重逢。他们终究没有重逢,毛泽东也没能看到妻子的这些文字。

⑦似乎是早有牺牲的准备,杨开慧把自己写的这首题为《偶感》的诗稿,和其他的散文,藏在了长沙板仓镇杨家老屋的砖缝里。

⑧1930年,杨开慧牺牲,1982年杨家老屋重新翻修时,这些文字偶然被发现,才得以重现人间。此时距离杨开慧牺牲已经过去了52年,距离毛泽东逝世已经六个春秋,这4000多字的手稿,已经被岁月侵蚀得陈迹斑斑。一个女性爱情火焰,就这样,在黑暗而狭小的空间里,独自燃烧了半个多世纪。

⑨历史,它就在那儿,不需要太多的抒情,一样会让人泪流满面。有时候,抒情只能是对它的一种笨拙也幼稚的破坏。

⑩父亲对儿子的爱、妻子对丈夫的爱,都曾这样被时间悄悄掩盖,在"天翻地覆慨而慷"的家国叙事中,它们只是深藏幕后,静静等待。

⑪这些信件和衣物何其不幸,它们承载的绵绵亲情,再也没有机会被它们的主人细细品读;这些信件和衣物又何其有幸,它们让我们有机会去感受一代伟人撕心裂肺的挚爱,为那段波澜壮阔的宏大历史,做出一个最最温柔的注脚。

⑫"为有牺牲多壮志","牺牲"两个字写得多么豪迈,那一刻心里有多痛。"敢教日月换新天",一个"敢"字,把多少风云一笔带过。你懂,你就会知道,"新中国"这三个字有多重!

⑬历史呀,它就在那里,毛主席虽没有读到杨开慧的诗和信,但"我失骄杨"四个字却足以让人们在敬重仰慕中完全彻底地展开一场爱的学习。在写这段文字时,北国的天空有雪飘来,忽然想起这样的句子:走过冰雪,寒冷是一样的,人心却是不一样的,情怀与境界亦是不一样的。烈士杨开慧千古!伟人毛主席永存!

(作品源自网络)

背景分析

牛嵩峰(1973年—),河南长垣人,湖南广播电视台广播传媒中心党委书记、主任。李犟,湖南卫视编剧。

这篇散文表达了作者对历史的敬重,对毛主席的怀念、敬仰以及对杨开慧的敬佩之情。杨开慧默默无声的爱化作文字被掩藏起来,直到毛泽东逝世之后才被发现,心声虽未及夫君,却成为永垂不朽的诗篇感动了世人。而毛泽东对儿子的爱更是深沉凝重,感人至深,让人看到了伟人身上的坚毅与温柔,令人钦佩。

基调用声

本文的朗读基调是沉重深情的,节奏是舒缓型的,语气带着敬仰和钦佩之情。用声柔和,中低声为主,气息沉闷,语势多下降,意蕴凝重,语言细腻,层次丰富。

朗读指导

我们可以把全文分为三个部分处理。

第一部分:①至④段。毛泽东一直精心保管着儿子的衣物却不为人知,表现了父亲对爱子的怀念和伟人对悲伤的忍受。朗读语气低沉,气息沉重,节奏沉缓,语势多下降,情绪悲伤痛惜。"怎样的悲痛""寂寞"是重音。这一部分叙事较多,要把握好叙事与抒情兼顾的语气,节奏多变,避免拖沓。"战争嘛,总要有牺牲的"一句,显示出毛主席以大局为重,强忍丧子之痛,然而终难掩悲伤。朗读时,要带着对主席的钦佩和心疼之感。

第二部分:⑤至⑧段,写了毛主席妻子深藏了很多年的秘密。这么多年来,她没有停止对丈夫的思念,她将思念融于深情的文字,掩埋在历史当中,最终这些文字一点点地呈现在后人面前。朗读语气中要带着对杨开慧的尊敬和钦佩。叙述部分言语质朴,情感真挚。

第三部分:⑨至⑬段。这部分是全篇情感的凝结和升华,赞美了伟人毛主席、烈士杨开慧和所有为中国革命献身的英烈们。情感逐渐加强,层次丰富,情绪逐渐推向高潮,语速渐快,语势上扬,语气坚定。抓住重音"牺牲""多痛""新中国",语势低沉,语气沉稳而充满力量。最后一段"烈士杨开慧千古!伟人毛主席永存!"是整个文章的升华,朗读气息要扎实有力,声音高亢激昂,语势继续上扬,情绪越发饱满激动,带着由衷的赞美之情。

六、中国人民站起来了(节选)

毛泽东

①诸位代表先生们,我们有一个共同的感觉,这就是我们的工作将写在人类的历

史上,它将表明:占人类总数四分之一的中国人从此站立起来了。中国人从来就是一个伟大的勇敢的勤劳的民族,只是在近代落伍了。这种落伍,完全是被外国帝国主义和本国反动政府所压迫和剥削的结果。

②一百多年以来,我们的先人以不屈不挠的斗争反对内外压迫者,从来没有停止过,其中包括伟大的中国革命先行者孙中山先生所领导的辛亥革命在内。我们的先人指示我们,叫我们完成他们的遗志。我们是这样做了,我们团结起来,以人民解放战争和人民大革命打倒了内外压迫者,宣布中华人民共和国的成立。我们的民族将从此列入爱好和平自由的世界各民族的大家庭,以勇敢而勤劳的姿态工作着,创造自己的文明和幸福,同时也促进世界的和平和自由。我们的民族将再也不是一个被人侮辱的民族了,我们已经站起来了。我们的革命已经获得全世界广大人民的同情和欢呼,我们的朋友遍于全世界。

(选自《中国人民站起来了》)

背景分析

毛泽东(1893年—1976年),字润之,笔名子任,湖南湘潭人,中国人民的领袖,伟大的马克思主义者,无产阶级革命家、战略家和理论家,中国共产党、中国人民解放军和中华人民共和国的主要缔造者和领导人,政治家,军事家,诗人,书法家。

这是1949年9月21日毛泽东在全国政协会议第一届全体会议上发表的《中国人民站起来了》著名讲话的节选。这一番讲话回顾了中国经历的艰难困苦、沧桑世事,也庆祝中国人民从此站起来了。

基调用声

这段讲话的朗读基调应该是激昂高亢的,节奏是凝重型和高亢型相交织的。用声沉着浑厚,气息扎实饱满,语气坚定自信,语势积极上扬,充满气魄和胸怀,对中国的未来充满无限希望。

朗读指导

第一段:情绪渐起,语气激昂,充满力量,语气里带着激动,热泪盈眶。抓住中心句"中国人从此站立起来了",语气加重,语势上扬延展。"完全""压迫""剥削"是重音,重音表达要有力量。

第二段:回顾了中国人民团结一致、坚强不屈的奋斗历史,内心喜悦激动之情逐渐推向高潮,语势跌宕,大起大伏,节奏加快。"文明""幸福""和平""自由"是重音,表现出身为中国人的民族自豪感和对美好未来的无限希望。

七、奶奶的星星

史铁生

①世界给我的第一个记忆是,我躺在奶奶的怀里,拼命地哭,打着挺儿,也不知道是为什么,哭得好伤心。奶奶搂着我,拍着我,"噢、噢"地哼着。"你听!"奶奶忽然说,"你快听,听见了吗?"我愣愣地听,不哭了。我听见了一种美妙的声音,飘飘的、缓缓的……是鸽哨儿?是秋风?是落叶划过屋檐?或者,只是奶奶在轻轻地哼唱。直到现在,我还是说不清楚。

②我是奶奶带大的。有很多人当着奶奶的面对我说,是奶奶把我带大的,长大了不要忘了奶奶哟!那时候的我懂些事了,趴在奶奶的膝头,用小眼睛瞪那些说话的人,心想:这话用你们说吗?

③奶奶紧紧地把我搂在怀里,笑着说:"等不到那会儿!"那神情仿佛已经很满足了。

④爸爸、大伯、叔叔给她买什么,她总是说:"用不着花那么多钱买这个。"

⑤奶奶最喜欢的是我给她踩腰、踩背。一到晚上,她常常腰疼、背疼,就叫我站到她的身上,来来回回地踩。她趴在床上"哎哟哎哟"的,还一个劲地夸我:"小脚丫踩上去,软软的,真好受!"我可是最不喜欢干这个的,踩来踩去,总也踩不到尽头。

⑥我问过奶奶:"你为什么等不到那会儿呀?"

⑦"老了,还不死?"

⑧"死了就怎么了?"

⑨"那你就再也找不着奶奶了。"

⑩我不嚷了,也不问了,老老实实地依在奶奶的怀里。那是世界给我的第一个可怕的印象。

⑪夏夜,满天星斗。奶奶讲的故事与众不同,她不是说地上死一个人,天上就少了一颗星,而是说,地上死一个人,天上就又多了一颗星。"人死了,就变成一颗星。给走夜道儿的人照亮儿……"

⑫那时候,我还不懂得问,是不是每个人死了都可以变成星星,都能给活着的人把路照亮。

⑬如今,奶奶已经死了好多年。她带大的孙子忘不了她。在夏天的晚上,我时常还像孩子那样,仰着脸,猜想哪一颗星是奶奶……我慢慢地回想奶奶讲过的那个神话。我相信,每一个活过的人,都能给后人的路上添一丝光亮。也许是一颗巨星,也许是一把火炬,也许只是一支含泪的蜡烛。

(选自《奶奶的星星》)

背景分析

史铁生(1951年—2010年),北京人,中国作家、散文家。1967年毕业于清华大学附属中学,1969年去延安一带插队,1972年因双腿瘫痪回到北京。

这篇散文是史铁生写作初期的作品,充满着人情人性的色彩,表达了对亲人的深情怀念。文章用第一人称的叙述方式,蕴涵了真实的情感力量,充满了人间温情。

基调用声

这篇文章是回忆性散文,朗读基调是快乐幸福的,语速稍慢,表现出平凡生活中的幸福感。语气是轻松愉悦的,节奏是舒缓型的,语气深情美好,带着对人生的思考,表现出对奶奶的深切怀念。

朗读指导

我们可以把全文分为三个部分处理。

第一部分:第①段。写了"我"在奶奶怀中哭闹,奶奶耐心哄我的情景,引出下文关于奶奶的其他回忆。节奏舒缓延展,音色稍虚,带着回忆的语气。"你快听"可用神似奶奶的语气表达,不完全追求角色的逼真形象,以免破坏散文的整体感。这里的人物语言要处理得细腻、神似,以表现出奶奶耐心地哄"我"的画面。

第二部分:②至⑫段。叙述与奶奶一起生活的美好瞬间,帮奶奶踩背,被外人调侃,得知奶奶终有一天会离开自己的事实。朗读时,要把第一人称"我"当作一个稚嫩天真的孩子,以孩童的口吻讲述。语气娓娓道来,营造出甜适美好的氛围,节奏稍显欢快,语调稍稍上扬,以童年生活点滴的细微之处打动受众。

第二部分:⑬段。从过去回到现实,写奶奶已经去世了,抒发对奶奶的怀念和淡淡的感伤。节奏转慢,语气沉缓,结尾落停,充满对过去的释怀与对人生的思考。"巨星""火炬"是明亮的东西,要有画面感。"含泪的蜡烛"暗指作者的奶奶,朗读时,要表现出对奶奶的思念,但更多的是对未来的希冀,带着奶奶的话走向明天。

八、写给母亲(节选)

贾平凹

①人活着的时候,只是事情多,不计较白天和黑夜。人一旦死了日子就堆起来:算一算,再有二十天,我妈就三周年了。

②三年以前我每打喷嚏,总要说一句:"这是谁想我呀?"我妈爱说笑,就接茬说:"谁想哩,妈想哩!"这三年里,我的喷嚏尤其多,往往错过吃饭时间,熬夜太久,就要打

喷嚏,喷嚏一打,便想到我妈了,认定是我妈还在牵挂我哩。

③我妈在牵挂着我,她并不以为她已经死了,我更是觉得我妈还在,尤其我一个人静静地待在家里,这种感觉就十分强烈。我常在写作时,突然能听到我妈在叫我,叫得很真切,一听到叫声我便习惯地朝右边扭过头去。从前我妈坐在右边那个房间的床头上,我一伏案写作,她就不再走动,也不出声,却要一眼一眼看着我,看得时间久了,她要叫我一声,然后说:"世上的字你能写完吗,出去转转么。"现在,每听到我妈叫我,我就放下笔走进那个房间,心想我妈从棣花来西安了?当然是房间里什么也没有,却要立上半天,自言自语我妈是来了又出门去街上给我买我爱吃的青辣子和萝卜了。或许,她在逗我,故意藏到挂在墙上的她那张照片里,我便给照片前的香炉里上香,要说上一句:"我不累。"

④整整三年了,我给别人写过十多篇文章,却始终没给我妈写过一个字,因为所有的母亲,儿女们都认为是伟大又善良,我不愿意重复这些词语。我妈是一位普通的妇女,缠过脚,没有文化,户籍还在乡下,但我妈对于我是那样的重要。已经很长时间了,虽然再不为她的病而提心吊胆了,可我出远门,再没有人啰啰嗦嗦地叮咛着这样叮咛着那样,我有了好吃的好喝的,也不知道该送给谁去。

⑤在西安的家里,我妈住过的那个房间,我没有动一件家具,一切摆设还原模原样,而我再没有看见过我妈的身影。我一次又一次难受着又给自己说,我妈没有死,她是住回乡下老家了。

⑥三周年的日子一天天临近,乡下的风俗是要办一场仪式的,我准备着香烛花果,回一趟棣花了。但一回棣花,就要去坟上,现实告诉着我,妈是死了,我在地上,她在地下,阴阳两隔,母子再也难以相见,顿时热泪肆流,长声哭泣啊。

(选自《天气》)

背景分析

贾平凹(1952年—),陕西省丹凤县人,中国当代作家。

在母亲去世三周年之际,贾平凹在家乡的《华商报》上发表了悼念母亲的文字,以最平实的语言回忆与母亲的点滴,表达了他对母亲的思念。贾平凹说:"三年里,我一直有个奇怪的想法,就是觉得我妈没有死,而且还觉得我妈自己也不以为她就死了。"不到1200字的文章,他整整写了一天。他表示,任何人在父母去世后都可能会遗憾自己不够孝顺,行孝要尽早,否则追悔莫及。借此文章,他也想呼吁年轻人要多花时间陪陪父母,子欲养而亲不待,别给人生留下无可挽回的遗憾。

基调用声

这是一篇作者悼念母亲的文章。朗读基调是沉重悲伤的,朗读节奏是凝重型的。以中低声为主,语势多下降,虚实声结合,可用虚声和气声来表达悲痛和思念之情,语气平和讲述,用情至真至诚。

朗读指导

我们可以把全文分为三个部分处理。

第一部分:①至③段。回忆过去与母亲的点滴,用朴实的口吻娓娓道来。朗读时,可以将思母之情转移到自身,与作者感同身受。讲到母亲关心我写作太累让我出去转转休息一下的场景,节奏可放缓,情绪难掩激动与感动。母亲的话要带着嗔怪的语气,同时也有关切和担心。这部分语气略微轻松,弛缓交错,以怀念的语气讲述与母亲生活的美好与幸福。抓住重点句"我妈就三周年了""我妈还在牵挂我哩""世上的字你能写完吗""却要立上半天",进行情景再现,呈现言语的画面感。

第二部分:④至⑤段,表现了作者从过去回到现实,不想承认母亲已经离开,却又不得不自欺接受的无奈、自责和痛心。叙事部分要朴实真诚地讲述,可适当加快语速,归堆抱团,避免节奏拖沓。抓住重点句"整整三年了""再没有人啰啰嗦嗦地叮咛""也不知道该给谁送去"。母亲走了,再也不能与母亲分享喜悦与哀伤。没有了母亲的关怀与叮咛,悲痛惋惜之情始终萦绕于心。

第三部分:第⑥段。简要讲述回乡给母亲上坟的习俗,进而再次强调母亲去世的现实,积蓄已久的思念和痛心之情一触即发。"热泪肆流,长声哭泣啊"一句达到文章的高潮,作者的情绪完全爆发。朗诵时,要与作者的悲恸感同身受,以情带声,用真情打动听众。

九、我们仨(节选)

杨 绛

我们仨(节选)

①有一晚,我做了一个梦。我和钟书一同散步,说说笑笑,走到了不知什么地方。太阳已经下山,黄昏薄暮,苍苍茫茫中,忽然钟书不见了。我四顾寻找,不见他的影踪。我喊他,没人应。只我一人,站在荒郊野地里,钟书不知到哪里去了。我大声呼喊,连名带姓地喊。喊声落在旷野里,好像给吞吃了似的,没留下一点依稀仿佛的音响。

②彻底的寂静,给沉沉夜色增添了分量,也加深了我的孤凄。往前看去,是一层深似一层的昏暗。我脚下是一条沙土路,旁边有林木,有潺潺流水,看不清长流有多么宽广。向后看去,好像是连片的屋宇房舍,是有人烟的去处,但不见灯火,想必相离很远

了。钟书自顾自先回家了吗？我也得回家呀。我正在寻觅归路，忽见一个老人拉着一辆空的黄包车，忙拦住他。他倒也停的车。可是我怎么也说不出要到哪里去，惶急中忽然醒了。钟书在我旁边的床上睡得正酣呢。我转侧了半夜等钟书醒来，就告诉他我做了一个梦，如此这般；于是埋怨他怎么一声不响地撇下我自顾自走了。钟书并不为我梦中的他辩护，只安慰我说：那是老人的梦，他也常做。

③是的，这类的梦我又做了多次，梦境不同而情味总相似。往往是我们两人从一个地方出来，他一晃眼不见了。我到处问询，无人理我。我或是来回寻找，走入一连串的死胡同，或独在昏暗的车站等车，等那末一班车，车也总不来。梦中凄凄惶惶，好像只要能找到他，就能一同回家。

④钟书大概是记得我的埋怨，叫我做了一个长达万里的梦。

（选自《我们仨》）

背景分析

杨绛（1911年—2016年），本名杨季康，江苏无锡人，中国现代作家、文学翻译家、外国文学研究家。

《我们仨》表现了近代中国社会知识分子的人文情怀：一是挚爱亲情的浓墨抒发；二是爱国情操的本然流露；三是知识分子人格精神的宁和凸显。作品用朴实的语言和生活化的态度，向读者讲述了一个观点：只有家才是最好的港湾。这本书最初是由杨绛、钱钟书和女儿钱瑗一同设想构思的，但是女儿的病情越来越严重，直到不能进食，最后离开了人世。不久，钱钟书也去世了。四年后，92岁高龄的杨绛用心记述了这个家庭63年的点点滴滴，结成回忆录《我们仨》。

基调用声

本文的朗读基调是宁静低沉的，朗读节奏是沉缓型的。吐字微弱，气息沉闷，语气平静而哀伤，层次丰富，感情细腻，表现对逝去丈夫的怀念。

朗读指导

第①段：讲述梦境的开始，梦中丈夫不见了，作者大声疾呼，害怕担心。注意情绪的发展变化，由说笑到焦急，再到害怕。语气由平和安详，到心急如焚。"我大声呼喊，连名带姓地喊"语气加强，情绪激动，焦急难耐。

第②段：描写梦境中的夜色，孤独凄凉，作者内心担心、害怕、孤单。对于"沙土路""林木""流水""不见灯火""黄包车"等细节，要表现出画面感。梦境结束，作者回到现实，看到了睡在身边的丈夫，这才心安。"那是老人的梦，他也常做"一句点明了本段的中心,要着重强调。

第③段:概括了自己做了很多次相似的梦,暗示了日后丈夫的去世,语气带着忧伤和委屈,表现了作者对丈夫的依恋和不舍。抓住重音"一晃眼""凄凄惶惶""只要""就"几个词上,表现对找到丈夫的渴望。

第④段:以猜测和臆想结尾,悲痛和怀念之情意味深长。节奏缓慢舒展,气息沉闷凝滞,语气略带感慨。"长达万里"是重音,以表现与丈夫阴阳两隔的悲伤和对丈夫的怀念。

十、假如给我三天光明(节选)

海伦·凯勒

假如给我三天光明(节选)

①我常想,要是每个人都能在成年早期突然失明、失聪几天,也许是好事。漆黑会令人更珍惜视力;而静寂则能让人明白听到声音是多么美妙。

②我虽然失明,但凭着触摸,也已发现数之不尽的有趣事物。我常渴望能见到这些事物。既然光凭触摸已得到那么大的乐趣,那么如果能看见就必然可发现更多更精彩美丽的东西。

③因此,我常想象,假如我有三天时间视力正常,最盼望看见什么?

④第一天,我要看看每一个善待我、陪伴我的人,感谢他们让我的生命变得有意义。我自小就只能用指尖去"看"人家的脸,只能觉察欢喜、悲痛以及其他明显的情绪变化。如果视力正常,便一下子能看到眼前的人微妙的表情变化,从而更容易了解对方,那是多么令人愉悦的事啊。

⑤要是我有视力,哪怕只不过三天,要看的东西多得很! 第一天我会很忙碌。我要把所有好朋友都请来,细看他们的脸,铭记他们种种源自内心的漂亮的外在特征。下午我会到树林里去散步,让眼睛尽情享受大自然之美。当晚,我想我一定舍不得入睡。

⑥第二天我会黎明即起,静看黑夜渐渐转变为白天,好好欣赏那动人心弦的奇景。我会满怀敬畏,望着太阳用灿烂光芒唤醒沉睡的大地。这天我要匆匆浏览地球的过去与现在,看看人类发展的历程。我会去历史博物馆,在那里我会看到浓缩了的地球史,各人种和动物留下的生活痕迹。然后我会去参观艺术博物馆。我最喜爱荷马那满面皱纹并有大胡子的雕像,因为我知道他明白失明是怎么一回事。

⑦第二天晚上我会在剧场或电影院里度过。我渴望看到由真人扮演而风度翩翩的哈姆雷特,也渴望看到身穿伊丽莎白女王时代花花绿绿服饰的胖武士福斯塔夫。过去我无法欣赏到有节奏动作之美。我只能从地板的震动来感觉音乐的存在,而对于俄

罗斯芭蕾舞蹈家巴甫洛娃的优美舞姿,就只能想象了。而今天,我要亲眼看见她旋转。

⑧今天是第三天,我要到俗世里生活,置身于奔波营生的人群中。首先,我会站在热闹的街角望着其他人,试图从他们的举止动作和面部表情,去了解他们的日常生活。看到笑容,我会开心;看到坚决的眼神,我会引以为荣;而看到痛苦神色,我会同情。我会一直睁大眼睛,将一切幸福和痛苦景象都看个仔细。我视力正常的第三天就要结束了。在这最后一天的晚上,在这余下的几小时里,尽管也许还有很多严肃问题,但是我想,我还是会跑进剧场里,去看一出热闹的滑稽剧。

⑨午夜来临,永恒的黑暗又再次把我重重包围。

⑩在那短短三天里,我当然无法看尽我想看的东西。但直到黑暗再次降临,我才明白实在有太多东西来不及看。所以人们啊,好好运用你们的眼睛吧,对其他感官也应该这样。大自然赐予人类各种感觉能力,人类才能体会到这个世界的欢乐与美,所以你应该非常地喜悦、非常地感激。

(选自《假如给我三天光明》)

背景分析

海伦·凯勒(1880年—1968年),美国著名的女作家、教育家、慈善家、社会活动家。在87年无光无声的生命里,她完成了14本著作,其中著名的有《假如给我三天光明》《我的生活故事》《石墙故事》。她还建立了许多慈善机构,荣获了"总统自由勋章"。

海伦·凯勒出生时,本来是一个健康的婴儿,却在19个月大时,被一场疾病夺去了视觉和听觉。成为聋盲人的海伦变得狂躁不安,直到遇到了她的家教老师安妮·沙利文。在沙利文老师的帮助下,凭借顽强的意志,凯勒最终顺利从哈佛大学毕业。

基调用声

海伦·凯勒以一个身残志坚的柔弱女子的视角,告诫健全的人们:应该珍惜生命、珍惜一切。朗诵基调应该是深沉渴望的,朗诵节奏以舒缓型为主,兼顾欢快的节奏变化。用声以中声区为主,音高不宜过低,吐字轻巧,气息松弛,语调积极,语气真诚渴望,语势跌宕生动。

朗读指导

我们可以把全文分为五个部分处理。

第一部分:①至③段,这是作者的心理假设,幻想自己能听到看到,要营造一种无光无声的宁静环境。表现作者的内心设想时,语势多上扬,节奏沉缓。注意抓住重音

"好事""触摸""见到""最盼望"。朗读第③段"最盼望看见什么"时,要带着美好憧憬,语势上扬,之后停顿较长,以引出下文看到的场景。

第二部分:④至⑤段,描写作者第一天所看到的事物,朗读要表现出第一次看到东西的喜悦和兴奋,注意对不同景物、人物、事物的描写,语言要丰富细腻,充分调动视觉感受。注意抓住重音"每一个""指尖""微妙""所有""舍不得"等。节奏轻快,带着愉悦欢喜之情。

第三部分:⑥至⑦段,作者第二天所看到的事物更加丰富多彩,节奏多变。抓住第⑥段重点句"他明白失明是怎么一回事",与作者感同身受,意味深长。第⑦段节奏更加轻快活泼,表现出作者亲眼看到戏剧表演的欢喜之情,达到全文情绪的高潮。

第四部分:第⑧段,描写作者第三天看到的事物,这也是她能看到的最后一天。朗读节奏稍稍放缓,心情稍显沉重严肃。但基调仍以积极乐观、坚强自强为主,不要过分消极。语势起伏变化,细腻真挚,体现作者对于看到的一切事物由衷的珍惜之情。

第五部分:⑨至⑩,黑暗再次来临,情绪转为暗淡,转而劝诫健全的人要珍惜生命,珍惜今天拥有的事物。语气中肯,发自肺腑,充满感激和喜悦之情。

十一、海燕(节选)

高尔基

①在苍茫的大海上,狂风卷集着乌云。在乌云和大海之间,海燕像黑色的闪电,在高傲地飞翔。一会儿翅膀碰着波浪,一会儿箭一般地直冲向乌云,它叫喊着,——就在这鸟儿勇敢的叫喊声里,乌云听出了欢乐。在这叫喊声里——充满着对暴风雨的渴望!在这叫喊声里,乌云听出了愤怒的力量、热情的火焰和胜利的信心。

②海鸥在暴风雨来临之前呻吟着,——呻吟着,它们在大海上飞窜,想把自己对暴风雨的恐惧,掩藏到大海深处。海鸭也在呻吟着,——它们这些海鸭呀,享受不了生活的战斗的欢乐:轰隆隆的雷声就把它们吓坏了。蠢笨的企鹅,胆怯地把肥胖的身体躲藏到悬崖底下……只有那高傲的海燕,勇敢地,自由自在地,在泛起白沫的大海上飞翔!

③乌云越来越暗,越来越低,向海面直压下来,而波浪一边歌唱,一边冲向高空,去迎接那雷声。雷声轰响。波浪在愤怒的飞沫中呼叫,跟狂风争鸣。看吧,狂风紧紧抱起一层层巨浪,恶狠狠地把它们甩到悬崖上,把这些大块的翡翠摔成尘雾和碎末。

④海燕叫喊着,飞翔着,像黑色的闪电,箭一般地穿过乌云,翅膀掠起波浪的飞沫。看吧,它飞舞着,像个精灵,——高傲的、黑色的暴风雨的精灵,——它在大笑,它又在号叫……它笑那些乌云,它因为欢乐而号叫!这个敏感的精灵,——它从雷声的震怒

里,早就听出了困乏,它深信,乌云遮不住太阳,——是的,遮不住的!

⑤狂风吼叫……雷声轰响……

⑥一堆堆乌云,像青色的火焰,在无底的大海上燃烧。大海抓住闪电的箭光,把它们熄灭在自己的深渊里。这些闪电的影子,活像一条条火蛇,在大海里蜿蜒游动,一晃就消失了。

⑦——暴风雨!暴风雨就要来啦!

⑧这是勇敢的海燕,在怒吼的大海上,在闪电中间,高傲地飞翔;这是胜利的预言家在叫喊:——让暴风雨来得更猛烈些吧!

(选自《春天的旋律》)

背景分析

高尔基(1868年—1936年),苏联文学的创始人之一,政治活动家和诗人,代表作品有《母亲》《童年》《在人间》《我的大学》等。列宁称高尔基为社会主义文学的奠基人、无产阶级艺术最杰出的代表。

《海燕》又名《海燕之歌》,是高尔基1901年写的一篇带有象征意义的短篇小说《春天的旋律》的末尾一章。海燕在暴风雨来临之前,常在海面上飞翔。因此,在俄文里,"海燕"一词有"暴风雨的预言者"的意思。本文号召人民进行革命斗争,勇敢迎接革命暴风雨的来临。

《海燕》是一篇融合了描写和表现手法的散文诗,深刻反映了1905年俄国革命前社会急剧发展的形势,突出刻画了象征无产阶级先锋战士的海燕,在暴风雨来临之前英勇无畏的斗争精神,唤起广大劳动人民迎接伟大的革命斗争,歌颂了俄国无产阶级革命先驱的不朽形象和坚强无畏的英雄气魄。

基调用声

本文的朗诵基调应该是热情赞颂的,而随着内容的展开,会有一些嘲讽的、低沉压抑的、坚定昂扬的局部基调的变化。朗诵的基本节奏是奔放型的,也会出现凝重的、紧张的局部节奏变化。用声高亢,吐字有力,气息充沛,情绪激昂。

朗读指导

第一部分:①段。第一句话语势下沉,声音浑厚有力,表现出暴风雨前的景象,渲染紧张的气氛。朗读时,要用叙事的语气,节奏先舒缓后加快,表现出海燕的高傲英勇无畏的姿态,飞翔时的敏捷。要抓住重音"高傲""欢乐""渴望""愤怒的力量""热情的火焰""胜利的信心",表现出海燕的勇敢和悲愤,情绪要逐渐递进。

第二部分:②至④段。对海鸭和企鹅的语气是嘲讽的,而对于海燕的语气是坚定的,积极上扬,表现海燕对暴风雨的渴望和无所畏惧、勇于挑战的精神。抓住"高傲""勇敢""自由自在"等重音,通过语气语势的变化来突出海鸭、企鹅与海燕的对比,突出海燕的勇猛,表达对海燕的赞美、歌颂,同时有对海鸭、企鹅的鄙夷、不屑。对乌云和海浪的描写渲染了暴风雨前压抑、紧张的气氛,语速由慢逐渐加快,展现出风浪的狂,衬托海燕的英勇,表现出海燕在大海上飞翔的姿态。抓住重音"紧紧""恶狠狠",表现风浪之大、挑战之大、危险之大。

第三部分:⑤至⑧段。描写暴风雨到来时的场景,风暴愈演愈烈,情绪越来越激昂,节奏越来越快。抓住重音"熄灭""闪电""火蛇",眼前要有画面感,语气坚定有力,表现海燕不惧恶劣环境的英勇和面对暴风雨的兴奋。"暴风雨! 暴风雨就要来啦!"两个"暴风雨"节奏紧凑,语势上扬,情绪逐渐递进。"让暴风雨来得更猛烈些吧!"达到最高潮,语气猛烈,表现出海燕乐观、敢于接受挑战的勇气,给听众以酣畅淋漓之感。

第九章 故事播讲

千古兴亡多少事？悠悠。不尽长江滚滚流。多少精彩绝伦的历史故事与现实经历交织，以滔滔不绝的文人墨客之口广为传唱、流传至今。听故事，是每个人孩童时代的美好回忆；而讲故事，是每个成年人必备的社交沟通技能。会讲故事，是对朗诵者的基本要求。本章我们重点分析寓言童话和小说的播讲技巧。

第一节 寓言童话播讲技巧

寓言童话多以夸张、比喻、拟人等手法讲述一个生动有趣的故事，并阐明一个深刻的道理，文字语言直白易懂，但寓意和道理能警醒世人，发人深思。

"寓言是文学作品的一种体裁，是带有劝喻、讽喻的故事。结构大多简短，主人公可以是人，也可以是动物、植物或无生物，主题都是借此喻彼、借古喻今、借远喻近、借小喻大，寓深刻的道理于简单的故事之中。"[①]寓言可以分为劝喻和讽喻两种。

"童话是儿童文学的一种。它通过丰富的想象、幻想和夸张来塑造形象、反映生活，对儿童进行思想教育。一般故事情节神奇曲折，生动浅显，对自然物往往做拟人化的描写，能适应儿童的接受能力。"[②]

大多数寓言和童话的受众是少年儿童。因此，寓言和童话的篇幅一般较短，写作文字通俗易懂，生动形象。在播讲寓言童话时，要以儿童为播讲对象，声音色彩丰富，语气情绪夸张，讲述形象生动，用逼真的声音造型吸引儿童的注意力。寓言童话的播讲技巧可简单总结为明确寓意、丰富想象、夸张对比、角色声音造型。

---

① 辞海编辑委员会.辞海：文学分册[M].上海：上海辞书出版社，1979：15.
② 辞海编辑委员会.辞海：文学分册[M].上海：上海辞书出版社，1979：15.

一、明确寓意

寓言童话的播讲首先要明确故事的中心和寓意。播讲者只有明确了故事的中心思想和写作目的,才能确立自己的播讲位置和播讲态度,进而将故事的潜在内涵和言外之意通过恰当的语气表达出来。

例如,寓言故事《猴吃西瓜》揭露和讽刺那些教条主义、人云亦云、不懂装懂、倚老卖老的人。猴王认为找到了西瓜的正确吃法,义正词严地让众猴一起"吃西瓜皮"。这个决策不仅荒诞可笑,而且具有强烈的讽刺意味,播讲时要带有鲜明的内在语。

播讲寓言童话时,要善于抓住点睛语句来凸显中心和寓意。尤其是一些议论的语句,往往是阐明事理、表明立意的关键语句。播讲这些语句时,要与讲故事的语气有明显区分,要严肃认真、语重心长、节奏稳健、理性客观、令人回味。

二、丰富想象

寓言童话是以孩童的思维和情感创作的,想要播好寓言童话,自然要具备孩童般丰富的想象力,天马行空,无拘无束,大胆自由。中央电视台《动物世界》的解说赵忠祥谈及动物配音经验时说,他将哪怕是小虫、小鱼之类的小生物都当作人来看待,赋予其人的心理、人的行为和人的关系,将动物人格化才能深入它们心中,理解并关心它们的命运,解说才更具有情感性。

播讲者要具备丰富的想象力:一方面,将作者用文字语言描述的角色形象化、图像化、具体化,想象角色的表情、动作、语气、情态,再用相应的有声语言播讲技巧进行处理。另一方面,对文字语言之外的故事情境进行补充、加工和续写,对角色所处的时间、地点、环境、性格特点,角色之间的关系等进行创造性想象,这些细节是播讲者经过合理分析故事内容后的二度创作。

三、夸张对比

寓言童话是一种夸张的艺术,它运用拟人和夸张的手法,让角色具有人的情感和思维。因此,播讲者要抓住寓言童话的夸张与对比之处,以夸张的角色声音造型、对比鲜明的角色性格特征以及浓墨重彩的情绪语气,渲染出寓言童话的独特魅力。

在播讲技巧上,夸张对比重点体现在语气的跌宕、重音的强化和语调的丰富上。播讲者要抓住童话寓言故事的特定对象——孩童,以孩童的心理调动情绪,以孩童的口吻去表达和交流。只有用夸张生动的语气和语调,才能牢牢抓住孩童的注意力和兴趣喜好。

四、角色声音造型

角色声音造型是寓言童话故事播讲的关键,也是故事播讲创作的亮点。很多经典寓言童话的主人公之所以能给受众深刻的印象,就是源于作者通过细节语言描述的鲜明角色特征。因此,在进行寓言童话播讲的二度创作中,播讲者要着重关注角色的概貌语言和特征描写,通过不同的声音色彩对其特征进行放大和凸显。

寓言童话的主人公往往是虚构的角色,播讲者尤其要注意在同一篇作品中,不同角色的声音差别,可适当运用夸张的音色,来加强不同角色的性格对比。比如,在《一头学问渊博的猪》中,在猪的角色声音造型的处理上,朗读者不仅要用缓慢、低沉、嘟嘴和吐字不清来体现猪蠢笨的特点,还要结合故事情境,展现出猪盲目自大、自以为是的语气。而八哥的声音造型要与猪形成鲜明对比,用声偏高,语速很快,发声位置靠前,吐字清楚,要体现出八哥头脑清楚,渴望知识,对猪由崇拜到讽刺的语气。

在寓言童话的角色声音造型中,还有一个至关重要的角色,即旁白。在很多寓言童话中,旁白起着故事情节铺垫、展开和推进的重要作用。播讲者要对旁白的声音造型进行准确定位,确定旁白的身份感。旁白语言多以叙述和议论的方式表达,播讲时切忌平淡无味,置身事外,不走心、不用情。其实,一些议论性的旁白语言,往往具有点明故事主旨、交代重点情节、推进故事节奏的重要作用,播讲者要对这些旁白进行重点的播讲处理。

角色声音造型的技巧可以总结为"五个变化",即共鸣变化、咬字变化、气息变化、语调变化和特殊变化。

(一)共鸣变化

人声的共鸣方式通常分为高音共鸣(鼻腔共鸣)、中音共鸣(口腔共鸣)和低音共鸣(胸腔共鸣)。共鸣变化是影响人声音色彩的重要因素。运用不同的共鸣腔进行发声,可以产生不同音高和音色的声音,也可以塑造不同年龄、性格的人物,表现不同的情绪和情感。

在角色声音造型时,播讲者主要依据角色的性别、年龄、性格特点来确定共鸣方式。比如老年角色多用低音共鸣,中青年角色多用中音共鸣,儿童角色多用高音共鸣,其中小女孩声音往往更高更细,有时需要使用高音共鸣和假声来完成。

(二)咬字变化

每个人的口腔形态和发音习惯都是不同的,这也直接影响人们的咬字特点。在塑造个性鲜明的故事角色时,可以适当进行咬字的变化处理,以增强角色的声音个性。

(1)咬字方式上,可以有前咬、后咬、松咬、紧咬、横咬、竖咬等不同变化。

(2)字音形状上,可以有长形、圆形、扁形、饱满、不饱满等不同变化。

(3)口形变化上,可以有大嘴、小嘴、咧嘴、噘嘴等不同变化。

咬字的变化往往与角色的具体形象息息相关,播讲者要善于观察角色的样貌特征,对于一些典型的大嘴、嘟嘴、小嘴等形象,声音造型要尽量贴近画面形象和动作特征。

(三)气息变化

气息状态与人的情绪、动作、年龄和身体状况等有着密切联系。

(1)情绪上的气息变化,可以表现平和、愉快、凝重、紧张、沉痛等感情色彩。

平和的色彩,呼吸比较放松,气息通畅。

愉快的色彩,气息较浅,呈上浮状态,多用胸式呼吸。

凝重的色彩,气息较沉,力度较大,多用腹式呼吸。

紧张的色彩,全身紧绷,气息压力较大,呼吸急促,多用胸式呼吸。

沉痛的色彩,气息沉闷压抑,呼吸间隔时间长,常伴有大口吸气。

(2)动作上的气息变化,可以表现静坐、行走、奔跑、干活等动作状态。

静坐时,气息平静,有规律,采用腹式呼吸方式。

行走时,气息较强,且呼吸有规律,往往伴有户外的嘈杂声。

奔跑时,喘息声较大,呼吸急促,说话上气不接下气。

干活时,气息会随着体力活动的强弱有明显变化,在做一些较重的体力活时,有明显的小腹用力的声音。

(3)年龄上的气息变化,可以表现老年、中年、青年、儿童等年龄特点。

老年人,气息很沉,换气缓慢,说话时伴有明显的呼吸声。

中年人,气息较为沉稳,结实有力,以腹式呼吸为主。

青年人,气息较浅,呼吸节奏快,多用胸式呼吸或胸腹联合式呼吸。

儿童,气息上浮,呼吸量小,换气动作明显,以胸式呼吸为主。

(4)身体状况上的气息变化,可以表现强壮、柔弱、生病等身体特点。

身体强壮的人,气息充足有力,气息量大,小腹有力,中气十足。

身体柔弱的人,气息量小,柔和无力。

身体有病的人,气息虚弱,小腹无力,喘息声明显。

常见的气息变化技巧有提气、松气、托气、偷气、就气、抢气、颤气等。

(四)语调变化

语言表达总是伴随着语调的变化起伏,四平八稳的语调听起来会让人昏昏欲睡,善于变化语调可以增强语言表现力和丰富性。语调变化,体现在语气、语势与感情等方面。

(1)语气方面,亲切、严厉、讽刺、疑惑等不同态度所呈现的语调是不同的。

亲切询问的语气,语调平直。

严厉问责的语气,语调下降。

冷嘲热讽的语气,语调弯曲。

疑惑好奇的语气,语调上升。

(2)语势方面,分为波峰类、波谷类、上山类、下山类和半起类。

波峰类语势,特点是语句的两端低,中间高,声音的发展态势是由低向高再向低进行的。一般重音在句子中间时,多用波峰类语势。

波谷类语势,特点是语句的两端高,中间低,声音的发展态势是由高向低再向高进行的。一般重音在句首和句尾时,多用波谷类语势。

上山类语势,特点是句首声音相对较低,继而逐渐上行,句尾声音相对较高,声音的发展态势是由低向高进行的。

下山类语势,特点是句首声音相对较高,然后逐渐下行,句尾声音相对较低,声音的发展态势是由高向低进行的。

半起类语势,特点是句首起点相对较低而后上行,但上至一半声音便停止,不再继续向上。一般用于表现声停气未尽,给人话未说完或等别人回答的感觉。

(3)感情方面,爱憎、悲喜、惊惧、欲求、焦急、冷漠、愤怒、疑惑等不同感情色彩所呈现的声音形式也是不同的。

爱的感情,气徐声柔,口腔宽松,气息深长。

憎的感情,气足生硬,口腔紧窄,气息猛塞。

悲的感情,气沉声缓,口腔如负重,气息如尽竭。

喜的感情,气满声高,口腔似千里轻舟,气息似不绝清流。

惧的感情,气提声凝,口腔如冰封,气息如倒流。

欲的感情,气多声放,口腔积极敞开,气息力求畅达。

急的感情,气短声促,口腔如弓弦,气息如穿梭。

冷的感情,气少声平,口腔松懒,气息微弱。

怒的感情,气粗声重,口腔如鼓,气息如椽。

疑的感情,气细声黏,口腔欲松还紧,气息欲连还断。①

(五)特殊变化

一些特殊的声音造型手段也是塑造角色个性的方法,比如运用生理特点、方言口音特点进行声音处理。

(1)生理特点方面,可以添加鼻音色彩、撒气说话、下牙前突说话、裹唇、扁唇、噘唇、鼓嘴、咬舌、结巴、撑后声腔说话等。

(2)方言口音方面,可以运用方言中的典型语音或词语进行表达。一些方言比如东北话、四川话、陕北话等,在表现地方色彩、人物性格、生动趣味性上能起到较好的效果。运用方言的同时,需要注意结合普通话发音来表达,避免方言色彩过重导致理解障碍。

以上论述的五种变化,播讲者不是单一运用的,而是根据角色需要进行各种层次的组合变化,从而形成不同的角色声音造型。

【作品训练】

猴吃西瓜

猴吃西瓜

①猴王找到了一个大西瓜,可是,怎么吃呢?这个猴啊,是从来没有吃过西瓜的。忽然,他想出了一条妙计,于是,把所有的猴都召集起来。

②他清了清嗓子说:"今天,我找到了一个大西瓜。至于这西瓜的吃法嘛,我是完全知道的。不过,我要考验一下大伙的智慧,看看谁能说出这西瓜的正确吃法。如果说对了,我可以多赏他一块。如果说错了,我可要惩罚他!"

③大伙你看看我,我看看你,是谁也没有吃过西瓜。小毛猴眨巴眨巴眼睛,挠了挠腮说:"我知道,吃西瓜是吃瓤!"

④猴王刚想同意,"不对!小毛猴说得不对!"短尾巴猴跳了起来:"我小的时候跟我妈去姥姥家,吃过甜瓜,吃甜瓜是吃皮的。我想,这甜瓜也是瓜,西瓜也是瓜,当然也是吃皮喽。"

⑤这时,大家争执了起来,"吃西瓜吃皮!""吃西瓜吃瓤!"可争了半天,也没争出个结果,于是都不由地把目光集中到一只老猴的身上……

---

① 张颂.朗读学:第三版[M].北京:中国传媒大学出版社,2010:165.

⑥这老猴一看,认为出头露面的机会来了,他捋了捋胡子,清了一下嗓子说道:"这吃西瓜嘛,当然……当然是吃皮了。我从小就爱吃西瓜,而且一直都是吃皮的。我想,我之所以长生不老,就是因为吃了这西瓜皮的缘故……"

⑦大伙一听觉得有道理,于是都欢呼起来:"对!吃西瓜吃皮!""吃西瓜吃皮!"……

⑧猴王认为找到了正确答案,便站起身来,上前一步,开言道:"对!大伙说得对!吃西瓜是吃皮。哼!就小毛猴崽子一个人说吃西瓜吃瓤,那就让他一个人吃瓤!咱们大伙,共享西瓜皮!"

⑨于是,西瓜一刀两半,小毛猴吃瓤。大伙,则共分西瓜皮。

⑩有只猴吃了两口,就捅了捅旁边的猴说:"哎,我说这可不是滋味啊!"

⑪"咳,老弟,我常吃西瓜,西瓜嘛,就是这味……"

背景分析

《猴吃西瓜》是一篇生动有趣的寓言故事。众猴寻得了西瓜不知如何享用,却又不懂装懂,最终造就了一场闹剧。故事通过形象生动、极具角色感的语言塑造了猴王、小毛猴、老猴、众猴等性格鲜明的角色,在引人发笑之余又反映出社会中官僚主义、经验主义等典型现象,让人深思。

基调用声

故事整体的基调是轻松诙谐的。猴王是一位中年领导者的形象,用声以中声区为主,吐字位置靠后,声音扎实,气足生硬,说话底气十足,以塑造威严感。小毛猴是个天真可爱的孩子形象,用声位置靠前,音高较高,吐字轻巧,语言节奏轻快,展现活泼好动的天性。老猴则是一位年迈"智者"的形象,用声偏低,气声较多,吐字松弛,节奏缓慢,多用胸腔共鸣,语气要故作老态,表现出不懂装懂、倚老卖老的形象。

播读指导

我们可以把全文分为三个部分处理。

第一部分:①至②段,讲述了猴王找到西瓜,却不知如何享用,又不懂装懂,假借提问众猴的形式寻得吃西瓜的方法。播读时要注意塑造猴王领导者的形象,整体节奏不宜过快。虽然猴王不知道吃西瓜的方法,但表面上仍旧胸有成竹,播读时要抓住"完全知道""考验""多赏他""惩罚他"这些塑造形象的关键语句。

第二部分:③至⑨段,这是故事的重点,讲述了众猴议论吃西瓜的方法,最终猴王下令大伙吃西瓜皮。本段角色众多,朗读时要抓住小毛猴孩子般天真烂漫的感觉、短尾猴急切反驳的心态,抓住"不对""跳"这些关键词语。在众猴争论时,要营造出七嘴八舌、互不相让的热烈氛围。老猴是众猴中资历最老的,要体现出老猴不懂装懂、倚老卖老的姿态。在第⑧段末尾,要表现出猴王一锤定音的威严,猴王义正词严地说"共享西瓜皮"不禁惹人发笑,具有讽刺意味。

第三部分:⑩至⑪段,讲述了两只猴子吃西瓜皮的对话。第一只猴子语气嗔怪,对西瓜的味道产生疑惑。第二只猴口气甚大,假装自己是吃西瓜的老手。播读时要注意两只猴子不同的声音造型,可运用不同的共鸣和吐字位置来塑造。

【作品训练】

一头学问渊博的猪

一头学问渊博的猪

①一头绝顶聪明的猪,住在一个非常有名的图书馆的院子里。他深信自己由于多年图书馆的生涯,已经成了渊博的学者。

②有一天,一只八哥来访问。这头猪立即按照惯例,对客人进行了自我介绍。

③"朋友,相信我吧!我在这个图书馆里待的时间很长了,我对这儿的沟渠、粪坑、垃圾堆,都有着深刻的了解,甚至屋后山坡上的墓穴都拱翻了好几个。谁要是想在这个图书馆得到知识而不找我,那他是白跑一趟了。"

④八哥说:"你所说的都是图书馆外面的事,那里面的东西也了解吗?"

⑤"里面? 那是我最清楚的了。无非是一些简单的木架子,上面堆满了各色各样的书。"

⑥"你对那些书也了解吗?"八哥问。

⑦"怎么不了解呢? 那是最没意思的了。它们既没有什么香气,也没有什么臭气,我咀嚼过好几本,也谈不上有什么味道,干巴巴的,连一点儿水分也没有。"

⑧"可是人们老在里面待着,据说他们在里面探求知识的宝藏呢!"八哥又说。

⑨"人们? 你说他们干什么! 他们确实是那样想的,想在书里找点什么东西。我常常看到许多人把那些书翻来翻去,结果什么也没有得到,然后把书丢在架子上又走了。我敢保证他们在里面连糠渣菜叶都没有得到一点,还谈什么宝藏! 我从不做那种蠢事。与其花时间去啃书本,还不如到垃圾堆翻几个烂萝卜啃啃。"

⑩"算了吧,我的学者! 一个从垃圾堆里啃烂萝卜的嘴巴,来谈论书本上的事,是不大相宜的。还是去啃你的烂萝卜吧!"

背景分析

这是一篇讽喻性寓言,嘲讽了愚昧无知而又自作聪明的人。全篇文字不多,从头到尾没有议论句,作者想要表达的内容都融入在作品的情节与对"形象化主体"的塑造中。

基调用声

故事基调是轻松活泼的,要用生动有趣的语气来播讲。猪是作者主要刻画的反面角色,在进行角色声音塑造时,要抓住猪的特点:外形肥圆,嘴向外噘出,可以声区的下部共鸣为主,用声靠后,声腔拉长,咬字含混,再伴以拖腔甩调。八哥轻巧活泼,声音造型应用声靠前,声区较高,音色尖脆,咬字小而前,语速较快,语言干脆利落。

播读指导

我们可以把全文分为两个部分处理。

第一部分:①至②段,讲述了故事的背景,也介绍了猪的身份。在播读时,要注重叙述语言的表达。叙述者应是理智的"知情者",既不能无动于衷,也不能与"角色"的语言、感觉相混,应带有相应的态度用心讲解,做到既不"出戏",也不"夺戏"。

第二部分:③至⑩段,讲述了八哥与猪的问答。在对话当中,八哥逐渐意识到了猪的外强中干、愚昧无知。播读时要体现出猪与八哥形象的差别。猪是肥圆蠢笨,却又自以为了不起的形象,体现出猪的自得与傲慢,神形兼备,以神似为主。猪的语言不能是"表演式"的,而要随情节发展,与八哥真正交流。八哥的表达,要重点表现其内心的变化,从开始的"求教""不解""怀疑",再到最后的"愤怒"。相对于猪而言,八哥的思想变化较大,尤其结尾的一段话,表现出八哥思考之后对猪的讽刺语气。播读时一定要随着寓言的内容来思考、感受,把八哥的思维过程通过语言态度淋漓尽致地展现出来。

第二节 小说播讲技巧

一般来讲,小说的篇幅较长,角色众多,情节复杂,对于播讲者来说具有一定的创作难度。"小说是文学的一大类别。它通过完整的故事情节和具体环境的描写,塑造多种多样的人物形象,广泛地、多方面地反映社会生活。"[①]从篇幅内容上看,小说可以

---

① 辞海编辑委员会.辞海:文学分册[M].上海:上海辞书出版社,1979:17.

分为长篇、中篇、短篇和微型小说;从创作手法上看,小说可以分为古典小说与现代小说等。

小说的三大基本特征即丰富的人物形象、完整的故事情节和精细的环境描写。第一,播讲者要抓住小说中不同角色形象特点,运用恰当的播讲技巧展现人物复杂、丰富的内心世界,生动细致地刻画和塑造人物形象特征。第二,播讲者要理解小说的故事主体,理清故事的主线脉络与关联因素,集中展现故事高潮和矛盾冲突,使播讲效果引人入胜。第三,播讲者要对小说中的环境描写进行精细的情景再现,运用各种表达技巧将小说中的社会风貌和时代背景细致入微地展现出来。

小说的播讲技巧主要涉及播讲基调、播讲风格、旁白处理、人物造型、交流与转换等五个方面。

一、播讲基调

小说的播讲基调是指演播者从作品全篇的内容和主体出发,结合作者的写作背景和创作动机,形成的基本情感和播讲状态。播讲基调是否准确,直接关系到小说演播创作的成败。

播讲基调的确立,要求播讲者掌握作品整体与局部的关系,也就是把握作品播讲的整体基调与基调变奏的统一和变化。小说播讲的整体基调,是播讲者对小说进行通读、理解、分析之后,形成的对小说主题的情感体验和内心感受。而要真正理解一部文学作品,往往需要播讲者反复品读,仔细揣摩,结合自身的人生阅历,感同身受。小说播讲的基调变奏,是指作品中不同的小故事在串联和推动情节发展中的轻重缓急的变化。"想要演播好小说的节选,必须通读、了解作品全篇,并把握住节选部分具有相对独立意义的'基调变奏'。"[①]基调变奏是整体基调的重要组成部分,也是小说播讲的生命力和推动力,变奏让情节有了矛盾冲突和高潮迭起。而整体基调是基调变奏的指挥棒,任何变奏都不能逾越整体基调的红线范围,以免将小说播散,失掉整体风格和情感基调。

二、播讲风格

小说的播讲,不仅要播得生动引人入胜,更要播得有韵味、有特色。这就需要播讲者树立好小说的播讲风格。播讲风格与小说的内容体裁息息相关。常见的小说体裁

---

① 罗莉.文艺作品演播教程[M].北京:北京大学出版社,2007:85.

包括乡村小说、都市小说、古装小说、武侠小说、魔幻小说、红色小说、军事小说、职场小说、推理小说、国外小说等。不同体裁的小说播讲,需要创造出不同的播讲韵味和小说意境。

小说的播讲风格大致可分为本土风格、现代风格、古装风格、科幻风格、红色风格、职场风格等。

本土风格:语气中地域色彩浓重,可适当使用方言,突出地域文化和民族特点。
现代风格:语气平和松弛,节奏偏快,突出时代和潮流特点。
古装风格:吐字归音饱满,有音律感之美,带着古韵的语气特色。
科幻风格:虚实声结合,带着理性与科学的色彩,语气神秘。
红色风格:语气坚定正直,节奏较缓,吐字有力,用声深沉,情绪饱满高涨。
职场风格:吐字干脆利落,节奏偏快,展现职场的高效率和复杂关系。

三、旁白处理

小说播讲的语言有叙述语言和人物语言两种。小说中的叙述语言主要是指小说的旁白,可用于介绍人物、事件、情节,描写时代背景、自然环境,塑造人物形象,表现人物行为、思想、回忆、幻想、内心独白等。

旁白主要分为三种:环境旁白、人物旁白、情节旁白。

(一)环境旁白

环境旁白,是指描写社会背景、时代风貌、自然状况的旁白语言。播讲环境旁白,要求语速不可太快,介绍清楚准确,在着眼全篇作品整体氛围的基础上设计具体段落语句的表达。环境旁白的播讲,要在缓缓的语流中将听者带入规定情境,恰当地渲染环境氛围,营造逼真的环境氛围感。

(二)人物旁白

人物旁白,是指描写人物概貌和人物行为的旁白语言。

人物概貌语言是对人物形象进行整体的介绍,包括对人物的外貌、身世、人物关系等进行简单的概括介绍,让听者对人物有一个大致了解和总体印象。人物概貌的播讲,要求播讲者注意强调人物的姓名、称谓和特征,以加深听者的印象。在语气上,不可过分追求形象生动,而是要着眼于叙述的连贯和完整,不能过于跳脱,干扰听者的思维。

人物行为语言主要叙述人物正在做什么、怎么做的、内心情感和态度如何、人物关系怎样,等等。人物行为语言的播讲,既要播得清楚,又要播出层次和细微变化,并流畅自如地融入叙述语言中。在表现人物对话中的行为语言时,要特别注意人物对话中接受、判断、反映的心理过程,在播讲中兼顾这些细微变化,抓住特定细节,塑造播讲亮点。

(三)情节旁白

情节旁白,是指交代情节发展变化的旁白语言。小说之所以能吸引听者,主要源于情节的波澜起伏、高潮迭起、出人意料。情节旁白的播讲,要求播讲者首先弄清情节发展的来龙去脉,再理清播讲段落在全篇作品中的地位,分析其起承转合的作用,找到上下文衔接的具体词句,使情节的发展变化有机转换,自然承接,顺畅连贯。

值得注意的是,原作旁白是以写作方式表述的文字语言,在进行播讲创作时,播讲者可以适当地将提示性文字语言进行修改,以适应听觉效果。作品中的一些"他""他们"之类的人称代词,尽量改为本人的姓名来播讲,以免造成歧义和理解混乱。作品中一些"某某说"之类的提示性语言,可提到人物语言之前来讲,以免插入语破坏完整语义,破坏情绪的连贯性。同时,在不影响理解的情况下,可以适当减少"某某说"之类的提示语,以免节奏拖沓,语言啰唆。

四、人物造型

小说中的人物通常都有鲜明的个性特征和人物风貌,而人物语言是彰显其性格特征的重要工具。因此,想要播讲出一个个生动鲜活的人物,播讲者就要精心设计人物造型,打磨不同人物语言的播讲技巧。

小说播讲中人物造型的前提是确立准确的人物性格基调。播讲者要善于捕捉人物角色的全貌,抓住不同角色的外形、性格、经历与心理特点。不仅要从小说的直接描写中吸取人物特点,也要从小说中的他人之口里搜寻一切可用信息。同时,还要以现实生活经验作为参照对应,活化出一个个鲜明可信的人物角色,从而形成不同角色的人物基调。

随着小说情节的发展,人物基调有时也在变化和转型。人物本性往往难移,但在不同阶段和不同经历之中难免会有一定的转变。播讲者要把握人物基调的主调与变奏,拿捏好人物基调整体与变化的统一。

播讲者要根据人物基调进行人物声音造型创作,这也是小说播讲的关键一步。不同的声音造型手段详见本章第一节"角色声音造型"部分。

五、交流与转换

在小说播讲创作中,播讲者要一人分饰多角,做到各个角色的个性形象迥异、区分度高。演播者要不断地在旁白和各人物语言之间快速转化,同时兼顾人物对话的交流感,这对于播讲者的语言功力要求较高。

小说的旁白播讲一般不需要播讲者运用特殊的声音造型手段进行处理,而是以播讲者的自如声区和正常吐字状态来播讲即可。在播讲具体人物旁白时,可适当结合人物性格特点来调整音色、语气和情绪的变化。

小说的人物语言,常有对白和独白两种形式。

对白,是指人物之间的对话。播讲者要站在不同的人物角度,具备相应的身份感。在表现两个或多个不同人物对话时,播讲者要迅速切换不同角色角度,快速准确找到不同人物的性格和情绪,需要具备一定的表演功力。在对白交流与转换过程中,播讲者不仅要转换双方的声音造型和人物基调,更要兼顾人物关系、言语目的、情绪状态、形体动作的变化,表现出人物交流中接受、思索、反映的心理过程,让听者听出是谁在说、为什么说、怎么说的。

独白,是指人物内心活动的外化,常以内心所想和书信的方式展现。独白虽然属于旁白的一部分,但是应处理成人物角色的感觉,带有角色语言特征。用声上,播讲独白的音色可以稍虚一些,语速放慢一些,节奏多变,语言自然流露。

【作品训练】

好嘴杨巴
冯骥才

①津门胜地,能人如林,此间出了两位卖茶汤的高手,把这种稀松平常的街头小吃,干得远近闻名。这二位,一位赛胖黑敦厚,名叫杨七;一位赛细白精明,人称杨八。杨七杨八,好赛哥俩,其实却无亲无故,不过他俩的爹都姓杨罢了。杨八本名杨巴,由于"巴"与"八"音同,杨巴的年岁长相又比杨七小,人们便错把他当成杨七的兄弟。不过要说他俩的配合,好比左右手,又非亲兄弟可比。杨七手艺高,只管闷头制作;杨巴口才好,专管外场照应,虽然里里外外只这两人,既是老板又是伙计,闹得却比大买卖还红火。

②杨七的手艺好,关键靠两手绝活。

③一般茶汤是把秫米面沏好后,捏一撮芝麻洒在浮头,这样做香味只在表面,愈喝

愈没味儿。杨七自有高招，他先盛半碗秫米面，便洒上一次芝麻，再盛半碗秫米面，沏好后又洒一次芝麻。这样一直喝到见了碗底都有香味。

④他另一手绝活是，芝麻不用整粒的，而是先使铁锅炒过，再拿擀面杖压碎。压碎了，里面的香味才能出来。芝麻必得炒得焦黄不糊，不黄不香，太糊便苦；压碎的芝麻粒还得粗细正好，太粗费嚼，太细也就没嚼头了。这手活儿别人明知道也学不来。手艺人的能耐全在手上，此中道理跟写字画画差不多。

⑤可是，手艺再高，东西再好，拿到生意场上必得靠人吹。三分活，七分说，死人说活了，破货变好货，买卖人的功夫大半在嘴上。到了需要逢场作戏、八面玲珑、看风使舵、左右逢源的时候，就更指着杨巴那张好嘴了。

⑥那次，李鸿章来天津，地方的府县道台费尽心思，究竟拿嘛样的吃喝才能把中堂大人哄得高兴？京城豪门，山珍海味不新鲜，新鲜的反倒是地方风味小吃，可天津卫的小吃太粗太土：熬小鱼刺多，容易卡嗓子；炸麻花梆硬，弄不好硌牙。琢磨三天，难下决断，幸亏知府大人原是地面上走街串巷的人物，嘛都吃过，便举荐出"杨家茶汤"；茶汤黏软香甜，好吃无险，众官员一齐称好，这便是杨巴发迹的缘由了。

⑦这日下晌，李中堂听过本地小曲莲花落子，饶有兴味，满心欢喜，撒泡热尿，身爽腹空，要吃点心。知府大人忙叫"杨七杨八"献上茶汤。今儿，两人自打到这世上来，头次里外全新，青裤青褂、白巾白袜，一双手拿碱面洗得赛脱层皮那样干净。他俩双双将茶汤捧到李中堂面前的桌上，然后一并退后五步，垂手而立，说是听候吩咐，实是请好请赏。

⑧李中堂正要尝尝这津门名品，手指尖将碰碗边，目光一落碗中，眉头忽地一皱，面上顿起阴云，猛然甩手"啪"地将一碗茶汤打落在地，碎瓷乱飞，茶汤泼了一地，还冒着热气儿。在场众官员吓懵了，杨七和杨巴慌忙跪下，谁也不知中堂大人为嘛犯怒。

⑨当官的一个比一个糊涂，这就透出杨巴的明白。他眨眨眼，立时猜到中堂大人以前没喝过茶汤，不知道洒在浮头的碎芝麻是嘛东西，一准当成不小心掉上去的脏土，要不哪会有这大的火气？可这样，难题就来了——

⑩倘若说这是芝麻，不是脏东西，不等于骂中堂大人孤陋寡闻，没有见识吗？倘若不加解释，不又等于承认给中堂大人吃脏东西？说不说，都是要挨一顿臭揍，然后砸饭碗子。而眼下顶要紧的，是不能叫李中堂开口说那是脏东西。大人说话，不能改口。必须赶紧想辙，抢在前头说。

⑪杨巴的脑筋飞快地一转两转三转，主意来了！只见他脑袋撞地，"咚咚咚"叩得山响，一边叫道："中堂大人息怒！小人不知道中堂大人不爱吃压碎的芝麻粒，惹恼了

大人。大人不记小人过,饶了小人这次,今后一定痛改前非!"说完又是一阵响头。

⑫李中堂这才明白,刚才茶汤上那些黄渣子不是脏东西,是碎芝麻。明白过后便想,天津卫九河下梢,人情练达,生意场上,心灵嘴巧。这卖茶汤的小子更是机敏过人,居然一眼看出自己错把芝麻当作脏土,而三两句话,既叫自己明白,又给自己面子。这聪明在眼前的府县道台中间是绝没有的,于是对杨巴心生喜欢,便说:

⑬"不知者当无罪!虽然我不喜欢吃碎芝麻(他也顺坡下了),但你的茶汤名满津门,也该嘉奖!来人呀,赏银一百两!"

⑭这一来,叫在场所有人摸不着头脑。茶汤不爱吃,反倒奖巨银,为嘛?傻啦?杨巴趴在地上,一个劲儿地叩头谢恩,心里头却一清二楚全明白。

⑮自此,杨巴在天津城威名大震。那"杨家茶汤"也被人们改称作"杨巴茶汤"了。杨七反倒渐渐埋没,无人知晓。杨巴对此毫不内疚,因为自己成名靠的是自己一张好嘴,李中堂并没有喝茶汤呀!

(选自《俗世奇人》)

背景分析

冯骥才(1942年—),中国当代作家、画家、社会活动家,代表作品有长篇小说《单筒望远镜》和小说集《俗世奇人》等。冯骥才的市井题材小说在反思传统民族文化弊端对人性残害的同时,对"奇"字误导人性的内涵进行了细致的描绘,作品运用了大量的细节描写来表现人性的变化,通过巧妙的手法让读者理解作品中的人物形象。

《好嘴杨巴》是《俗世奇人》18篇市井人物小说之一,与《泥人张》《刷子李》同为以手艺奇人为主人公的小说作品。

基调用声

冯骥才移植天津相声语言的特点,在《好嘴杨巴》中运用大量的富于诙谐、嘲讽和节奏性的语言进行叙事,给小说笼罩上了一层"津味"色彩。朗诵基调应该是自然风趣的,朗诵节奏以平缓讲述为主,兼顾欢快的节奏变化。用声厚实,松弛自然,气息通畅,音高不宜过低。不同人物的声音特色要形象分明。吐字清楚、颗粒感强,气息缓而扎实,语势起伏,生动形象。

播读指导

我们可以把全文分为四个部分处理。

第一部分:①至⑤段,交代杨七和杨巴的身份关系和各自擅长的技艺,播讲语气以平和讲述为主,营造一种市井生活气息。"杨七自有高招"语气欲扬先抑,表现出杨七手艺高超的神秘感。这几段播讲的重点是运用语言的起伏、声音的对比,体现出两人身份关系的差异和各自的绝活,为下文的转折提前制造矛盾。

第二部分:⑥至⑧段,描写地方官员带李鸿章喝杨家茶汤,李鸿章却将杨家茶汤中的芝麻碎认成尘土而大发雷霆,大家不知所措,场面一度非常尴尬。这部分要注意对不同人物性格身份的描写。播读李大人发怒的动作描写,节奏迅速加快,语气骤然加强,充分体现其勃然大怒时的紧张场面。播讲"手指尖将碰碗边……还冒着热气儿"一连串画面的细节描写,注意"碰、落、皱、甩"等动词是重音,需形象生动地表达出来,还原当时的情景。李大人的人物语言要底气十足,用声沉稳,音量不大,但语气充满气势和力量,以体现大人的威严。

第三部分:⑨至⑭段,描写杨巴察言观色,灵机一动,成功化解了尴尬。语气要随人物情绪而变化。播讲杨巴脑筋一转的心理过程节奏要加快,以表现杨巴紧张急迫的心情和聪明机智,杨巴的人物语言要畏畏缩缩、结结巴巴,以体现其卑躬屈膝、左右逢源的性格特点。

第四部分:第⑮段,是对故事的总结。放慢语速,节奏舒缓,体现结束感,轻松有趣而意犹未尽。

【作品训练】

项链(节选)
莫泊桑

项链(节选)

①骆塞尔太太像是老了。现在,她已经变成了贫苦人家的强健粗硬而且耐苦的妇人了。乱挽着头发,歪歪地系着裙子,露着一双发红的手,高声说话,大盆水洗地板。但是有时候她丈夫到办公室里去了,她独自坐在窗前,于是就回想从前的那个晚会,那个跳舞会,在那里,她当时是那样美貌,那样快活。

②倘若当时没有失掉那件首饰,她现在会走到什么样的境界?谁知道?谁知道?人生真是古怪,真是变化无常啊。无论是害您或者救您,只要一点点小事。

③然而,某一个星期日,她正走到香榭丽舍大街兜个圈子去调剂一周之中的日常劳作,这时候忽然看见了一个带着孩子散步的妇人。那就是伏来士洁太太,她始终是年轻的,始终是美貌的,始终是有诱惑力的。

④骆塞尔太太非常激动。要不要去和她攀谈?对的,当然。并且自己现在已经还清了债务,可以彻底告诉她。为什么不?她走近前去了。

⑤"早安,约翰妮。"

⑥那一位竟一点儿也不认识她了,以为自己被这个平民妇人这样亲热地叫唤是件怪事,她支支吾吾地说:

⑦"不过……这位太太!……我不知道……大概应当是您弄错了。"

⑧"没有错。我是玛蒂尔德·骆塞尔呀。"

⑨她那个女朋友狂叫了一声:

⑩"噢!……可怜的玛蒂尔德,你真变了样子!"

⑪"对呀,我过了许多很艰苦的日子,自从我上一次见过你以后……并且种种苦楚都是为了你!"

⑫"为了我……这是怎么一回事?"

⑬"从前,你不是借了一串金刚钻项链给我到部里参加晚会,现在,你可还记得?"

⑭"记得,怎样呢?"

⑮"怎样,我丢了那串东西。"

⑯"哪儿的话,你早已还给我了。"

⑰"我从前还给你的是另外一串完全相同的。到现在,我们花了十年工夫才付清它的代价。像我们什么也没有的人,你明白这件事是不容易的……现在算是还清了账,我是结结实实满意的了。"

⑱伏来士洁太太停住了脚步:

⑲"你可是说从前买了一串金刚钻项链来赔偿我的那一串?"

⑳"对呀,你从前简直没有看出来,是吗?那两串东西原是完全相同的。"

㉑说完,她用一阵自负而又天真的快乐神气微笑了。

㉒伏来士洁太太很受感动,抓住了她两只手:

㉓"唉。可怜的玛蒂尔德,不过我那一串本是假的,顶多值得五百金法郎!……"

(选自《项链》)

背景分析

莫泊桑(1850年—1893年),法国优秀的批判现实主义作家,被誉为"世界短篇小说之王"。他一生创作了六部长篇小说和三百多篇中短篇小说,是法国文学史上短篇小说创作数量最大、成就最高的作家。他的代表作品有《项链》《漂亮朋友》《羊脂球》《我的叔叔于勒》等。

《项链》讲述了小公务员的妻子玛蒂尔德为参加一次晚会,向朋友借了一串钻石项链来炫耀自己的富贵和美丽。不料,在回家途中不慎丢失项链。她只得借钱买了新项链还给朋友。为了偿还债务,她节衣缩食,为别人打短工,整整劳苦了十年。最后,得知所借的项链原来是一串假钻石项链,自己十年的劳苦白白错付了。故事尖锐地讽刺了小资产阶级虚荣心和追求享乐的思想。

基调用声

本文为小说《项链》的节选,播讲前要将全篇小说的来龙去脉弄清楚,从而全面了解两位女主人公的身世经历和性格特点。伏来士洁太太是一个高贵优雅的妇人,养尊处优,吐字轻柔不着力,用声靠前,气息轻飘,语气柔和娇气。玛蒂尔德是个干体力活的粗壮妇人,吐字有力,音量大,用声靠后,气息十足,语气粗鲁而热情。

旁白介绍了故事的背景和起因,起到穿针引线的作用。旁白与主人公一同经历了故事的前因后果,因此旁白的播讲要注重代入感和再现感。此外,播讲外国作品要略带"洋"味儿,个别语气可以做拐弯上扬处理。

播读指导

我们可以把全文分为三个部分处理。

第1部分:①至②段,讲述玛蒂尔德由小资妇人变为穷苦妇人,并常常怀念过去美好的生活,感叹命运的无常。播读时要着重体现出娓娓道来的陈述感,同时也要注意人物内心活动。在怀念过去时,玛蒂尔德的内心是充满感慨、向往的;在感叹命运无常时,她的内心又是无奈伤感的。这一部分虽是背景与人物的介绍,但仍然要注意主人公的内心情感。

第2部分:③至④段,讲述玛蒂尔德外出时偶遇伏来士洁太太,内心几度纠结但最终仍决定上前打招呼。播读时要抓住玛蒂尔德内心的纠结与激动。表现在她进行激烈的思想斗争时,语速要适当加快,语气也应加重加强。

第3部分:⑤至㉓段,讲述玛蒂尔德向伏来士洁诉说为了补偿买项链的债务自己受的许多苦楚,而伏来士洁听后在感动之余又说出项链是假的。这一部分是文章的重点,播读时要体现玛蒂尔德的粗俗妇人形象与伏来士洁太太的小资贵妇形象的鲜明对比。同时注意人物内心的情感变化:伏来士洁的情感变化是由疑惑、惊讶到感动,而玛蒂尔德是由伤感、热切到自我满足。只有抓住人物的形象特点与情感变化,才能真正吸引听众沉浸于故事情节。

第三节 经典篇目指导

一、国王和大象

托尔斯泰

国王和大象

①一个印第安国王命令把所有的盲人召集在一起。等他们到齐

了,国王就让他们参观自己驯养的大象。

②这些人来到象房,开始摸起象来。一个人摸到象的腿,另一个人摸到象的尾巴,第三个人摸到的是象的尾巴梢,第四个摸到象的肚皮,第五个摸到象的脊背,第六个摸到象的耳朵,第七个摸着了象牙,而第八个摸到的是象鼻子。

③然后,国王把这些盲人叫到跟前,问他们:"我的大象怎么样?"

④摸到象腿的人说:"你的象就像一根柱子。"

⑤另一个人摸到象尾巴,他说:"它就像鞭子一样。"

⑥第三个摸到尾巴梢的人说:"它就像一根树枝。"

⑦那个摸到象肚皮的人说:"象就和一片平坦的土地一样。"

⑧摸到象脊背的人说:"象就好比一座山。"

⑨摸着象耳朵的说:"象就如同妇女的一块头巾。"

⑩摸着象牙的人说:"象就好似一只角。"

⑪而那个摸到象鼻子的人说:"象完全和粗绳子一模一样。"

⑫这些盲人开始争论起来,最后吵得一团糟。

(选自《托尔斯泰童话寓言故事集》)

背景分析

托尔斯泰(1828年—1910年),19世纪中期俄国著名批判现实主义作家、政治思想家、哲学家,代表作有《战争与和平》《安娜·卡列尼娜》《复活》等。他晚年力求过简朴的平民生活,1910年从家中出走,11月病逝于一座车站,享年82岁。

《国王和大象》是一篇短小精悍的寓言故事,讽刺了生活中以偏概全、自以为是的"盲人"。有的人或许有健全的视力,但心却是盲目的,容易被表面现象蒙蔽双眼。

基调用声

这篇故事的基调是轻松有趣的,播读时要注意故事的趣味性,语气生动多彩,角色特征各异。表现不同的盲人角色要注意语气、语调、节奏的不同。播讲时要充分调动想象力,将不同角色塑造成特征各异的鲜明形象,同时再现盲人争论的画面,让人仿佛置身其中。

播读指导

我们可以把全文分为两个部分处理。

第1部分:①至②段,交代故事开端,国王请盲人观赏大象,不同的盲人摸到了大象不同的部位。播读时以讲述为主,将听者带入故事的情境中。重音放在盲人摸到的不同部位,注意节奏快慢和语势起伏的变化。

第 2 部分:③至⑫段,讲述了盲人摸象的过程,每一个盲人都以为自己摸到了大象的全部,因彼此意见不合互相争论。这一部分是故事的重点,播读时,要通过不同的音调、语速、音高、发声位置等来塑造出不同的人物形象,从而体现众人争论的感觉。每一位盲人的形象并不固定,可以根据自己的理解和想象进行加工塑造。

二、大狮子和小甲虫

安诺德·劳伯尔

①狮子自称是兽中王。

②有一天,一头雄狮久久地站在镜子前,前后左右地欣赏着自己。"看我这副威武样子,多么高贵!多么雄壮!"雄狮自豪地说,"我一定要到外面走走,让那些忠实的臣民都瞧瞧,他们的领袖确实是一位气度非凡的兽中王!"

③于是雄狮就披上鲜艳的礼服,戴上布满珍珠的皇冠,挂上无数金银奖章走出了皇宫。一路上没有谁敢大胆挡道的,来不及躲避的都向他鞠躬行礼。"呵,这就对了。"雄狮傲慢地说,"我理所当然地可以接受他们的敬意,我是他们的主人,当之无愧的兽中王!"

④路旁有一只小小的甲虫躲避不及,被雄狮看见了。"大胆的小甲虫,大王到了为何不施礼?"雄狮吼叫起来,"立刻给我跪下!"

⑤"尊敬的大王陛下,我心里明白,因我个子小,你看不清楚。如果你能挨近点看,或许会看见我正在向您跪着呢!"雄狮听了,果真向下弯了弯身子,伸了伸脑袋,仔细地瞧着。"小小甲虫,你到底跪没跪下,我还是看不清楚。"

⑥"哎呀,尊敬的陛下,"小甲虫说,"如果您能再挨近点看,肯定会看到我确实是向您跪着呢!"

⑦雄狮当真又向下弯了弯身子,伸了伸脑袋。这一弯腰,身上的礼服、头上的皇冠、脖子上的金银勋章哗哗啦啦垂了下来。雄狮顿时感到头重脚轻,失去了平衡,一头栽倒在地上。随着一声吼叫,滚进了路边的泥水沟里。可怜的小甲虫吓得撒腿就跑。不可一世的兽中王成了一头泥狮子。

(选自《寓言》)

背景分析

安诺德·劳伯尔是美国当代著名儿童文学作家和儿童画家。他的儿童文学创作以童话和寓言为主,已出版60多部,其中最著名的有寓言集《寓言》和童话集《青蛙和蟾蜍》。

《大狮子和小甲虫》是一篇有趣的寓言故事,它告诫人们不管有多么高的本领和声誉,切莫高傲自大,否则很可能像寓言中的狮子一样栽在小甲虫的手里。

基调用声

这是一篇生动的寓言故事,播讲基调应该是生动夸张的。本篇中的两个角色分别为大狮子与小甲虫,在塑造狮子的形象时,要多使用胸腔共鸣,声音以中低声区为主,吐字位置靠后,可以用撑后声腔的方式来说话,体现狮子体型庞大、富有威严的特点。在塑造甲虫形象时,语速要快,声音位置要高,吐字靠前,可适当使用颤音,体现甲虫的渺小与恐惧。

播读指导

我们可以把全文分为两个部分处理。

第一部分:①至③段,主要描绘了狮子兽中王的形象。它外出巡视,想让它忠实的臣民见识自己的风采。注意狮子庞大威猛、自高自傲的形象。播读时,可以略微夸张,语速以中速偏慢为主,语句中要展现出狮子的傲慢与趾高气扬。

第二部分:④至⑦段,讲述了狮子为了确认小甲虫是否下跪,尽力弯下身子,却因头重脚轻失去重心,狼狈地摔入烂泥中。播读时,要注意小甲虫形象的塑造和情绪的变化。狮子怒吼时,小甲虫的内心是惶恐的。但随着狮子不断弯腰,它的内心从惶恐变为了急于证明自己已经跪下,狮子也从愤怒逐渐变为迟疑。播读第⑦段时,要注意声音的趣味性,让听众面前仿佛出现一头因重心不稳摔倒的狮子,同时抓住"兽中王"与"泥狮子"两词的对比。

三、卖火柴的小女孩
安徒生

卖火柴的小女孩

①天冷极了,下着雪,又快黑了。这是一年的最后一天——大年夜。在这又冷又黑的晚上,一个光着头、赤着脚的小女孩在街上走着。她从家里出来的时候还穿着一双拖鞋,可她穿过马路的时候,两辆马车飞快地冲过来,吓得她把鞋都跑掉了。一只怎么也找不着,另一只让一个男孩儿捡起来拿着跑了。

②小女孩儿只好赤着脚走,一双小脚冻得红一块青一块的。她的旧围裙里兜着许多火柴,手里还拿着一把。这一整天,谁也没买过她一根火柴,谁也没给过她一个钱。

③可怜的小女孩儿!她又冷又饿,哆哆嗦嗦地向前走。每个窗子里都透出灯光来,街上飘着一股烤鹅的香味儿,因为这是大年夜——她可没忘了这个。

④她在一座房子的墙角里坐下来,蜷着腿缩成一团。她觉得更冷了。可她不敢回家,因为她没卖掉一根火柴,没挣到一个钱,爸爸一定会打她的。再说,家里跟街上一

样冷。

⑤她的一双小手几乎冻僵了。哪怕一根小小的火柴,对她也是有好处的!她敢从成把的火柴里抽出一根,在墙上擦燃了,来暖和暖和她的小手吗?她终于抽出了一只火柴。哧!火柴燃起来了,冒出火焰来了!她把小手拢在火焰上。多么温暖多么明亮的火焰啊,简直像一支小小的蜡烛。小女孩儿觉得自己好像坐在一个大火炉前面,火烧得旺旺的,暖烘烘的,多么舒服啊!她要刚把脚伸出去,想让脚也暖和一下,火柴灭了,火炉不见了。她坐在那儿,手里只有一根烧过了的火柴梗。

⑥她又擦了一根。火柴燃起来了,发出亮光来了。亮光落在墙上,桌上铺着雪白的台布,摆着精致的盘子和碗,肚子里填满了苹果和梅子的烤鹅正冒着香气。更妙的是这只鹅从盘子里跳下来,背上插着刀和叉,摇摇摆摆地在地板上走着,一直向这个穷苦的小女孩儿走来。这时候,火柴又灭了,她面前只有一堵又厚又冷的墙。

⑦小女孩她又擦着了一根火柴。这一回,她坐在美丽的圣诞树下。翠绿的树枝上点着几千支明晃晃的蜡烛,许多幅美丽的彩色画片,跟挂在商店橱窗里的一个样,在向她眨眼睛。小女孩儿向画片伸出手去。这时候,火柴又灭了。只见圣诞树上的烛光越升越高,最后成了在天空中闪烁的星星。

⑧"有一个什么人快要死了。"小女孩儿说。唯一疼她的奶奶活着的时候告诉过她:一颗星星落下来,就有一个灵魂要到上帝那儿去了。

⑨小女孩她又擦着了一根火柴。这一回,火柴把周围全照亮了。奶奶出现在亮光里,是那么温和,那么慈爱。

⑩"奶奶!"小女孩儿叫起来,"奶奶,请把我带走吧!我知道,火柴一灭,您就会不见的,像那暖和的火炉、喷香的烤鹅,还有那美丽的圣诞树一样,您就会不见的!"

⑪她赶紧擦着了一大把火柴,要把奶奶留住。一大把火柴发出强烈的光,照得跟白天一样明亮。奶奶从来没有像现在这样高大,这样美丽。奶奶把小女孩儿抱起来,搂在怀里。她们俩在光明和快乐中飞走了,越飞越高,飞到那没有寒冷,没有饥饿,也没有痛苦的地方去了。

⑫第二天的清晨,这个小女孩儿坐在墙角里,两腮通红,嘴上带着微笑。她死了,在旧年的大年夜冻死了。新年的太阳照样升起来,照在她小小的尸体上。小女孩坐在墙角里,手里还握着那一把烧过的火柴梗。

(选自《安徒生童话》)

背景分析

安徒生(1805年—1875年),19世纪丹麦童话作家,被誉为"世界儿童文学的太阳",代表作有《坚定的锡兵》《海的女儿》《拇指姑娘》《卖火柴的小女孩》等。他的作品《安徒生童话》已经被译为 150 多种语言,在全球各地出版和发行。

《卖火柴的小女孩》是安徒生的一篇的童话故事,主要讲述了一个卖火柴的小女孩在富人合家欢乐、举杯共庆的大年夜冻死在街头的故事。安徒生通过这个童话表达了对穷苦人民悲惨遭遇的深刻同情和对当时社会的不满,无情地揭露了资本主义社会的黑暗和罪恶。

基调用声

故事的播讲风格是低沉而富于启发性的。低沉是为了烘托悲凉的气氛,富于启发性是为了引发人们深思造成小女孩悲惨命运的社会根源。播讲基调应该为低沉缓慢却充满希望的,同时根据故事情节的推进,调整情绪和节奏,展现小女孩三次擦亮火柴的心情变化。

播读指导

我们可以把全文分为四个部分处理。

第一部分:①至④段,讲述了小女孩在寒冷的大年夜卖火柴的情景,描写小女孩所处的寒冷、凄凉的环境。播读时内心要充满对小女孩深深的同情,语调低沉、缓慢。对环境要着重表现出"冷""雪""黑",对小女孩要着重表现出"冷""饿"。

第二部分:⑤至⑦段,主要描写了小女孩因点燃火柴产生的几次幻想与幻想的破灭。播读幻想的文字时,声音上扬有力,语气语调多变,语速加快,以表现小女孩对美好幸福生活的向往之情。但注意声音不要过亮、过高、过响,要符合全篇总体的感情基调,因为这一切毕竟是小女孩的幻想,并不是真实的。在播读幻想破灭后的现实描写时,要注意与幻想的对比,迅速调整感情态度,可多用虚声、气声,速度缓慢,语气深沉压抑,充满失望和怅惘。

第三部分:⑧至⑪段,描写了女孩儿幻想与疼爱自己的奶奶在一起,最终呼唤奶奶将自己一起带走。"有一个什么人快要死了"要读出自言自语的语气,语调要低。第⑨段突出强调"全""奶奶""温和""慈爱"。第⑩段是小女孩发自内心的、悲哀的、最后的呼喊,速度渐快,停顿缩短,声音响亮上扬,语气中充满乞求,可略带颤音甚至哭腔。第⑪段的最后一句,表面看似乎基调应是幸福的、快乐的,而实际上是令人感到异常痛苦、悲惨的,可用柔和的嗓音,内紧外松的节奏,逐渐放慢放轻,读至"去了"的"了"时,已经几乎没有声音了,好像小女孩真的和奶奶一起越飞越远了。

第四部分:第⑫段,描写了小女孩的悲惨结局,这样美丽可爱的小女孩竟然在大年夜冻死街头,使人愈加感到悲伤。播读时,语气深沉,节奏舒缓,情绪绵长,引人思考。

四、猕猴捞月

①在一座幽静的森林中,住着一群猕猴。一天晚上,猕猴们到森林外面来玩,有一只最小的猕猴来到水潭边。它探头往潭里一看,吓得大叫起来:"不得了啦!不得了啦!月亮掉进潭里去啦!"猕猴们听到喊声,一窝蜂跑到潭边。它们纷纷探头向潭里望去,果然潭里有个又圆又大的月亮。

②猕猴们又跑到猴王面前,争先恐后地报告猴王说:"大王,大王,您知道吗?月亮掉到潭里去了!"

③"大王,我们赶紧去把月亮捞上来,放在原来的地方去吧。"

④猴王想了想,说:"好吧!我们想个办法把月亮捞上来。"

⑤那只最小的猕猴问:"潭那么深,我们怎么捞月亮呢?"

⑥是呀,怎么捞呢?这群猕猴你看看我,我看看你,都没了主意。突然,一只聪明的猕猴叫道:"我有一个好办法。我用手,抓住一只猴子的脚,它再用手,抓另一只猴子的脚,这样连成一串。不就能把月亮捞出来了吗?"

⑦大家都说这个办法好。于是,一只猕猴爬上树,用脚攀住一根枝条,然后倒吊下来,用手抓住另一个猕猴的脚。这只猕猴也倒吊下来,再用手抓住另一只猕猴的脚。就这样,一只一只连起来,一直连到潭边。

⑧最小的猕猴在最下面,它伸出手去,到水里去捞月亮。它一捞,水面被搅出许多的波纹,月亮变成了一块块碎片。小猕猴吓得赶紧缩回手来,叫道:"不好了!月亮碎啦!"

⑨猕猴们纷纷探头张望。这时,水面又恢复了平静。抓住小猕猴脚的那只猕猴看到月亮还好好的,生气地说:"你瞎嚷嚷什么,月亮不是好好地在那里吗?"小猕猴低头一看,咦?月亮果然还是圆圆的,一点儿也没碎。它又伸手去捞。这时,树枝突然间断了,猕猴们一起掉进潭里。

(选自《法苑珠林》)

背景分析

猕猴捞月,典出《法苑珠林·愚戆篇·杂痴部》,讲述了群猴见潭中月亮倒影,想要将月亮捞出,最终却都掉入潭中的故事。

基调用声

《猕猴捞月》的故事告诉人们遇事要认真观察,仔细思考,不能像猕猴那样不切实际,自作聪明,到头来只会是竹篮打水一场空,甚至为了虚幻的事物而受到伤害。文章的播讲基调是轻松活跃的,语气亲切活泼,节奏紧张欢快,用声较高,语气夸张,语调起伏较大。

播读指导

　　故事的主人公是一群猕猴,我们要思考猴的特征:活泼机灵、勇敢好动、聪明伶俐、惹人喜爱。播讲中要体现小猴活泼机灵的性格特色。尤其是小猴子和猴王的对话,要表现出小猴子的好动活泼和猴王的稳重老成,形成鲜明的对比。

　　旁白的语气要有神秘感,勾起听众的好奇心,使故事更加精彩有趣。其中,小猴子的第一个"不得了啦"要表现得夸张惊讶,让人好奇究竟发生了什么不得了的事。后来一只聪明的猕猴提出要把月亮捞上来,并提出了"可行"的办法,整个"捞月亮行动"的过程要用敏捷机灵的语气娓娓道来,讲述清楚是怎样捞的,让听众听得明白。

　　故事从小猕猴发现月亮掉进潭里的夸张惊呼开始,到一群猕猴想把月亮挂回天上,再到猕猴们想办法捞月亮,接着团结一心去捞月亮,然后发现月亮碎了,最后水面平静时再一次捞月亮,结果"扑通"掉进潭里。猕猴们的心情经历了震惊、思考、行动、惊慌、平静的变化,这些情绪变化要通过语气语调的转换形象具体地表达出来。

五、红岩(节选)

罗广斌　杨益言

　　①江姐一听见叫她的名字,心里全都明白了。她异常平静,没有激动,更没有恐惧与悲戚。黎明就在眼前,已经看见晨曦了。这是多少人向往过的时刻啊!此刻,她全身心充满了希望与幸福的感受,带着永恒的笑容,站起来,走到墙边,拿起梳子,在微光中,对着墙上的破镜,像平时一样从容地梳理她的头发。

　　②孙明霞轻轻走过去,看见江姐异样平静的动作,不禁低声问道:

　　③"江姐,真是转移?"

　　④江姐无言地点了点头。她这样做,只是为了暂时不让那年轻的战友过于激动。

　　⑤"听说是白公馆,"孙明霞感到惶惑了,又试探着,"到了那边,代我们向白公馆的同志致意。"

　　⑥江姐默默地点头。

　　⑦"要是见着思扬……"孙明霞仍然心神不定。

　　⑧"我知道。"

⑨江姐梳着头发,回答了。语气是那么镇静,每个字都说得非常清楚。

⑩听着江姐的话,孙明霞不禁感到一种痛楚的迷惘。她不相信江姐真会转移到白公馆去。她痛苦地一再瞧着江姐梳头,不知道自己该做点什么。

⑪江姐回过头来,仿佛没有看出她的心情似的,微笑着,用一句十分平常的话,有意把她从痛苦与迷惘中解脱出来。

⑫"明霞,你看我头上还有乱发吗?"

⑬孙明霞久久地凝望着江姐刚梳好的头发,心里涌出无尽的话语,要想一一向含笑的江姐提说,嘴里却简单地回答着:"没有,一丝乱发也没有……"

⑭"男室也在提人!"有谁轻声报告着,声音里蕴藏着痛苦与激动。

⑮江姐放下梳子,叫孙明霞替她从枕头下面取出被捕时穿的那件旗袍。

⑯"要换衣裳?不冷吗?"

⑰孙明霞茫然地问,担心江姐脱下棉衣会受凉。

⑱"不要紧。"

⑲江姐换上了蓝色的旗袍,又披起那件红色的绒线衣。她习惯地拍拍身上干净的衣服,再用手熨平旗袍上的一些褶痕。

⑳"明霞,帮我扯扯衣服。"

㉑孙明霞知道,江姐素来爱好整洁,即使在集中营里,也一贯不变。所以平静的江姐,总是给人一种精神焕发的庄重的感觉,特别是在刚刚破晓的今天,江姐更是分外从容和认真,孙明霞渐渐感到,江姐心里充满着一种庄严的感情,也许竟是一种从容献身的感情?她立刻蹲在江姐脚边,轻轻拉平她衣襟上的褶皱,禁不住滴下了眼泪。江姐似乎没有看见这些,又弯下身去,拭擦鞋上的灰尘。

㉒孙明霞擦着泪水,转过头去,为江姐收拾行装。江姐再次对着镜子,照了一下,回头在室内试着走几步,像准备去参加欢乐的聚会,或者出席隆重的典礼似的,她轻轻走到"监狱之花"旁边,孩子静静地熟睡着,江姐凝望了她一阵,终于情不自禁地俯身在脸蛋上吻了一下。

㉓抬起头来时,看见孙明霞把她的衣物,收拾在一个布包里,递了过来。

㉔"江姐,你的几件换洗衣服。"

㉕江姐轻轻接过布包,看了看,又递还给孙明霞。

㉖"我不需要了。"江姐微微一笑。

㉗布包从孙明霞手上,跌散在地上,她忍不住眼泪涌流,放声哭倒在江姐怀里。

㉘"江姐!江姐……"

(选自《红岩》)

背景分析

杨益言(1925年—2017年),中共党员,中国作家协会会员。早年参加革命工作,后被捕囚禁于重庆渣滓洞,出狱后根据其亲身经历写成《红岩》一书。

罗广斌(1924年—1967年),中共党员,中国现代作家。中华人民共和国成立后历任共青团重庆市委委员、常委、统战部长,重庆市青联副主席,全国青联委员,重庆市文联专业作家。

《红岩》描写人民解放军进军大西南的形势下,重庆的国民党当局疯狂镇压共产党领导的地下革命斗争。作品着重表现了以齐晓轩、许云峰、江雪琴等为代表的共产党人在狱中所进行的英勇战斗,虽然最后惨遭屠杀,但充分显示了共产党人视死如归的大无畏英雄气概。

基调用声

《红岩》反映的是全国解放前夕,光明与黑暗之间展开的一场生死较量。朗读基调应根据不同人物进行不同的处理,有沉着冷静、无奈,有视死如归,有撕心裂肺。朗读节奏应富于变化,给听众一种变化起伏的感觉,有平静也有高潮。用声以中声区为主,虚实结合,可多用气声表现安静冷僻的环境,语势跌宕。

播读指导

我们可以把全文分为三个部分处理。

第一部分:第①段。本段以旁白的角度描写了江姐的内心感受,旁白要与主人公的内心感同身受,播讲时心理描写的词语要在内心浮现,言语间需充满希望,视死如归,把江姐不恐慌不畏惧,带着胜利的笑容,英勇就义的形象从容地展现出来。注意抓住重音"恐惧""悲戚""从容"。

第二部分:②至㉒段。这一部分以对话为主,简单的对话却展现了江姐不凡的魅力和坚韧。播读时要表现出江姐的沉着冷静和孙明霞的急切惶恐,人物特征对比要鲜明。第㉑段是对孙明霞的侧面心理描写,要表现出孙明霞对江姐的敬佩以及眼看江姐即将英勇就义的心痛惋惜。注意重音"庄重""分外""从容献身"。第㉒段是对江姐就义前的行为描写,要表现出江姐毫无畏惧、稳如泰山的形象,抓住重音"监狱之花""凝望""情不自禁"。

第三部分:㉓至㉘段。这一部分是江姐就义前与孙明霞的一段对话,要表现出江姐就义前的视死如归以及孙明霞撕心裂肺的情感。

六、军礼

石钟山

①天下着鹅毛大雪。一支红军队伍在零下三十多度的酷寒中艰难地行进着。

②突然,队伍中有人喊起来:"有人冻死啦!"。

③军长一震,急步向前跑去。松树下,一位战士倚着树干,坐在雪窝里,一动也不动。他的左手夹着半截用树叶卷成的烟,小心地放在胸前,仿佛在最寒冷的时刻还在渴望一支烟的温暖。他的右手握着一个小纸包,脸上还挂着一丝早已冷却的笑容。军长用颤抖的双手打开小纸包,一只红辣椒跳进了军长的眼帘。军长轻轻地拂去战士肩上的积雪,猛然发现他身上竟然穿得那样单薄,单薄得就像一张纸。

④"棉衣,棉衣呢?为什么没有发给他棉衣?"军长两眼发红:"军需处长呢?"警卫员在发愣。"给我找军需处长。"还是没有人应声。"快,快给我找军需处长!"警卫员哇的一声哭了出来:"报告军长,他就是刚任命的军需处长。棉衣不够了……每个人发的御寒辣椒他都没舍得吃一口啊……"

⑤军长愣住了,他望着雕像般的军需处长,眼泪成串成串地流了下来。他高高地举起那只鲜红的辣椒,在铅灰色的天穹下,在迷漫的雪雾中,辣椒就像一支燃烧的火炬,照耀着前程,在这火炬下,一只又一只右手缓缓举起。军礼是那样庄重,整个队伍发出一片抽泣声,就像一曲悲壮的哀乐,回荡在雪地上空。

(作品源自网络)

背景分析

石钟山(1964年—),中国作家、编剧、导演,毕业于中国人民解放军国防大学军事文化学院文学系。1999年,其创作的短篇小说《国旗手》获得《小说月报》第8届百花奖。

根据《丰碑》改编的微型小说《军礼》,是一篇为大家公认的佳作,曾打动过千万读者,震撼过千万心灵。

基调用声

这一选段讲述了长征途中红军的军需处长把生的希望留给战友,却把死留给自己的故事。这既是一曲悲壮的哀歌,也是一曲英雄的赞歌。朗诵基调是深沉凝重的,节奏是沉缓型的。用声以中低声区为主,音色厚重,气息扎实,吐字铿锵有力,同时注意不同角色形象的声音造型设计。

播读指导

我们可以把全文分为三个部分处理。

第一部分：第①段,讲述了红军战士在严寒中行军,再现了战士们面临的酷寒困境,播讲语气应凝重而深沉。

第二部分：②至③段,讲述了队伍中突然有人冻死,军长急忙查看,却发现此人衣衫褴褛,衣物单薄如纸。"有人冻死啦"这一句,语调应上扬,拉长展开,用声稍虚,营造有人在远处喊叫的感觉。同时注意对这位死去战士的动作细节描写,播讲要细腻传神,展现战士在死亡边缘时对于辣椒的珍视和对生的渴望。

第三部分：④至⑤段,讲述了军长看到死者没有棉衣,怒气冲冲要找军需处长,却发现死去的战士就是军需处长。战士们都为此动容,于暴雪中向死去的战士行了庄重的军礼。播读时要抓住军长前后内心情感的变化,当他发现死者没有棉衣时,内心是愤怒的;当他得知死者就是军需处长时,内心是震惊、感动的。在塑造人物形象时,军长用声应稍靠后,气息深厚扎实,多用胸腔共鸣,说话硬而有力。警卫员声音略带稚气、靠前、气息较浅,宜用克制的失声痛哭来处理。最后一段是全文的高潮,语调低沉凝重,语速沉缓,营造庄严的哀悼场景。

七、刷子李（节选）

冯骥才

①刷子李是河北大街一家营造厂的师傅,专干粉刷一行,别的不干。他要是给您刷好一间屋子,屋里任嘛甭放,单坐着,就赛升天一般美。最让人叫绝的是,他刷浆时必穿一身黑,干完活,身上绝没有一个白点。

②但这是传说。人信也不会全信。行外的没见过的不信,行内的生气愣说不信。

③一年的一天,刷子李收个徒弟叫曹小三。那天,头一次跟随师傅出去干活,到英租界镇南道给李善人新造的洋房刷浆。到了那儿,刷子李跟随管事的人一谈,才知道师傅派头十足。照他的规矩一天只刷一间屋子。这洋楼大小九间屋,得刷九天。干活前,他把随身带的一个四四方方的小包袱打开,果然一身黑衣黑裤,一双黑布鞋。穿上这身黑,就赛跟地上一桶白浆较上了劲。

④一间屋子,一个屋顶四面墙,先刷屋顶后刷墙。顶子尤其难刷,蘸了稀溜溜粉浆的板刷往上一举,谁能一滴不掉？一掉准掉在身上。可刷子李一举刷子,就赛没有蘸浆。但刷子划过屋顶,立时匀匀实实一道白,白得透亮,白得清爽。

⑤刷子李干活还有个规矩,每刷完一面墙,必得在凳子上坐一大会儿,抽袋烟,喝

一碗茶,再刷下一面墙。此刻,曹小三借着给师傅倒水点烟的机会,拿目光仔细搜索刷子李的全身。每一面墙刷完,他搜索一遍,居然连一个芝麻大小的粉点也没发现。他真觉得这身黑色的衣服有种神圣不可侵犯的威严。

⑥可是,当刷子李刷完最后一面墙,坐下来,曹小三给他点烟时,竟然瞧见刷子李裤子上出现一个白点,黄豆大小。黑中白,比白中黑更扎眼。完了!师傅露馅了,他不是神仙,往日传说中那如山般的形象轰然倒去。但他怕师父难堪,不敢说,也不敢看,可妨不住还要扫一眼。

⑦这时候,刷子李忽然朝他说话:"小三,你瞧见我裤子上的白点了吧。你以为师傅的能耐有假,名气有诈,是吧。傻小子,你再细瞧瞧吧——"

⑧说着,刷子李手指捏着裤子轻轻往上一提,那白点即刻没了,再一松手,白点又出现,奇了!他凑上脸用神再瞧,那白点原是一个小洞!刚才抽烟时不小心烧的。里边的白衬裤打小洞透出来,看上去就跟粉浆落上去的白点一模一样!

⑨刷子李看着曹小三发怔发傻的模样,笑道:"你以为人家的名气全是虚的?那你在骗自己。好好学本事吧!"

⑩曹小三学徒头一天,见到听到学到的,恐怕别人一辈子也未准明白呢!

(选自《俗世奇人》)

背景分析

冯骥才(1942年—),中国当代作家、画家、社会活动家。他完成了数本小说、散文、绘画著作,其中著名的有长篇小说《单筒望远镜》和小说集《俗世奇人》。他的市井题材小说反映了传统民族文化的弊端,运用大量细节描写来表现人性的变化,通过巧妙的手法让读者理解作品中的人物形象。

《刷子李》介绍了一位奇人刷子李的故事,并通过大量的笔墨描写了刷子李的精湛技艺。作家用轻松的笔调描写,生活气息十足。天津方言的使用,给小说笼罩上了一层"津味儿"色彩。

基调用声

文章充满浓浓的市井气息,播讲基调轻松明快,播讲风格带有浓浓的"津味儿"和地方特色的"土味儿",可适当运用一些天津的方言语音。文中包含一些人物的心理活动和人物对话,播讲时注意节奏和情绪的变化与推进。

播读指导

我们可以把全文分为四个部分处理。

第一部分：①至②段，介绍了刷子李的高超技艺。以旁白的口吻描述人物概貌，体现刷子李的高超技艺和神秘感。"最让人叫绝的是，他刷浆时必穿一身黑，干完活，身上绝没有一个白点"是重点句，语气上扬，带着惊奇与敬佩，吊起受众的胃口。

第二部分：③至⑤段，通过一个小徒弟的视角印证了刷子李的真功夫。起初，徒弟也是"半信半疑"，但大半天下来，居然连一个芝麻大的白点都没看见，这也让他觉得师傅的这身黑色衣服有种神圣不可侵犯的威严。这里语速要放慢，节奏舒缓一些，将刷子李的高超技艺通过沉稳的语气叙述出来，增强受众对他的信任。

第三部分：第⑥段，正当徒弟对师傅佩服得五体投地之时，却突然发现刷子李裤子上有一白点，这时徒弟感到师傅那如山的形象轰然倒塌。此处语气一转稍显严肃，节奏也跟着加快，语气中带着考量，与前文中塑造形成的刷子李高超的技艺形成对比。

第四部分：第⑦至⑩段，正当读者与徒弟一样都认为刷子李的技艺有假之时，刷子李紧接着就亲自揭开了谜底：原来所谓的白点不过是黑裤烧了个小洞露出了里面的白衬裤而已。语气再次转为轻松，由暗淡转明，声音听感上要营造愉悦轻松的感觉，以展现出水落石出、真相大白的结局，同时也引发受众深思，意味深长。

八、我不是一个怪人

凡·高

①人们总把我看成是一个不可理喻的怪人，我要申明的是，我不是什么怪人，尤其不是应从社会中清除的野蛮粗鲁的人。

②的确，我常常衣冠不整，样子很寒酸，不能保持很庄重的样子。因为我长期没有收入，我的衣服是我弟弟提奥的旧衣服改的，加上作画时溅上的颜料，我无法成为一个受欢迎的人。

③有人说我的性格坏透了，无端地猜疑我，怀疑我做了什么见不得人的事。我不知道该怎么办。

④我要说的是，我不追求地位和金钱，不会为世俗去改变我的性格。我热爱生活，只要我牢牢抓住了生活，我的作品就会得到人们的喜爱。

⑤我30岁生日的时候，得到了弟弟提奥真诚的祝福，我非常感谢他。这天，我找到了一个适合扮作挖地人的模特儿，我非常兴奋，简直不敢相信自己只有30岁。

⑥有时候也真觉得我已不小了，特别是在人们认为我是一个失败者的时候。一想到我可能真的会是失败者，我感到时光如流水一般无情，让我开心不起来。在平静正常的心境下，我又为我在这30年中学到的东西而高兴，让我对未来的30年——如果

我还能活那么长的话——充满了信心。对于一个工作的人来说,30 岁刚刚步入人生的稳定期,因此,30 岁的人应该以饱满的热情和精力去迎接新的生活。生命中的这段时期一旦过去,有很多事情就无法逆转了。

⑦当然,我们也不能指望从生活中得到我们明明知道得不到的东西。生命只是一个播种的季节,收获是不在这里的。

⑧我说"我是一个艺术家",有人因此对我进行攻击。我坚信我说的话。在我的理解中,艺术家就是要努力地奋斗,不断地探索,无条件地献身于艺术事业。我已发现了它,了解了它。所谓艺术家,就是包含有永无止境地探索的意思。即使我不断地遭受挫折,也不灰心;即使我身心疲惫,哪怕是处于崩溃的边缘,也要正视人生。

(作品源自网络)

背景分析

凡·高(1853 年—1890 年),荷兰后印象派画家,代表作有《星月夜》、自画像系列、向日葵系列等。

这篇小说的题目《我不是一个怪人》,正是其想要表达的主要内容。这篇小说与凡·高曲折传奇的一生相关。凡·高 27 岁时才开始绘画,短短十年间,他创作了八百多幅油画和素描作品,但生前只卖出了一幅画作。他的生活穷困潦倒,只能长期依赖弟弟在经济和精神上的支持。凡·高后期进出于精神医院,常常无法控制自己。1890 年 7 月,凡·高在精神错乱中开枪自杀,年仅 37 岁。凡·高的才华直到他死后才被发现,终于举世知名。

基调用声

本文是以第一人称叙述的,确切地说是人物的内心独白。此时的凡·高虽在绘画艺术上颇有造诣,却不为世人接受,满腹才华却穷困潦倒,以致时而出现精神失常、抑郁失控的情况。因此,这段独白的播讲基调是无奈与反抗相交织的,节奏和起伏变化较大,语速快慢多变,情绪跌宕,多用实声,语气较为强烈。

播读指导

第一部分:第①段,点明"我不是一个怪人"的中心思想,语气坚定执着。抓住重音"不是""野蛮粗鲁",情绪由平静展开,语气渐渐加强。

第二部分:②至④段,描述了外界对他的各种质疑和误解,但作者明确地阐释了自己的立场和观点,"不追求地位和金钱,不会为世俗去改变我的性格"。语气坚定严肃,胸中怀有才华和抱负。抓住重点句"我热爱生活,只要我牢牢抓住了生活",语气加强,情绪由冷静变得激动,吐字有力,带着由衷的真诚和美好。

第三部分:⑤至⑥段,叙述他对弟弟的感激和对自己30年人生经历的感悟,语气真诚,节奏轻快,情绪愉悦。"我又为我在这30年中学到的东西而高兴",这是多么积极而有成就感的话语,作者无愧时光。"让我对未来的30年充满了信心"这样振奋人心的正能量,可以照亮世人的迷茫的心灵和茫茫的前路。在这个部分里,亲情的美好与人生的成就相交织,节奏多变,情绪浓烈,在播讲时要尽量释放情绪,解放心性,不受拘束。

第四部分:⑦至⑧段,叙述了作者对人生的思考,用陈述的理性的语气告诉听众:"艺术家就是要努力地奋斗,不断地探索,无条件地献身于艺术事业。"表现了作者甘愿为艺术事业而现身的决心和积极向上的人生态度。

九、欧也妮·葛朗台(节选)
巴尔扎克

①饭桌收拾完了,门都关严了,葛朗台对欧也妮说:"好孩子,现在你继承了你母亲啦,咱们中间可有些小小的事儿得办一办。对不对,克罗旭?"

②"对。"

③"难道非赶在今天办不行吗,父亲?"

④"是呀,是呀,小乖乖。我不能让事情搁在那儿牵肠挂肚。你总不至于要我受罪吧。"

⑤"噢!父亲。"

⑥"好吧,那么今天晚上一切都办了。"

⑦"你要我干什么呢?"

⑧"乖乖,这可不关我的事——克罗旭,你告诉她吧。"

⑨"小姐,令尊既不愿意把产业分开,也不愿意出卖,更不愿因为变卖财产,有了现款而付大笔的捐税,所以你跟令尊共有的财产,你得放弃登记……"

⑩"克罗旭,你这些话保险没有错吗?可以对一个孩子说吗?"

⑪"让我说呀,葛朗台。"

⑫"好,好,朋友。你跟我的女儿都不会抢我的家私。——对不对,小乖乖?"

⑬"可是,克罗旭先生,究竟要我干什么呢?"欧也妮不耐烦地问。

⑭"哦,你得在这张文书上签个字,表示你放弃对令堂的继承权,把你跟令尊共有的财产,全部交给令尊管理,收入归他,光给你保留虚有权……"

⑮"你对我说的,我一点儿都不明白,"欧也妮回答,"把文书给我,告诉我应该签在哪儿。"

(选自《欧也妮·葛朗台》)

背景分析

巴尔扎克(1799年—1850年),法国批判现实主义小说家,被称为"现代法国小说之父"。巴尔扎克一生创作甚丰,写了91部小说,塑造了2472个栩栩如生的人物形象,合称《人间喜剧》。《人间喜剧》被誉为"资本主义社会的百科全书"。

《欧也妮·葛朗台》是巴尔扎克创作的长篇小说,叙述了一个被金钱毁灭了人性的家庭悲剧。这一选段讲述了守财奴葛朗台因害怕女儿欧也妮继承妻子的遗产,迫不及待地要女儿无条件放弃遗产的继承权。

基调用声

这一选段用三言两语的对话便将葛朗台吝啬抠门、嗜钱如命的特点表现得淋漓尽致。葛朗台的用声以中低声区为主,语速快慢变化,语气圆滑狡黠,言语透露着城府和算计。欧也妮的声音以中高声区为主,音色甜美,吐字轻柔,语气单纯率真,谈及钱财时态度略带厌烦。公证人克罗旭以中声区为主,态度客观理性,语速较快,体现公证人的专业性和职业感。

播读指导

播读时着重注意人物形象特点及其情感变化。

葛朗台的情绪较为多变,从开始的循循善诱,到女儿即将签字时内心的窃喜。同时在劝说女儿放弃继承权时,也不断地打感情牌,假装对女儿关心。播读时注意根据人物情感的变化来调整用声,从而塑造葛朗台吝啬抠门、嗜钱如命的角色形象。

葛朗台的女儿并不知道放弃继承遗产意味着什么,只是觉得这件事情非常麻烦,让她厌烦,但出于对父亲的尊敬,她选择了听从。欧也妮言语既要体现她内心对父亲的尊敬,又要在后半段体现出她稍有克制的厌烦,这是人物形象是否鲜明的关键。

公证人克罗旭的语句不多,情感也并无过多的起伏。克罗旭的播读,不宜投入过多个人情感,应表现出公事公办的感觉。

十、悲惨命运(节选)

毛 姆

①有些人,在拜访别人或晚上与人聊天的时候,总觉得告辞是一件很难的事。在我所知的这类事情中,最悲惨的例子要数我可怜的朋友动三先生了。

②他到一个朋友家里拜访。他在那儿聊了一会儿天,喝了两杯茶,然后好不容易

鼓起勇气说:"呃,我想我……"

③可是女主人说:"噢,别急!动三先生,你真不能再多待一会儿吗?"

④动三从来都是说实话的。"噢,我能。"他说,"当然,我…呃…可以再待一会儿。"他留了下来,喝了十一杯茶。夜幕开始降临了,他再一次站起来。

⑤"呃,现在,我想我真的……""你非要走吗?"女主人客气地说,"我还以为你可以留下来吃饭呢……""呃,是可以的。"动三说,"假如……"

⑥"那就留下来吧。我肯定我的丈夫会很高兴的。""好吧,那就留下来吧。"他颓然回到椅子上,灌了一肚子的茶水,怪难受的。

⑦男主人回来了,他们开始吃饭。动三从头到尾都在盘算着要在八点三十分告辞。主人一家都在纳闷,不知动三到底是因呆笨而显得闷闷不乐呢,还是仅仅只是呆头呆脑的。

⑧吃完饭后。女主人想打开他的话匣子,于是拿出照片给他看。她把家里珍藏的所有的照片都拿了出来。到八点三十分的时候,动三已经看了七十一张,大约还有六十张没看完。动三站起来:"现在告辞了。"他以恳求的口吻说。

⑨"告辞?"他们说,"才八点三十分,你有什么事要去办吗?"

⑩"没什么事。"他承认,然后苦笑了一下,接着又闷声闷气地坐下来。

⑪动三时时刻刻都在想着果断地离去,可是办不到。后来男主人开始厌烦他了,就用反话挖苦他说:"动三先生最好留下来过夜,我们可以给你临时搭一个铺。"动三误解了他的意思,竟然连连道谢。于是男主人便为他安排了一个空房间,内心却狠狠地诅咒他。

⑫第二天,男主人傍晚下班回来了,他发现动三还在家里,大感吃惊和恼火。他想开个玩笑把动三支走,于是说:"我认为该向动三先生收房租和伙食费了!"那个不幸的小伙子目瞪口呆一阵,然后紧紧握住男主人的手,向他预付了一个月的食宿费。

⑬在接下来的一个月的日子里,他神情忧郁,最后他垮了。他发烧得厉害,神志不清。后来病情进一步恶化,怪可怕的。有时候他从床上惊坐起来,尖叫着:"呃,我想……"紧接着又倒在枕头上,同时发出一声令人毛骨悚然的大笑。再一会儿,他又跳起来,大叫着:"再来一杯茶,再拿照片来!哈!"

⑭在动三假期的最后一天,大雨"哗哗哗"地下个不停,仿佛天上有个巨大的喷壶,在往地上倒水。经过一个月的痛苦折磨,动三去世了。人们说在他临终之际,他在床上说:"噢!天使们在召唤我,我想我真的该走了。再见!"

(选自《悲惨命运》)

背景分析

毛姆(1874年—1965年),英国小说家、剧作家,代表作有戏剧《圈子》,长篇小说《人生的枷锁》《月亮和六便士》,短篇小说集《叶的震颤》《阿金》等。

《悲惨命运》描写主人公动三去拜访朋友,碍于"面子"始终说不出告辞的话,最终郁郁寡欢而死。从"面子"和"礼貌补救策略"阐释人性虚伪带来的悲剧。文章表现了主人公内向、矛盾、阴郁的性格,反映了作者对现实的思考。毛姆的作品充满了平淡无奇的生活小事,没有恢宏的人生景象和丰满的故事情节,但这也恰是他独特的文学特点。

基调用声

小说讲述了小人物动三不懂得拒绝他人而自食其果的故事。播讲基调是平实自然的。旁白以中声区为主,语气自然平和,有一定的代入感。主人公动三的用声特点是音量不大,吐字含糊,底气不足,吞吞吐吐,扭捏胆小。男女主人的用声应是气息通达,吐字清楚,落落大方,热情自然,后期有嘲讽的意味。对话尽量自然,注意人物的心理变化和反应。

播读指导

我们可以把全文分为四个部分处理。

第一部分:第①段,开头总括文意,引出可怜的朋友动三先生,言语质朴,语气诚恳,略带思考和哲理。

第二部分:②至⑥段,主要写动三去朋友家做客,却因为不好意思拒绝而被女主人留下来吃饭,此时男主人还没有回来。这段表现了动三作为访客的被动和女主人的主动。可以运用言语上吞吞吐吐、扭扭捏捏来表现动三的尴尬和被迫留下来的难受。

第三部分:⑦至⑪段,描写了男主人回家后的情景,主人公动三因为不好意思拒绝男主人虚情假意的挽留而被迫留宿。这里要播讲出男主人和动三言语目的的差别,男主人说的是反话,有讽刺的意味,而动三是想离开的急切和苦恼。

第四部分:⑫至⑭段,讲述了动三因为不好意思拒绝,误以为男主人想要他继续留下,想走而不能,最后被逼得发疯,在折磨中死去。男主人的语言已经到了不可思议以致恼羞成怒的状态。而动三已经癫狂发疯,胡言乱语,情绪失控。旁白的语气要加重,节奏加快。最后一段着重用阴雨的天气渲染悲凉的氛围。

参考文献

1. 中国传媒大学播音主持艺术学院.播音主持语音与发声[M].北京:中国传媒大学出版社,2014.
2. 中国传媒大学播音主持艺术学院.播音主持创作基础[M].北京:中国传媒大学出版社,2015.
3. 张颂.播音创作基础:第三版[M].北京:中国传媒大学出版社,2011.
4. 张颂.朗读学:第三版[M].北京:中国传媒大学出版社.2010.
5. 张颂.朗读美学:修订版[M].北京:中国传媒大学出版社.2010.
6. 罗莉.文艺作品演播教程[M].北京:北京大学出版社,2007.
7. 陆澄.诗歌朗诵艺术[M].上海:上海人民出版社,2009.
8. 金铁霖.金铁霖声乐教学法[M].北京:人民音乐出版社,2013.
9. 王淑琰,林通.影视演员表演技巧入门[M].北京:中国广播电视出版社,2009.

后 记

花有重开日,人无再少年。而立之年,我时常怀念母亲陪伴和鼓励我在舞台上大胆朗诵和表演的锦瑟年华,童年的梦想成为我从事朗诵艺术创作与教学的源头活水。作为一名有15年党龄的年轻教师,我有幸亲历祖国的阔步改革与飞速变迁。在中国共产党百年华诞之际,希望拙作《朗诵艺术教程》能为有声语言艺术创作的蓬勃发展添砖加瓦。

经典诗词朗诵是一种古今互动的艺术体验。"会当凌绝顶,一览众山小"是杜甫勇攀高峰的凌云壮志;"洛阳亲友如相问,一片冰心在玉壶"是王昌龄清廉磊落的高洁志趣;"长风破浪会有时,直挂云帆济沧海"是李白无畏不羁的傲视理想……领悟作者志向和诗歌意蕴,是朗诵创作的核心与灵魂。如今,新媒体技术为朗诵艺术提供了丰富便利的创作与传播手段,经典诗词朗诵在音视频和舞台上变得立体、鲜活、动人。朗诵艺术迎来了百花齐放、全民参与的春天。感恩古代先贤留下的经典诗篇,感谢播音主持领域的相关研究为本书奠定了理论基础,也感谢朗诵艺术创作者用灵动的声音浸润当代人的心灵。

艺术同气连枝,相助相生。朗诵者不仅要热爱文学,博览群书,而且应该成为一个艺术杂家,具备一定的审美艺术素养。音乐素养有助于朗诵配乐的选择与剪辑,美术素养有助于服装和道具的设计与搭配。艺术源自生活,也书写生活,朗诵者应该是一个热爱生活且阅历丰富的人,领略过名山大川,也品读过人生百态。饱满丰富的心灵才能创作出立体感人的朗诵作品。

  本书总结了朗诵创作的实用技巧,是多年教学经验的凝练和升华,倾注了本人全心的专业热情,希望能为朗诵教学提供些许新思路。苏州大学已将本书评为2020年度新编精品教材并提供出版资助。本书的出版要感谢中国传媒大学出版社策划编辑赵欣女士提供的强大支持,感谢责任编辑高卓毓卓有成效的工作。本书的示范朗诵音频由本人担任朗诵录制,苏州大学传媒学院姚瀚飞担任朗诵配乐与剪辑制作。书稿中经典篇目指导部分是在张子豪、杨定一、钟威虎、薛静瑜、戴雨琴、于坤柔撰写初稿的基础上改定的。当然,本人应对整个书稿质量负担全部责任。本人才学尚浅,思虑不当或谬误之处,祈望方家多多指正,不胜感激!

冯 洋

2021年8月于苏州尹山湖畔

图书在版编目(CIP)数据

朗诵艺术教程／冯洋编著. -- 北京：中国传媒大学出版社，2021.12（2024.5重印）
普通高等教育"十四五"规划教材 播音与主持艺术专业训练教材
ISBN 978-7-5657-3117-4

Ⅰ.①朗… Ⅱ.①冯… Ⅲ.①朗诵—语言艺术—高等学校—教材 Ⅳ.①H019

中国版本图书馆 CIP 数据核字（2021）第 274298 号

朗诵艺术教程
LANGSONG YISHU JIAOCHENG

编　　著	冯　洋
策划编辑	赵　欣
责任编辑	高卓毓　赵　欣
封面设计	拓美设计
责任印制	李志鹏
出版发行	中国传媒大学出版社
社　　址	北京市朝阳区定福庄东街 1 号　　邮　编　100024
电　　话	86-10-65450528　65450532　　传　真　65779405
网　　址	http://cucp.cuc.edu.cn
经　　销	全国新华书店
印　　刷	北京中科印刷有限公司
开　　本	787mm×1092mm　1/16
印　　张	17
字　　数	332 千字
版　　次	2022 年 4 月第 1 版
印　　次	2024 年 5 月第 3 次印刷
书　　号	ISBN 978-7-5657-3117-4/H・3117　　定　价　58.00 元

本社法律顾问：北京嘉润律师事务所　郭建平